ПОЛИ.
ДИПЛОМАТИЯ
СМИ
АНГЛО-РУССКИЙ СЛОВАРЬ
АКТИВНОЙ ЛЕКСИКИ

POLITICS
DIPLOMACY
MASS MEDIA
ENGLISH-RUSSIAN DICTIONARY
OF ACTIVE USE

G. M. ROSTOVA

POLITICS
DIPLOMACY
MASS MEDIA
ENGLISH-RUSSIAN DICTIONARY
OF ACTIVE USE

Approx. 10 000 words and word combinations

«RUSSO»
MOSCOW
2002

Г. М. РОСТОВА

ПОЛИТИКА
ДИПЛОМАТИЯ
СМИ
АНГЛО-РУССКИЙ СЛОВАРЬ
АКТИВНОЙ ЛЕКСИКИ

Около 10 000 слов и словосочетаний

«РУССО»
МОСКВА
2002

ББК 66
Р 78

Редактор Сорокина А. В.

Ростова Г. М.

Р 78   Политика. Дипломатия. СМИ. Англо-русский словарь активной лексики. Около 10 000 слов и словосочетаний. — М.: РУССО, 2002. — 232 с.

ISBN 5-88721-215-2

Данный словарь содержит основную терминологию по современной внутренней и внешней политике, международным отношениям, а также охватывает необходимый минимум лексики разговорного английского языка.

Словарь предназначен для широкого круга специалистов, работающих с английским языком, студентов и преподавателей вузов.

ISBN 5-88721-215-2   **ББК 66+81.2 Англ.-4**

СПРАВОЧНОЕ ИЗДАНИЕ

РОСТОВА
Генриэтта Миновна
ПОЛИТИКА. ДИПЛОМАТИЯ. СМИ
АНГЛО-РУССКИЙ СЛОВАРЬ
АКТИВНОЙ ЛЕКСИКИ

Ответственный за выпуск
ЗАХАРОВА Г. В.
Редактор:
УРВАНЦЕВА А. И.
Технический редактор:
НИКОЛАЕВА Т. В.

Лицензия ИД № 00179
от 28.10.1999 г.

Подписано в печать 21.12.2001. Формат 60x90/16. Бумага офсетная № 1. Печать офсетная. Печ. л. 14,5. Тираж 2060 экз. Зак. 6
«РУССО», 117071, Москва, Ленинский пр-т, д. 15, офис 323. Тел./факс: 955-05-67, 237-25-02. Web: http: //www.aha.ru/~russopub/E-mail: russopub@aha.ru
Отпечатано в ГУП «Облиздат», г. Калуга, пл. Старый торг, 5.

ОТ ИЗДАТЕЛЬСТВА

Настоящий словарь «Политика. Дипломатия. СМИ. Англо-русский словарь активной лексики» содержит около 10 000 слов и словосочетаний, относящихся к основным вопросам современной внутренней и внешней политики и международных отношений, а также охватывающих необходимый минимум лексики разговорного английского языка.

Словарь ориентируется на британский вариант современного английского языка. Американская лексика дается с пометой *ам.* Другие особенности лексических единиц фиксируются пометами, такими как *эк.* (экономика), *фин.* (финансы), *юр.* (юриспруденция), *разг.* (разговорное слово, выражение) и т.п. В словарь включены также неологизмы.

При составлении словаря помимо традиционных материалов использовались американские и английские источники, включая периодические издания и электронные СМИ, а также многолетний педагогический опыт и опыт работы составителя переводчиком во многих международных организациях.

Словарь предназначен для преподавателей и студентов, а также для всех, изучающих английский язык.

Все замечания и отзывы по содержанию словаря просьба направлять по адресу: 117071, Москва, Ленинский пр-т, 15, офис 323, издательство «РУССО». Телефон/факс: 955-05-67; 237-25-02.
Web: http: //www.aha.ru/~russopub/
E-mail: russopub@aha.ru

О ПОЛЬЗОВАНИИ СЛОВАРЕМ

Словарь состоит из словарных статей, сгруппированных вокруг заглавного слова. Заглавные слова, данные прописными буквами и выделенные полужирным шрифтом, расположены в алфавитном порядке. В качестве заглавного слова обычно используется существительное или глагол, затем следуют производные от корня данного слова: прилагательное, наречие. Все производные слова выделяются подчеркиванием и снабжены, как и заглавное слово, пометами, указывающими на часть речи: n. – существительное, v. – глагол, adj. – прилагательное, adv. – наречие и т. п. (см. условные сокращения).

Почти к каждому слову словарной статьи даются фразеологические или свободные сочетания и примеры для пояснения значения. Для каждого значения или подзначения лексической единицы дается русский эквивалент или несколько синонимических эквивалентов. Синонимические эквиваленты отделяются запятой, смысловые или стилистические различия – точкой с запятой. В словосочетаниях (напр., прилагательное + существительное или глагол + существительное), чтобы избежать повтора главного слова, перечисляемые прилагательные в аттрибутивных сочетаниях или существительные в качестве дополнения к глаголу разделяются косой чертой.

После заглавного слова или его производных даются синонимы и антонимы, если такие имеются, со знаком Syn. и Ant.

В целях экономии места для пояснения значения используются отсылки к другим словам или к синонимам и антонимам (напр. See "gridlock" for synonyms – см. синонимы к слову "gridlock").

УСЛОВНЫЕ СОКРАЩЕНИЯ
р у с с к и е

ав. — авиация
авт. — автотранспорт
ам. — американизм
ам. сл. — американский сленг
библ. — библеизм
бирж. — биржевой термин
бр. — употребительно в Великобритании
вет. — ветеринария
воен. — военный термин
вчт. — вычислительная техника
грам. — грамматика
дип. — дипломатия
дор. — дорожный термин
ед.ч. — единственное число
жарг. — жаргон
ирон. — иронический оттенок
ист. — историзм
кн. — книжный стиль
комм. — коммерческий термин
линг. — лингвистический сдвиг значения
мн.ч. — множественное число
мор. — морской термин
муз. — музыка
напр. — например
офиц. — официальный стиль
обыкн. — обыкновенно

парл. — парламентское выражение
перен. — переносное значение
полигр. — полиграфия
полит. — политическая лексика
посл. — пословица
преим. — преимущественно
пренебр. — пренебрежительный оттенок
прил. — имя прилагательное
разг. — разговорное слово или выражение
рел. — религия
сл. — сленг
см. — смотри
собир. — собирательное значение
спорт. — спортивный термин
с/х — сельское хозяйство
театр — театр
тех. — технический термин
тж. — тоже
фин. — финансы
шахм. — шахматы
шотл. — употребительно в Шотландии
шутл. — шутливый оттенок
эк. — экономика
эл. — электротехника
юр. — юриспруденция

УСЛОВНЫЕ СОКРАЩЕНИЯ
английские

adj. — adjective — имя прилагательное
adv. — adverb — наречие
Am. — American — американизм
Ant. — antonym — антоним
Bible — Bible — библеизм
Br. — British — употребительно в Великобритании
conj. — conjunction — союз
fig. — figurative — переносное значение
n. — noun — имя существительное
pl. — plural — множественное число
prep. — preposition — предлог
prep.phr. — prepositional phrase — предложное сочетание
pref. — prefix — приставка
see — смотри
see also — смотри также
smb. — somebody — кто-либо
smth. — something — что-либо
Syn. — synonym — синоним
v. — verb — глагол

АНГЛИЙСКИЙ АЛФАВИТ

Aa	Gg	Nn	Uu
Bb	Hh	Oo	Vv
Cc	Ii	Pp	Ww
Dd	Jj	Qq	Xx
Ee	Kk	Rr	Yy
Ff	Ll	Ss	Zz
	Mm	Tt	

A

ABANDON - **v.** - отказываться, оставлять; сдавать, покидать, самовольно уходить (с поста и т.п.)
to abandon an attempt/hope/a custom/a city/a post - отказаться от/прекратить попытки; оставить надежду; утратить обычай; сдать город (врагу); оставить пост
to abandon oneself to despair/ grief - предаваться отчаянию/ горю
abandoned - **adj.** - заброшенный, покинутый, оставленный

ABATE - **v. (a tax, pain)** - снижать (налог), уменьшать (боль), ослаблять, умерять, притуплять; *(юр.)* отменять
to abate public nuisance - *(юр.)* прекратить нарушение общественного порядка
fighting is reported to have been abated - как сообщают, боевые действия затихли/прекратились
to abate a law - отменить закон
abatement - **n.** - уменьшение, ослабление, смягчение; *(юр.)* отмена, аннулирование
to make abatement - делать скидку, снижать цену
price/tax abatement - снижение цены, налоговая скидка

abater - **n.** - *(юр.)* прошение об аннулировании/ прекращении (иска, дела и т.п.)
abatable - **adj.** - *(юр.)* аннулируемый, предусматривающий возможность отмены

ABILITY - **n., pl. - ties** - способность, возможность (сделать что-л.), талант, одаренность; умение
low ability - низкий уровень способности
a man of ability - способный или знающий человек

ABOUND - **v.** - быть, находиться, иметься в большом количестве
abound in/with - изобиловать (чем-л.)
psychological problems abound amid an atmosphere of violence - в обстановке насилия есть множество психологических проблем

ABROAD - **adv.** - за границей, вне дома
near abroad (the) - ближнее зарубежье
to go abroad - поехать за границу

ABSENCE - **n.** - отсутствие, отлучка, пропуск занятий
leave of absence - отпуск

ABSTAIN - v. - воздерживаться
to abstain from voting/the use of force/drinking - воздерживаться при голосовании/от применения силы; не употреблять спиртных напитков
abstention - n. - воздержанность, (*мн.ч.*) воздержавшиеся при голосовании, число воздержавшихся при голосовании
the motion is carried by 50 votes with two abstentions - предложение принимается 50 голосами при двух воздержавшихся

ABUSE - n. - брань, оскорбление, жестокое обращение; неправильное употребление, злоупотребление
abuse and corruption of power - коррупция и злоупотребление властью
physical abuse - нанесение физического ущерба
human rights abuse - злоупотребление правами человека
sexual abuse - домогательство, преследование на сексуальной почве
animal abuse - жестокое обращение с животными
abuse of words - неправильное употребление слов
to prevent elder abuse - не допускать плохого обращения с престарелыми/ пожилыми людьми
child abuse – жестокое обращение с детьми
abuses by the police - злоупотребления полиции
abuse - v. - оскорблять, жестоко обращаться; злоупотреблять, неправильно употреблять; напа-

дать; (*техн.*) эксплуатировать с нарушением правил
to abuse the rights/privileges/ smb's kindness/one's office - злоупотреблять правами/привилегиями/ чьей-л. добротой; злоупотреблять служебным положением
to be abused - быть обманутым, подвергаться жестокому обращению/ злоупотреблениям

ACCEDE - v. (to) - вступать (в должность, во владение, в организацию)
to accede to the throne - взойти на престол
to accede to a treaty - присоединиться к договору (на правах подписавшей стороны)
accedence - n. (to) - вступление в должность, присоединение

ACCEPT - v. - принимать, согласиться с принятием, признавать
to accept a proposal/an invitation - принять предложение/приглашение
to accept the denuclearization of Europe - принять идею безъядерной Европы
to be accepted broadly/widely - получить широкое признание
acceptance - n. - принятие
acceptable - adj. - приемлемый
Ant. **unacceptable** - неприемлемый

ACCESS - n. - доступ, подход, подступ; возможность выступить по телевидению (*особ.* для кандидатов в президенты)
access to markets - доступ к рынкам/на рынки
access - v. - иметь доступ к чему-л.

accession - n. - доступ, вступление (в должность и т.п.); присоединение
the accession of South Africa to the Non-Proliferation Treaty - присоединение ЮАР к Договору о нераспространении ядерного оружия
accessible - adj. - доступный, поддающийся (влиянию)

ACCLAIM - n. - шумное приветствие, возгласы одобрения

ACCLAMATION - n. - всеобщее одобрение (кандидатуры, резолюции)
to get global acclaim - получить всемирное одобрение
the chairman was elected by acclamation - председатель был избран без голосования (при всеобщем одобрении)
acclaim - v. - шумно одобрять, приветствовать

ACCOMMODATE - v. - приспосабливать, размещать, расквартировывать; примирять, улаживать
to accommodate for the night - устраивать на ночь
to accommodate differences - сглаживать разногласия
accommodation - n. - приспособление; еда и ночлег; согласование; примирение
to reach accommodation - достичь компромисс
hotel accommodation - место в гостинице
limited accommodation - ограниченное число мест для размещения

ACCOMPLISH - v. - выполнять, завершать, доводить до конца
accomplishment - n. - выполнение, завершение; достижение
accomplishments - n. (pl.) - достоинства, совершенства, достижения
a man of many accomplishments - человек, обладающий многими достоинствами

ACCORD - n. - согласие, гармония; соглашение, договоренность
self-rule accord - соглашение о самоуправлении
to observe an accord - соблюдать соглашение
of one's own accord - добровольно, по собственной воле/почину
according to, in accordance with - в соответствии с чем-л., согласно чему-л.
accord - v. - предоставлять, жаловать, согласовывать(ся), соответствовать
to accord a hearty warm welcome - оказывать радушный/теплый прием
to be accorded wide recognition - получить широкое признание
to accord special significance to disarmament - придавать особое значение разоружению
his conduct and his principles do not accord - его поведение идет вразрез с его принципами

ACCOUNT - n. - счет (в банке), отчет, доклад, сообщение, мнение, отзыв, оценка; причина, основание
to settle/to balance/to square accounts with smb. - рассчитаться/

расплатиться с кем-л.; свести счеты с кем-л.

to give an account of one's absence/of one's work - объяснить причину своего отсутствия/ делать отчет о работе

at all accounts - в любом случае, во что бы то ни стало

on no account - ни в коем случае

on what account? - на каком основании?

account - **v.** - считать, признавать

he was accounted (to be) guilty - его признали виновным

to account for - отчитываться, давать отчет; отвечать, нести ответственность; объяснять, давать объяснения

he accounted for the money - он отчитался за полученную сумму

he will account for the crime - он ответит за свое преступление

she will have to account for her absence - ей придется объяснить свое отсутствие

ACCUSATION - **n.** - обвинение

accusation of murder - обвинение в убийстве

to bring (up) an accusation against smb. - выдвинуть обвинение против кого-л.

accuse - **v.** - обвинять, порицать

to accuse smb. of smth. - обвинить кого-л. в чем-л.

he accused them of stalling for time - он обвинил их в проволочках с целью выиграть время

the accused - **adj.** - обвиняемый, обвиняемые

ACKNOWLEDGE - **v. (publicly)** - признавать (открыто, публич-

но); подтверждать (получение чего-л.); выражать признательность

to acknowledge the guilt - признать/осознать вину

to acknowledge (the receipt of) a letter - подтвердить получение письма

to acknowledge a gift - выразить признательность/благодарность за подарок

But: **to admit** - *Но*: признавать(ся); допускать

acknowledgement - **n.** - признание, подтверждение, уведомление о получении; признательность

ACTUAL - **adj.** - подлинный, действительный, фактически существующий

actually - **adv.** - фактически, на самом деле, в действительности

ADAMANT - **adj. (person, position)** - твердый, непреклонный (человек, позиция)

ADD - **v.** - добавлять, увеличивать, присоединять; усиливать

this adds up to our difficulties - это усугубляет наши трудности

in addition to - в дополнение к чему-л.

ADDRESS - **n.** - обращение, выступление, адрес

an opening address - вступительное слово

an address by the satellite - выступление по спутниковой связи

the President's inaugural address - речь президента (США) в день вступления в должность/в день инаугурации

the President's State of the Union Address - послание президента США конгрессу о положении в стране

address - **v.** - адресовать, направлять, обратиться к кому-л., выступить, браться за что-л., приниматься за что-л.

to address the aspirations of minorities - откликнуться на чаяния национальных меньшинств

to address oneself to the business of doing smth. - приниматься за какое-л. дело

to address the question of easing sanctions - заняться вопросом/рассмотреть/решить вопрос ослабления санкций

ADHERE - **v.** - придерживаться чего-л., быть приверженцем; присоединяться (к договору и т.п.)

the intention to adhere to the Non-Proliferation Treaty – намерение присоединиться к Договору о нераспространении ядерного оружия

adherence - **n.** – приверженность; присоединение; соблюдение

adherence to some cause - верность какому-л. делу

adherent - **n.** - приверженец, последователь, сторонник

ADJOURN - **v.** - откладывать, отсрочивать (заседание и т.п.); объявлять перерыв

the conference adjourns for a year - конференция прерывает свою работу на год

the meeting is adjourned - заседание закрывается

adjournment - **n.** - отсрочка (заседания и т.п.), перерыв

ADMINISTER - **v.** - управлять, вести дела, осуществлять руководство

to administer affairs - вести дела

to administer medicine - применять/назначать лекарство

to administer the oath of office - привести к присяге

to administer justice - отправлять правосудие

to administer punishment/a rebuke/a blow - применять наказание/сделать выговор/нанести удар

administration - **n.** - управление делами; ведение дела/предприятия; руководство; исполнительная власть (в США), президентство; применение (наказания); назначение и применение (лекарства)

the Administration - правительство США (во главе с президентом)/ американская администрация

ADMIT - **v.** - признавать, допускать, принимать в члены

admission - **n.** - доступ, вход, прием; признание; допуск

admittance - **n.** - доступ, разрешение на вход

ADOPT - **v.** - принимать, одобрять; усыновлять, удочерять

to adopt a resolution/a report - принимать резолюцию, одобрять доклад

adoption - **n.** - принятие, одобрение; усыновление, удочерение

the adoption of the agenda - утверждение повестки дня

the adoption of the document - принятие документа

to put a child for adoption - отдать ребенка на усыновление/удочерение

ADVANTAGE - n. - преимущество, превосходство; выгода, польза

to gain/to get/to score/to win an advantage of/ over smb. - добиться преимущества, взять верх над кем-л.

to seek no advantage - не искать выгоды

to take advantage of smth. – воспользоваться чем-л.

advantages in smth. - преимущества в чем-л.

this is to my advantage - это выгодно мне/мне на пользу

advantage - v. - давать преимущество, благоприятствовать, способствовать; приносить пользу/выгоду

to advantage agriculture - способствовать развитию сельского хозяйства

advantageous - adj. - выгодный, преимущественный, благоприятный

an advantageous position/ offer/business - полезное, выгодное положение/предложение/дело

ADVENT - n. - прибытие, приход *(книжн.)*

the advent of Chinese rule (in Hong Kong) - начало китайского правления (в Гонконге)

the Advent *(Bibl.)* - *(библ.)* пришествие (Христа)

ADVERSARY - n. - противник, враг, соперник, оппонент

a one time ally turned adversary - некогда союзник стал противником

adversary - adj. - антагонистический, враждебный

adverse - adj. - враждебный, неблагоприятный, вредный

adverse criticism/winds - недоброжелательная критика; встречные ветры

to have an adverse effect on human health - вредно воздействовать на здоровье человека

to be adverse to one's interests - противоречить чьим-л. интересам

ADVERSITY - n. - несчастья, нападки, превратности судьбы

in the face of adversity - перед лицом несчастья

ADVERTISE - v. - помещать объявление, рекламировать

to advertise for a secretary - поместить объявление о приглашении на работу секретаря

an advertising hoarding (*Am.*) - рекламный щит

advertisement - n. - объявление, реклама

to put an ad (advertisement) in a newspaper - поместить объявление/рекламу в газету

AFFILIATE - v. (to, with) - присоединять(ся), сливать(ся), включать в систему в качестве филиала

to affiliate with a political party - примкнуть к политической партии

an affiliated member/state – присоединившееся государство; государство, ставшее членом организации

affiliation - n. - присоединение, принятие в члены, членство; место работы, связь, контакт

party affiliation doesn't matter - партийная принадлежность не имеет значения irrespective of party affiliation - независимо от партийной принадлежности

AFTERMATH - n. - последствие (бедствия, катастрофы)
aftermath of a storm/of war - последствия бури/отзвуки войны
in the immediate aftermath of the cold war - как непосредственное следствие холодной войны

AGENDA - n. (tentative/provisional, temporary/expanded, crowded, intensive/heavy) - повестка дня (предварительная/ временная/ охватывающая широкий круг вопросов/ перегруженная)
the agenda as it stands/as is - повестка дня как есть/без изменений
an item on/of the agenda - пункт повестки дня
deletion of items from the agenda - исключение пунктов из повестки дня
to draw up/to place an item on, to include in, inscribe in/to adhere to, to stick to/to delete an item from, to remove from/to appear on/to approve/to exhaust/to wrangle over the agenda - подготавливать, вырабатывать/ включать, вносить/ придерживаться/ исключать, снимать с/стоять на/ утверждать/ исчерпать/спорить по поводу повестки дня
Agenda 2000 - повестка дня на XXI век
to be high on/on top of the agenda - быть главным вопросом повестки дня

to go on a trip to escape domestic agenda - отправиться в поездку, чтобы уйти от решения проблем внутри страны

AGREE - v. - соглашаться, договариваться, сходиться во мнениях; уславливаться; согласовывать, одобрять; ладить; соответствовать, быть полезным/подходящим
to agree on/as to/about smth. - договориться о чем-л., достигнуть соглашения по какому-л. вопросу
to agree to smth. - дать согласие на что-л.
to agree with facts/statements/ the original - соответствовать/не противоречить фактам/заявлениям/ оригиналу
this climate doesn't agree with him - этот климат не подходит для него
agreeable - adj. (person, voice, weather) - приятный, милый (человек/голос/погода); согласный; приемлемый, подходящий, соответствующий
agreeable to the order of the day - в соответствии с повесткой дня
that is agreeable to me - *(парл. офиц.)* я не возражаю
agreed - adj. - согласованный; установленный, решенный (по обоюдному согласию)
agreement - n. - соглашение, договор, договоренность, согласие; *(грам.)* согласование
armistice/procedural/across-the-board agreement - соглашение о перемирии/договоренность по процедурным вопросам/по всем

вопросам; всеобъемлющее соглашение

as part/within the framework of the agreement - в рамках соглашения

in agreement with smth. - в соответствии с чем-л.

agreement among the members - единство мнений среди членов (организации)

agreement in principle - *(дип.)* принципиальная договоренность

to be in agreement with smb. - согласиться с кем-л.

to reach/to come to, to arrive at/ to observe/ to violate/to implement/to annul an agreement - достичь/прийти к/соблюдать/нарушать/ выполнять/ аннулировать соглашение

the implementation of an agreement - выполнение соглашения

by mutual agreement - по взаимному согласию

AGRÉMENT - n. - *(дип.)* агреман

AIM - n. (noble, ambitious, sinister, sordid) - цель (благородная), намерение, стремление (честолюбивое), замысел (зловещий/ подлый); прицеливание

to attain/to miss one's aim - достичь цели, осуществить свой замысел/ промахнуться, не попасть в цель

to take aim at smth./smb. - целиться во что-л./в кого-л.

aim - v. - стремиться (к чему-л.), ставить своей целью, целиться

to be aimed at (doing) smth. - иметь цель, быть направленным на что-л.

AIR - n. (stale, fresh, foul) - воздух (затхлый, свежий, спертый); воздушное пространство, небо; *(воен.)* авиация; характер, манера, дух, вид

in the open air - на свежем воздухе, под открытым небом

the air - эфир

on the air - передаваемый по радио или телевидению

to be on the air, to go on the air - передаваться (выступать) по радио или телевидению

off the air - непередаваемый в эфир

to go off the air - закончить передачу

air - v. - проветривать, просушивать; выводить на прогулку; обсуждать (предварительно); передавать в эфир; заявлять во всеуслышание

to air a program - передавать какую-л. программу

ALERT - n. - состояние боевой готовности, боевое дежурство

highest state of alert - положение наивысшей боевой готовности

to take all the missiles off (their) alert - снять все ракеты с боевого дежурства

the hospitals went on full alert - больницы приведены в состояние полной готовности (оказывать помощь)

alert - adj. - бдительный, настороженный, осторожный; живой, проворный

mentally alert - с живым умом

alert - v. - объявлять тревогу, предупреждать об опасности, приводить в готовность

ALLAY - v. - ослаблять, облегчать, успокаивать; укрощать
to allay trouble - унимать тревогу
to allay fears - снимать опасения
to allay the storm - укрощать бурю

ALLEGATION - n. (unsubstantiated, unsupported) - утверждение (голословное), оправдание, довод (необоснованный/ничем не подкрепленный)
to decline/to refute the allegations - отвергать/опровергать заявления/утверждения/доводы
to confirm/to prove allegations - подтверждать заявления
allege - v. - утверждать, заявлять голословно, приводить в оправдание
alleged - adj. - утверждаемый голословно
the alleged attack - так называемое нападение
allegedly - adv. - по утверждению (голословному); будто бы, якобы
allegedly difficult - якобы трудный

ALLEGIANCE, -CY - n. - верность, лояльность, преданность, верноподданство
allegiance to the flag - верность родине

ALLIANCE - n. - союз, объединение, альянс, слияние
allied - adj. - союзный, присоединенный; родственный, похожий
allied sciences - смежные науки
ally - n. (faithful, loyal, trusty, tested, perfidious) - союзник (верный, преданный, надежный, испытанный, коварный)
ally - v. - вступать в союз, объединяться, соединяться
to be allied (to) - быть объединенным(и) (с) /быть связанным общими узами
English is closely allied to Swedish - английский и шведский - родственные языки

AMBASSADOR - n. - посол, постоянный представитель, посланец
ambassador's letters of credence - верительные грамоты посла
ambassador at large - посол по особым поручениям
roving ambassador - специальный представитель (государства)/ посол по особым поручениям
Ambassador Extraordinary and Plenipotentiary - чрезвычайный и полномочный посол
ambassador designate - назначенный, но еще не вручивший верительных грамот, посол
to exchange ambassadors - обменяться послами
to raise smb. to the rank of ambassador - возвести кого-л. в ранг посла
to appoint/to recall an ambassador - назначить/отозвать посла
the US Representative (Ambassador) to the UN - постоянный представитель США при ООН
the Danish Ambassador to NATO - представитель Дании в НАТО
an ambassador of peace - посланник/вестник мира
goodwill ambassador/envoy посланник доброй воли

AMEND - v. (a bill/a text) - исправлять, улучшать; вносить изменения/ поправки (в законопроект/в текст)

to adopt a resolution as amended - принять резолюцию с поправками

amendment - n. - улучшение, исправление, поправка, дополнение

to move, to propose, to insert/ to make/ to reject/ to second/ to withdraw an amendment - внести/ сделать/ отклонить/ поддержать предложение о поправке/ снять поправку

an amendment to the resolution - поправка к резолюции

ANTHRAX - *(мед., вет.)* сибирская язва, антракс

not contagious anthrax - незаразная/неинфекционная сибирская язва

anthrax-laced letters - письма с порошком сибирской язвы

anthrax mailings increase fears over bioterrorism - почтовые отправления с порошком сибирской язвы усиливают страх биотерроризма

anthrax spores - споры сибирской язвы

to trace anthrax spores by genetic fingerprints - выследить/установить источник спор сибирской язвы по генетическому сходству отпечатков пальцев

to inactivate anthrax spores - *(мед.)* инактивировать/ лишать активности споры сибирской язвы

inhaled anthrax - заражение сибирской язвой путем вдыхания (порошка)

to contract anthrax - заразиться сибирской язвой

to combat exposure to anthrax - бороться с возможностью заражения сибирской язвой

a positive test for anthrax exposure - положительный анализ на заражение сибирской язвой

to treat anthrax - лечить сибирскую язву

aggressive anthrax therapy - интенсивная терапия при заболевании сибирской язвой

anthrax-related hoaxes - порошки-подделки сибирской язвы

anthrax hoax crackdown - жесткие меры по борьбе с подделками сибирской язвы

to perpetrate anthrax hoaxes - совершать преступление ложной тревогой заражения сибирской язвой

hoaxes are burdening law enforcement - порошки-подделки перегружают работу органов правопорядка

to prosecute anthrax-related hoaxers - преследовать в уголовном порядке лиц, рассылающих порошки-подделки сибирской язвы

APPEASE - v. - успокаивать, умиротворять, проводить политику умиротворения (агрессора)

to appease hunger/curiosity/ grief - утолять голод/удовлетворять любопытство/смягчать горе

appeasement - n. - умиротворение, политика умиротворения

APPLICATION - n. - заявление, просьба, обращение; применение

application for membership/for a position/for a job - просьба о вступлении/заявление о зачислении на должность/о приеме на работу

application/use of atomic energy for peaceful purposes - применение атомной энергии в мирных целях

to apply - v. - обращаться с просьбой, просить о чем-л.; подавать заявление; применять

to apply for membership/for a visa - обратиться с просьбой о приеме/о выдаче визы

applicable - adj. - применимый

the law is applicable as of/from next Monday - закон вступает в силу с будущего понедельника

applied - adj. - прикладной, практический, приложенный, прикладываемый

applied art - прикладное искусство

APPOINT - v. - назначать, договариваться, уславливаться (о месте, времени)

to appoint smb. ambassador - назначать кого-л. послом

appointment - n. - назначение (на должность/пост); пост, должность, место (назначения); встреча, деловое свидание

to receive/to get/to obtain an appointment - получить должность/назначение/пост

to make an appointment for 5 o'clock - договариваться о встрече на 5 часов

APPROVAL - n. - одобрение

to solicit one's approval - добиваться чьего-л. одобрения

approve - v. - одобрять, утверждать

an approved agenda - утвержденная повестка дня

to approve of (smb./smth.) - высказываться или относиться (к кому-л./ чему-л.) одобрительно

Ant. see "to disapprove"

Syn. **to endorse** - подписываться под (чем-л.), одобрять, поддерживать

endorsement - подтверждение, одобрение, поддержка

ARGUE - v. - приводить довод, спорить, ссориться

to argue that... - утверждать, что...; приводить доводы

to argue the point vigorously - энергично отстаивать мысль

argument - n. - довод, аргумент, спор, ссора

a closing/telling, weighty/convincing, forcible/ heated argument - окончательный довод/ веский/убедительный аргумент/ горячий спор

to refute arguments - опровергать доводы

ARRANGE - v. - приводить в порядок, располагать в определенном порядке; уславливаться, договариваться; урегулировать, улаживать

arrangement - n. - приведение в порядок; договоренность, соглашение; урегулирование

an interim arrangement - временная договоренность/ мера/ соглашение to participate in the security arrangement - принимать участие в обеспечении мер безопасности

ARREST - **v.** - арестовывать, накладывать арест; останавливать, задерживать

to arrest inflation - приостанавливать инфляцию

to arrest attention - приковывать внимание

arresting - **adj.** - приковывающий внимание, захватывающий

ASPIRANT - **n.** - претендент, кандидат, соискатель

aspire - **v.** **(to, after)** - стремиться (к)

to aspire to a political career/ to have wage gains/after glory - мечтать о политической карьере/добиваться увеличения зарплаты/гнаться за славой

aspiration - **n.** **(for)** - стремление, сильное желание (достичь чего-л.), чаяние

the aspirations of the people - чаяния народа

aspiring - **adj.** - честолюбивый

ASSASSIN - **n.** - наемный убийца

assassinate - **v.** - совершать убийство по политическим мотивам

to assassinate smb's character - погубить чье-л. честное имя/подорвать чью-л. репутацию

assassination - **n.** - убийство политического или общественного деятеля

a political assassination - политическое убийство

an assassination attempt on smb. - покушение на кого-л.

a character assassination - злобная клевета, диффамация

ASSAULT - **n.** - нападение, атака; резкие выступления; *(юр.)* словесное оскорбление, угроза действием

assault - **v.** - нападать, атаковать; подвергать нападкам, критиковать

to assault smb's reputation - подрывать чью-л. репутацию

a ground assault - наземная атака

ASSERT - **v.** - утверждать, заявлять

assertion - **n.** - утверждение, суждение

a mere assertion - голословное утверждение

ASSESS - **v.** **(a situation, a personality, a speech, damage, etc.)** - оценивать (положение, личные качества, выступление, ущерб и т.п.)

we are to assess the performance of the UN Human Rights Commission - мы должны дать оценку деятельности Комиссии ООН по правам человека

assessment - **n.** - оценка, мнение

ASSOCIATE - **n.** - компаньон, партнер, коллега, приятель, товарищ; член-корреспондент (научного общества); *(юр.)* сообщник, пособник

associate - **v.** - объединять, присоединять, ассоциировать; общаться

associated - **adj.** - присоединенный, ассоциированный

to welcome as an associated member - приветствовать (присоединение страны) в качестве ассоциированного члена (организации)

association - **n.** - общество, ассоциация, объединение; совместная работа

associative - **adj.** - ассоциативный

ASYLUM - **n.** - убежище, приют; защита

asylum for refugees - убежище для беженцев

asylum-seekers - стремящиеся получить убежище

diplomatic asylum - дипломатическое убежище

territorial asylum - территориальное убежище

to seek asylum - искать убежища

to grant (political) asylum - предоставлять (политическое) убежище

ATTACH - **v.** - прикреплять, присоединять, прикладывать

to attach importance - придавать значение

to attach a stamp - наклеивать марку

attached - **adj.** - прикрепленный, приложенный; привязанный (к людям)

attached you will find.../attached, please, find... - (при сем) прилагается

no conditions attached - без всяких/каких бы то ни было условий

attachment - **n.** - прикрепление, дополнительное приспособление; привязанность, преданность

attachment to the land - привязанность к земле

ATTEMPT - **n.** - попытка, покушение

to make an attempt on smb's life - покушаться на чью-л. жизнь

attempt - **v.** - пытаться, пробовать, сделать попытку

to attempt a difficult task - пробовать выполнить трудную задачу

attempted - **adj.** - неудавшийся, ограничившийся попыткой

an attempted coup - попытка совершить переворот

AUSPICES - **n.** - покровительство

under the auspices of... - под эгидой, под покровительством, при содействии

AUTHORITY - **n.** - власть, полномочие, управление, авторитет

dwindling authority - ослабевающий авторитет

his authority dwindles - его авторитет падает

authorities - **n.** *(pl)* - власти, начальство, администрация

authorization - **n.** - уполномочие, санкционирование, разрешение, санкция

to have an authorization to do smth. - быть уполномоченным сделать что-л.

authorize - **v.** - разрешать, санкционировать, уполномочивать

to authorize enforcement operation - дать указание провести операцию по осуществлению принудительных мер

AVERT - **v.** - предотвращать что-л., устранять

to avert disaster/danger/a crisis/ war/a threat - предотвратить бедствие/опасность/кризис/ войну/угрозу

AXE-GRINDER - n. - своекорыстный/преследующий свою выгоду человек
axe-grinding - n. - своекорыстие, корыстное действие

B

BABY-BOOM - n. (*see* "boom") - резкое увеличение рождаемости (в первое 10-летие после 2-ой мировой войны)
baby-boomers - n. - "беби-бумерз", новое поколение молодых энергичных людей, которые будут руководить страной
the baby-boomers generation - "беби-бумерз", новое поколение молодых энергичных людей, которые будут руководить страной

BACKBONE - n. - основа, суть, сущность
he is a reactionary to his very backbone - он реакционер до мозга костей

BACK BURNER - задняя конфорка
to put on a back burner (fig.) - (*перен.*) поставить на второе место; отодвинуть; отложить на позднее время
back-burner - adj. (issue) - второстепенный (вопрос)
Ant. front-burner

BACKDROP - n. - фон, декорации
Syn. background

against the backdrop/the background - на фоне, в обстановке

BACKLASH - n. - неожиданное сильное движение назад; ответный удар; отрицательная реакция
backlash - v. - отвечать ударом на удар; вызывать отрицательную реакцию

BACKWATER - n. - болото, застой
intellectual backwater - интеллектуальное "болото"

BALANCE - n. - равновесие, баланс; решающий фактор/влияние/значение
on (a) balance - с учетом всего вышесказанного, в итоге, в конечном счете
to strike the balance - подводить баланс, итоги
to be/to hang in the balance - быть нерешенным; висеть на волоске, быть в критическом положении; колебаться, сомневаться
the future is in the (a) balance - будущее неясно
the talks are in the balance, not making much progress - переговоры в критическом положении, нет большого прогресса
to weigh in the balance - взвешивать, оценивать, обсуждать (доводы, достоинства)
balance of payments - платежный баланс
balance - v. - балансировать, сохранять равновесие; подытоживать, взвешивать, обдумывать
balanced - adj. - уравновешенный, обдуманный, сбалансированный

BALLOT - n. - бюллетень для голосования; баллотировка, голосование; список кандидатов для голосования; результаты голосования

ballot-box - n. - урна для голосования

they said they would fight with the bullet and the ballot box - они заявили, что будут сражаться с оружием в руках и на избирательных участках

ballot-box stuffing - *(ам.)* - фальсификация выборов

BARGAIN - n. - сделка, выгодная покупка

to make/to strike a bargain with smb. - заключать сделку с кем-л., договориться

bargain - v. - заключать сделку, вести переговоры; уславливаться

to bargain on smth. - рассчитывать, надеяться на что-л.

bargaining - n. - заключение сделки/соглашения; ведение переговоров; торги

to return to the bargaining table - вернуться за стол переговоров

to get smb. to the bargaining table - убедить кого-л. сесть за стол переговоров

bargaining chip - преимущество, козырная карта, козырь на переговорах

they are using the POW problem as a bargaining chip - они разыгрывают на переговорах карту военнопленных

BAY - n. - безвыходное положение

to keep/to hold smb. at bay - не давать кому-л. ходу/передышки, держать кого-л. на расстоянии/в страхе

to be at bay - быть в безвыходном положении

bay - v. - лаять; травить, преследовать; отбиваться

to bay (at) the moon - лаять на луну, заниматься бесполезным делом

BEAT - n. - удар, бой, ритм; дозор, обход

off one's beat - в непривычной обстановке, не в своей стихии

to be on the beat - совершать обход; обходить дозором

beat - v. (beat, beaten) - бить, избивать; победить, биться

they shall beat their swords into ploughshares - *(библ.)* они перекуют свои мечи на орала

to beat one's way through - прокладывать себе дорогу

to beat the drum - бить в барабан; трезвонить, хвастаться, рекламировать

to beat about the bush - ходить вокруг да около

to beat the dust - умирать, погибать

BENEFICIARY - n'. - лицо, оказавшееся в выигрыше; тот, кто получает выгоду от чего-л., бенефициарий

BESIEGE - v. - осаждать, блокировать, окружать

besieged - adj. - осажденный

BET - n. - пари, ставка; выбор

to win a bet - выиграть спор, пари

bet - v. (bet, bet) - держать пари; быть уверенным в чем-л.

I bet you are right - уверен, что вы правы

BIAS - n. - пристрастие, предубеждение
to be free from bias - быть беспристрастным
bias - **v.** - склонять, влиять; иметь предубеждение
to be biased against smb. - иметь предубеждение против кого-л.
to be biased by selfinterest - руководствоваться выгодой

BIND - v. (bound) - обязывать, связывать, обязываться
binding - **adj.** - обязывающий, обязательный
binding obligations - связывающие обязательства
non-binding plebiscite - плебисцит, не имеющий обязывающего характера
in a binding form - в форме обязательства

BLAME - n. - порицание, вина; ответственность за что-л.
to take the blame for smth. - взять на себя вину за что-л.
to lay the blame at smb's door - возложить вину на кого-л.
blame - **v.** - обвинять, винить
to blame smb. for smth. - винить кого-л. за что-л., обвинять кого-л. в чем-л.

BLOCKBUSTER - n. - (сл.) бомба большого калибра; фильм, побивающий кассовые рекорды; магазин по продаже пленок, кассет, дискет и т. п.
blockbuster release - выпуск на экран потрясающего фильма
Hollywood studios have been able to put out one blockbuster after another - студии Голливуда смогли выпускать на экран

целый ряд фильмов, побивающих кассовые рекорды
blockbusting - adj. - (разг.) ошеломляющий, потрясающий
a blockbuster performance - ошеломляющее представление

BLOOD - n. - кровь, род, происхождение; темперамент
to shed/to spill blood - проливать кровь
to make smb's blood boil - привести кого-л. в бешенство
to infuse blood into an undertaking - оживить дело
in cold blood - хладнокровно
bloodshed - **n.** - кровопролитие, массовое убийство, бойня
to avoid bloodshed - избежать кровопролития

BLUNT - adj. - тупой, грубоватый, резкий
blunt facts - упрямые факты
a blunt statement - прямое/резкое заявление

BOIL - v. - кипеть, кипятить(ся), сердиться
to boil over - кипятиться, выходить из себя
it boils down to the following - все сводится к следующему

BOLSTER - v. - подпирать, поддерживать; укреплять, усиливать; содействовать
Russia sent troops to bolster peacemaking force - Россия послала войска, чтобы укрепить силы по поддержанию мира

BONUS - n. - премия, добавочное вознаграждение, добавочный дивиденд; преимущества

a bonus system - премиальная система оплаты

BOOM - n. - бум, быстрый подъем (деловой активности); ажиотаж, шумная реклама
a construction boom is taking shape - происходит быстрый подъем в строительстве

BOOST - n. - поддержка, проталкивание; создание популярности; повышение (цены, зарплаты)
from all indications he got a boost from his people - судя по всему, он получил поддержку своего народа
boost - v. - поднимать; активно поддерживать; рекламировать; способствовать росту; повышать
to boost confidence - повышать доверие
to boost smb's political standing - повышать чей-л. авторитет как политического деятеля
to boost smb's popularity - повышать чью-л. популярность
to boost economy - дать резкий толчок развитию экономики

BORDER - n. - граница, грань, предел
a border dispute/conflict - пограничный спор/конфликт
a border incident - инцидент на границе
to preserve the borders - сохранить границы
to refuse to share control of the borders - отказаться совместно осуществлять пограничный контроль

BOTTLENECK - n. - горлышко бутылки; препятствие, помеха, узкий проезд/ проход, пробка
the main bottleneck in the privatization - главная помеха в приватизации
terrorism puts bottlenecks in the air system - терроризм создает затруднения в работе авиасистемы

BOX OFFICE - n. - касса; кассовый сбор
box-office - adj. (film, play) - *(театр.)* "кассовый", популярный, имеющий успех (фильм, пьеса)
blockbusters burn out quietly at the box-office - фильмы, побивающие кассовые рекорды, незаметно снижают свои кассовые сборы

BRACE - v. - связывать, поддерживать
to brace oneself - напрячь силы, собраться с духом/с силами
to brace oneself for a task - приготовиться к выполнению задания
they are bracing themselves for the influx of refugees - они готовятся к наплыву беженцев
to brace for the worse - приготовиться к худшему

BRAIN - n. - мозг; *мн.ч.* рассудок, разум; ум, интеллект
brain drain - утечка мозгов/умов; эмиграция научных и творческих работников

BREAKAWAY - adj. - отколовшийся, отделившийся
a breakaway republic – отделившаяся республика

BREAKTHROUGH - n. (in science, in negotiations, etc.) - прорыв, достижение, победа (достижение науки, прорыв на переговорах и т.п.)

BRIBE - n. - взятка, подкуп
bribe politics - политика подкупа
bribe - v. - давать взятку, подкупать
bribery - n. - взяточничество, продажность

BRIDGE - v. - строить мост; наводить мосты, преодолевать препятствия
to bridge the differences - преодолеть различия/ расхождения/ разногласия
to bridge the gap - преодолеть разрыв/отставание

BRUNT - n. - сила удара, главный удар
to bear the brunt of the country's reunification - вынести основную тяжесть воссоединения страны

BUCK - n. - фишка ("бак"), указывающая, кому сдавать карты (в покере); *(ам., разг.)* ответственность; *(ам., разг.)* доллар
big bucks - бешеные деньги
to be in the bucks - быть при деньгах
getting less for a buck - снижение покупательной способности доллара
to pass the buck to smb. - перекладывать на кого-л. ответственность
the buck stops here - здесь принимается окончательное решение; это последняя инстанция

BUG - n. - жук; скрытый микрофон ("жучок")
bug - v. - подслушивать
bugging - n. - подслушивание, прослушивание

BULLHORN - n. - портативный мегафон
bullhorn - v. - говорить в мегафон; шумно рекламировать, расхваливать

BUNCH - n. - связка, группа, множество
a bunch of old fogies - группа консерваторов

BUSINESS - n. - дело, постоянное занятие, специальность, работа, обязанность, коммерческая деятельность
what's his business? - чем он занимается?/что он делает?
business hours - часы работы
business correspondence - деловая переписка
the business of the day - повестка дня
it's none of my business - это не мое дело
to be in drug trafficking business - заниматься незаконной торговлей наркотиками
he is in the retail side of business - он занимается розничной торговлей
it's better to do business across the table - лучше вести дело за столом переговоров

BYSTANDER - n. - свидетель, наблюдатель
a passive bystander - сторонний наблюдатель

C

CAPABILITY - n. - способность, потенциальная возможность
military/nuclear/missile capability - военный/ядерный/ракетный потенциал/мощь
to have (great) capabilities - иметь (большие) способности/ данные (для чего-л.)

CAPACITY - n. - способность, компетенция; емкость, мощность
the capacity of the UN to respond with emergency assistance to situations of the kind - способность ООН откликаться на ситуации такого рода оказанием чрезвычайной помощи

CARD - n. - карта (игральная), визитная карточка, открытка
an invitation card/a card of admission - пригласительный билет
one's best/trump card - (чей-л.) самый веский довод, "главный козырь"
a sure card - верное дело
a tax exemption card - карта освобождения от налогов
that's the card - это как раз то, что нужно
to speak by the card - выражаться точно, взвешивать свои слова
to be in the cards - быть назначенным судьбой, предстоять
it is in the cards - этого не миновать
to be on the cards - быть вероятным/возможным

it's on the cards - это не исключено
not on the cards - не судьба/не суждено
to have a card up one's sleeve - иметь козырь про запас

CAREER - n. - карьера, успех, дело жизни, профессия, занятие
a career diplomat - карьерный/профессиональный дипломат
career service *(Am.)* - государственная служба
a career woman *(Am.)* - работающая женщина (*особ.* женщина, имеющая специальность)

CASE - n. - случай, обстоятельство, положение (дел); доводы, доказательства; судебное дело
in any case - в любом случае
to put one's case across - довести свои соображения до сведения кого-л.
the case for/against - аргументы за/против
to have a case - иметь веские доводы в свое оправдание/в защиту своей точки зрения
as the case stands - при данном положении дел

CAST - n. - распределение ролей, состав исполнителей (в спектакле)
a good cast - сильный состав
the cast of characters - действующие лица

CASTIGATE - v. - бичевать, сурово осуждать, жестоко критиковать

CASUALTY - n. - несчастный случай, катастрофа; людские потери, потери в живой силе

heavy casualties - большие потери

no accurate casualties - нет точных данных о потерях

CATCH - **n.** - улов, поимка; *(разг.)* хитрость, ловушка, уловка

catch - **v.** (caught) - поймать, схватить, ловить

to be caught by surprise/off guard - быть пойманным врасплох

to catch smb. red-handed - застать кого-л. на месте преступления/поймать кого-л. с поличным

to catch in a word - поймать на слове, *(библ.)* уловить в слове

CATER - **v.** - поставлять провизию, обслуживать

to cater for dinner/weddings/ receptions - обслуживать обеды/ свадьбы/приемы

CAUTION - **n.** - осторожность, предусмотрительность, предостережение, предупреждение

to do smth. with great caution - делать что-л. очень осторожно/осмотрительно

caution - **v.** - предостерегать, предупреждать

to caution against excessive expectations - предостерегать в отношении чрезмерных надежд

cautious - **adj.** - осторожный, осмотрительный

CEASE - **v.** - прекращать(ся), останавливать(ся), приостанавливать (что-л.)

to cease fire - прекратить огонь

ceasefire - **n.** - прекращение огня

ceasefire doesn't make peace - прекращение огня - это еще не мир

to secure a ceasefire - добиться прекращения огня

to supervise a ceasefire - наблюдать за прекращением огня

CHALLENGE - **n.** - вызов, сложная задача; препятствие, трудности, испытание, проба сил; нападки; оспаривание

the challenge of our nuclear age - задачи, которые ставит перед нами наш ядерный век

to pose/to launch/to face/ to meet/to overcome a challenge - ставить задачу/ бросить вызов/встать перед лицом сложных задач/справиться с проблемами/преодолеть трудности

to bring smth. into challenge - поставить что-л. под сомнение

my new job is a challenge - моя новая работа - это для меня испытание, проверка моих сил

they were free from the rough challenges of the critics - они были ограждены от грубых нападок критиков

challenge - **v.** - бросать вызов; оспаривать, подвергать сомнению; требовать (усилий); нападать, критиковать

to challenge smb. to fight - вызвать кого-л. на борьбу

to challenge the data/the wisdom of the decision/smb's abilities/the policy of the government - оспаривать данные/выразить сомнение в целесообразности решения/быть испытанием способностей кого-л./бросить вызов политике правительства

challengeable - adj. (argument) - сомнительный, небесспорный, вызывающий сомнение (довод)

challenging - adj. - стимулирующий, многообещающий; требующий напряжения (сил), испытывающий (способности)

a challenging idea/job/candidate - захватывающая, интересная идея/ требующая отдачи всех сил работа/ многообещающий, серьезный претендент

CHANCE - n. - удобный случай, возможность, удача, шанс; риск

to have a strong chance - иметь много шансов

not a slightest chance - ни малейшей надежды

he has every chance - у него есть все возможности, шансы

it is the chance of a lifetime - это уникальный шанс

the chances are he will win - возможно, он победит

CHANGE - n. - перемена, изменение, смена; размен (денег), сдача, мелочь (разменная монета); пересадка

change of heart/mind - изменение намерений

a change for the better/for the worse - перемена к лучшему/ худшему

for a change - для разнообразия

change - v. - менять, изменять, разменять; превращать(ся); переодеваться

to change the course of events - изменять ход событий

CHANNEL - v. - пускать по каналам, направлять

aid is channelled through UN agencies - помощь оказывается через учреждения ООН

CHARGE - n. - попечение, надзор, ответственность; обвинение; плата

an officer in charge - дежурный

he is in charge of this department - он руководит этим отделом

he was arrested on a murder charge - он был арестован по обвинению в убийстве

to deny the charges - отводить обвинения

free of charge - бесплатно

charge d'affaires ad interim - (временный) поверенный в делах

charge - v. - поручать, вменять в обязанность; обвинять; запрашивать цену

he was charged with an important mission - на него была возложена важная миссия

to charge smb. with smth. - обвинить кого-л. в чем-л.

to charge a high price - назначать/запрашивать высокую цену

CHEAT - v. - мошенничать, обманывать

to cheat smb. out of smb's. money - выманивать деньги обманом

to cheat at cards - жульничать в игре в карты

CHECK - n. - препятствие, задержка; проверка, контроль

to keep one's emotions in check - сдерживать свои чувства

to keep a check on smth. - контролировать что-л.

a checkpoint - контрольно-пропускной пункт

check - **v.** - останавливать, сдерживать; проверять, выяснять

CHERISH - v. - лелеять, вынашивать/питать надежды

cherished human ideals - взлелеянные человеческие идеалы

CHIEF - n. - глава, руководитель, начальник

Joint Chiefs of Staff - Объединенный комитет начальников штабов (США)

CIRCUMSTANCE - n. - обстоятельство

in extraordinary circumstances - при чрезвычайных обстоятельствах

under the circumstances - при сложившихся обстоятельствах

CIRCUMVENT - v. (a plan/a design) - обмануть, ввести в заблуждение, перехитрить, обойти; расстраивать (планы), сорвать (замысел)

CITIZENSHIP - n. - гражданство

to grant honorary citizenship - предоставить почетное гражданство

to apply for citizenship - подавать заявление о предоставлении гражданства

citizenship papers (Am.) - документ о натурализации/о предоставлении гражданства США

to rule on matters of the renunciation or deprivation of citizenship - решать вопросы о выходе из гражданства или лишения гражданства

CIS (the) - the Commonwealth of Independent States - СНГ - Содружество независимых государств

unified military forces of the CIS - объединенные вооруженные силы СНГ

CLAIM - n. - требование, претензия, рекламация; утверждение, заявление

to put in a claim for smth. - предъявлять требование, притязать на что-л.

no evidence to support this claim - нет доказательств, обосновывающих это требование; это требование ничем не обосновано

to make a claim against/on smb. for smth. - предъявлять иск кому-л. на что-л.

to abandon/to give up/to relinquish a claim - отказываться от требования/притязания

to acknowledge/to admit a claim - признавать требование/иск

to reject a claim - отказывать в требовании, отклонять рекламацию

to substantiate the claim - обосновывать претензию

territorial claims - территориальные притязания/претензии

claim - **v.** - требовать (как принадлежащее по праву), утверждать

to claim damages - требовать возмещения ущерба

to claim compensation for the loss - требовать возмещения убытков

I claim otherwise - я утверждаю обратное

CLAMPDOWN – n. - (внезапный) строгий запрет, пресечение деятельности, принятие строгих мер

CLARIFICATION - n. - очищение; пояснение, разъяснение
clarify - **v.** - очищать; разъяснять, вносить ясность

CLASH - n. - столкновение, стычка, схватка, конфликт, разногласия
clash of opinions/interest - расхождение во взглядах; столкновение интересов

CLASSIFIED - adj. - классифицированный, систематизированный, рассортированный; секретный
classified advertisements - систематизированные рекламные объявления
he was on a classified mission - у него было секретное задание
a classified file - секретное досье

CLEANSE - v. - очищать, чистить, дезинфицировать
ethnic cleansing - этническая "чистка"

CLOSE - n. - конец, завершение, заключение, закрытие, окончание
at the close of one's days - в конце жизни
to bring to a close - завершить, заканчивать
to draw to a close - заканчиваться
close - **adj.** - близкий, тесный; пристальный; тщательный, подробный
closure - **n.** - закрытие

CLUTCH - n. - захват, защелка, сцепление, *(мн.ч.)* когти, *(перен.)* тиски

clutch - **v.** - схватить(ся); зажать, ухватить(ся), вцепиться

COERCE - v. - удерживать, сдерживать; принуждать, добиваться (путем принуждения)
to coerce confession - добиваться признания
to coerce the crowd сдерживать толпу
coercion - **n.** - сдерживание, обуздание; сжатие
coercive - **adj.** - принудительный

COLLAPSE - n. - падение, крушение, крах, обвал, коллапс
the collapse of the banking system - крах банковской системы
the WTC (the World Trade Centre) collapse (*see also* "Ground Zero") - разрушение Всемирного торгового центра
Syn. calamity, disaster
Син. бедствие, беда, несчастье; катастрофа
collapse - **v.** - рушиться, обваливаться; потерпеть крах/ неудачу

COLLIDE - v. - сталкиваться, вступать в противоречие
collision - **n.** - столкновение, противоречие (интересов и т.п.)
to come in(to) collision - столкнуться, прийти к столкновению, вступить в противоречие

COLOUR - n. - цвет, тон, краска; видимость (чего-л.), яркость
people of colour/coloured people - цветное население (мулаты, метисы)
under the colour of friendship - под видом дружбы
colour - **v.** - красить, окрашивать; накладывать отпечаток

colours - n. - знамя, флаг, эмблема; воззрения
to join the colours - поступить на военную службу
she showed her true colours - она показала свое истинное лицо

COLUMNIST - n. - журналист-комментатор, постоянно ведущий какую-л. рубрику; обозреватель; редактор отдела в газете или в журнале

COMMEMORATION - n. - празднование, ознаменование годовщины/ какого-л. события
in commemoration of smth. - в ознаменование чего-л.
commemorate - v. - праздновать, отмечать (какое-л. событие)

COMMIT - v. (an error/ a crime/ a manslaughter, a murder/ a suicide) - совершать (ошибку, преступление, убийство, самоубийство); поручать, вверять, передавать (на рассмотрение/хранение); связать себя обязательствами; приводить в какое-л. состояние, предавать чему-л.
to commit oneself to smth. - взять на себя обязательство, посвятить себя чему-л.
to be committed to smth. - быть преданным/приверженным чему-л.
to commit to flames/oblivion/memory - предавать огню/забвению/оставить в памяти
commitment - n. - обязательство, приверженность; совершение чего-л.; передача (на рассмотрение)
unwavering commitment - непоколебимая приверженность

COMMODITY - n. *(often pl.)* - предмет потребления, товар, сырьевые товары

COMPLIANCE - n. - согласие, уступчивость, подчинение
in compliance with - согласно, в соответствии с
comply (with) - v. - исполнять, подчиняться, соглашаться, действовать согласно правилам
to comply with the terms of the treaty - выполнять/ соблюдать положения договора

CONCERN - n. - отношение, беспокойство, озабоченность, забота; важность, интерес; дело
to arouse/to cause concern - вызывать беспокойство
a matter of great/prime concern - дело большой/первостепенной важности
it is no concern of mine - это меня не касается
concerns - n. *(pl.)* - дела, проблемы, вопросы
social concerns - социальные проблемы
the concerns of the immigrants - проблемы иммигрантов
humanitarian concerns weigh heavily - гуманитарные проблемы имеют большое значение
concern - v. - иметь отношение, касаться
to be concerned about/over/at smth. - беспокоиться о чем-л.
to be concerned with - заниматься, изучать, интересоваться
they seem more concerned with institutional mechanisms than with substance - по-видимому, их больше интересуют институционные механизмы, а не существо вопроса

as far as I am concerned - что касается меня

for whom it may concern - тому, кого это касается

concerned - **adj.** - имеющий отношение, заинтересованный

parties concerned - заинтересованные/вовлеченные стороны

concerning - относительно, о...

reports concerning - сообщения относительно/ касающиеся чего-л.

CONCISE - **adj.** - краткий, сжатый, сокращенный

a concise dictionary - краткий словарь

he is concise - он точен/краток и немногословен

CONDOLENCE - **n.** - соболезнование, сочувствие

please accept my condolences - прошу принять мои соболезнования

CONFLICT - **n.** - конфликт, столкновение, борьба, война, борьба мнений

a raging conflict - незатухающий конфликт

CONSUMER - **n.** - потребитель, клиент, покупатель

consumerism - **n.** - стимулирование потребительского интереса, защита интересов потребителя; теория экономической целесообразности развития "потребительского общества"

CONTAIN - **v.** - содержать, вмещать, сдерживать

containment - **n.** - сдерживание, политика сдерживания

containment of the aggressor - сдерживание агрессора

to contain the cholera outbreak - сдерживать вспышку холеры, не дать распространиться вспышке холеры

CONTENTION - **n.** - раздор, разногласие; точка зрения, утверждение (в споре)

a bone of contention/discord — яблоко раздора

CONVENIENCE - **n.** - удобство, (*мн.ч.*) удобства, комфорт; выгода

at one's earliest convenience - при первой возможности/по возможности скорее

at your convenience - когда/как вам будет удобно

to make a convenience of smb. - пользоваться чьей-л. добротой

a marriage of convenience - брак по расчету

COPE - **v. (with)** - справиться, совладать; управляться

to cope with danger - справиться с опасностью

CORRUPTION - **n.** - продажность, коррупция, моральное разложение; искажение (текста и т.п.)

corruption charges - обвинение в коррупции

COUNTERFEIT - **adj.** - поддельный, фальшивый, притворный

counterfeit money - фальшивые деньги

COVER - **v.** - покрывать, прикрывать, ограждать, скрывать; освещать в печати

to cover the subject - освещать тему

to cover up for a friend - прикрывать друга

coverage - **n.** - охват, репортаж, освещение события, информация, сообщение; время, предоставляемое телевидением или радио

cover-up - **n.** - сокрытие преступления; укрывательство; прикрытие, (*перен.*) крыша

covert - **adj.** (action, threat) - скрытый/тайный (шаг/угроза)

CRACK - **v.** - раскалывать, разбивать, колоть

to crack a demonstration - разгонять демонстрацию

crackdown - **n.** - крутые меры, закручивание гаек, разгром, разгон, подавление

a crackdown on crime - решительные меры по борьбе с преступностью

CRASH - **n.** - крушение, авария, столкновение, авиакатастрофа; крах, банкротство

CREDENTIALS - **n.** - верительные грамоты (посла)

credentials committee - комитет по проверке полномочий

CREDIBILITY - **n.** - доверие, надежность; правдоподобие

the credibility of a witness - надежность свидетеля

a credibility gap - кризис доверия

to lose/to restore credibility - утратить/восстановить доверие

credible - **adj.** - правдоподобный, заслуживающий доверия

credibly - **adv.** - достоверно

CREDIT - **n.** - вера, доверие; репутация; влияние; честь

to give credit to smth./smb. - поверить, отдать/воздать должное чему-л./кому-л.

to lose credit - потерять доверие

he is a man of credit - он человек, пользующийся хорошей репутацией

it's a credit to him - это делает ему честь; это его заслуга

CRIME - **n.** - преступление, преступность

rising crime - растущая преступность, рост преступности

crimes against humanity - преступления против человечности

to commit a crime - совершить преступление

CRONYISM - **n.** - панибратство, назначение на посты по знакомству, кумовство, непотизм

Syn. **nepotism**

CROSS-FIRE - **n.** - перекрестный огонь, словесная перепалка, горячая дискуссия

CRUCIAL - **adj.** - решающий, ключевой, критический

CURFEW - **n.** - комендантский час, затемнение

CURRICULUM - **n.,** *pl.* **curricula** - учебный план, курс обучения

CUSTODY - **n.** - опека, охрана; арест, взятие под стражу

to be in custody - находиться под арестом

to be in the custody of... - находиться под чьей-л. опекой

CUSTOMER - **n.** - покупатель, заказчик, потребитель, клиент

CYRILLIC - **n.** - кириллица (одна из 2-х первых славянских азбук); *(разг.)* русская азбука, русский шрифт

D

DAMAGE - n. - вред, повреждение, ущерб; *(мн.ч.)* убытки
to do/to inflict damage - наносить ущерб
to suffer heavy damage - серьезно пострадать
to claim damages - требовать возмещения убытков
damage - v. - повредить, причинить ущерб, дискредитировать
to damage smb's reputation - подорвать чью-л. репутацию
to have a damaging effect on (smth. or smb.) - пагубно сказаться на чем-л. или ком-л.

DATE - n. - дата, число, день
to fix/to set a date - установить/определить дату
to announce/to disclose a date - сообщить дату
a target date - намеченная дата
dated - adj. - датированный
out-of-date/outdated - adj. - устаревший
updated/up-to-date - adj. - модернизированный, современный, новейший, отвечающий современным требованиям

DAY - n. - день; дневное время; дата
smb's days are numbered - дни (кого-л.) сочтены

D - day - n. - день "Д", день начала операций; день высадки союзных войск в Европе (6 июня 1944 года)
daybreak - n. - рассвет
to survive on a day-to-day basis - перебиваться со дня на день
the situation gets less hopeful by the day - положение с каждым днем становится все более безнадежным
the order of the day - повестка дня; вопрос, назначенный к рассмотрению на определенный день; модное увлечение; актуальная тема, злободневный вопрос
(see also "order")
doomsday - n. - день страшного суда, судный день; конец света

DEADLINE - n. - предельный/окончательный срок
to meet the deadline - выполнить/закончить что-л. к назначенному сроку/в срок
to miss the deadline - не уложиться в срок

DEADLOCK - n. - мертвая точка, тупик, безвыходное положение
Syn. dead-end, gridlock, impasse, logjam, stalemate, stand-off, standstill
to be at/in a deadlock - быть/находиться в тупике
to come to, to run into, to reach a deadlock/to bring, to lead to a deadlock/to break, to overcome/to end the deadlock - зайти в тупик/завести в тупик/выйти из тупика/устранить тупик
deadlock - v. - зайти/завести кого-л. в тупик

3*

DEAL - n. - дело, сделка; соглашение

a separate deal - сепаратная сделка

to make a deal - совершить/заключить сделку, соглашение

deal - v. (dealt, dealt) with - иметь дело (с кем-л.); ведать (чем-л.), заниматься (чем-л.)

to deal with the situation - справиться с ситуацией

to deal a blow - нанести удар

DEATH - n. - смерть

death toll - количество жертв

DEBT - n. - долг, задолженность

a debt burden - бремя задолженности

the outstanding debt of... - непогашенный долг на сумму ...

the U.S. will not write off the debts of the poorer countries - США не будут списывать задолженность более бедных стран

a debt deferral - отсрочка по задолженности

DECAY - n. - упадок, гниение, разрушение

moral decay - моральное разложение

senile decay - старческая немощь

the decay of health - ухудшение/ослабление/разрушение здоровья

the decay of the family - распад семьи

DECLINE - n. - упадок, спад, понижение; закат

economic decline - экономический спад

declining - adj. (day/ years/ prices) - склоняющийся (к вечеру день); преклонный (возраст); снижающиеся (цены)

DEEM - v. - (кн.) полагать, думать, считать

to deem it necessary - считать что-л. необходимым

DEFERENCE - n. - уважение, почтение

in deference to smb. - из уважения к кому-л.

DEFUNCT - adj. (magazine, newspaper, party, company) - исчезнувший, вымерший, несуществующий (журнал, газета, партия, компания)

DEFUSE - v. - разрядить, сглаживать, затмевать

to defuse tension - снять напряженность

to defuse the situation - разрядить/разблокировать ситуацию

to defuse the crisis - разрядить кризисную обстановку

DEFIANCE - n. - вызывающее поведение, демонстративное неповиновение; полное пренебрежение

defiance of a resolution - невыполнение/игнорирование резолюции

in defiance of smth. - с явным пренебрежением к чему-л., не считаясь с чем-л.

defy - v. - бросать вызов; игнорировать; не поддаваться; представлять непреодолимые трудности

to defy the interim government - открыто не повиноваться временному правительству

DELAY - n. - задержка, приостановка; откладывание, отсрочка; опоздание, замедление
a 120 day delay - задержка на 120 дней
without delay - немедленно, безотлагательно, незамедлительно
delay - v. - задерживать, отсрочивать, откладывать; медлить
a long-delayed accord - затянувшееся достижение соглашения

DELIBERATION - n. - обдумывание, размышление; *(мн.ч.)* обсуждение, дискуссия

DEMEAN - v. - унижать, ронять достоинство

DEMINE - v. - разминировать
demining - n. - разминирование

DEMISE - n. - смерть, кончина, конец
the Soviet demise - распад Советского Союза
Syn. **the S.U. collapse/fall/ disintegration/ break-up/ fragmentation/ dissolution**

DEMOLISH - v. - разрушать, уничтожать, сносить; опровергать, разбивать
to demolish a building/a myth - снести здание/разрушить миф
demolition - n. (of a house, of rights) - разрушение, уничтожение, снос (дома), упразднение (прав)

DENIAL - n. - отрицание, опровержение, отказ; несогласие, отречение
a sweeping/flat, strong denial - огульное отрицание/ категорическое опровержение

denial of facts/of a fault/of one's guilt/of responsibility/of smb's request/of a favour/of a passport/of one's family/of faith - отрицание фактов/ошибки/своей вины/ответственности/отказ выполнить просьбу/оказать услугу/выдать паспорт/отречение от семьи/веры

to make/to issue a denial of a statement - опровергнуть, отклонить утверждение/ опубликовать опровержение
deny - v. (a theory/rumours/ charges/a request/one's signature) - отрицать, отвергать (теорию), опровергать (слухи), отводить (обвинения), отказать (в просьбе), отказываться (от своей подписи)

DENOUNCE - v. (a treaty) - обвинять, осуждать; угрожать; денонсировать (договор)
denunciation - n. - осуждение, обвинение, разоблачение; денонсация, денонсирование, расторжение (договора)
denunciatory - adj. - обвинительный, обличительный; содержащий угрозу

DEPLOY - v. (troops, nuclear weapons) - развертывать (войска), размещать (ядерное оружие)
deployment - n. - размещение, развертывание, базирование, дислоцирование
U.N. peacekeeping force deployment - развертывание миротворческих сил ООН

DEPOSE - v. - смещать, свергать, низлагать

to depose a deputy - отзывать депутата

DERAIL - v. (a train, plans, negotiations) - вызывать крушение (поезда), сходить с рельсов; расстраивать (планы), срывать (переговоры)

DESCEND - v. - спускаться, понижаться, нисходить; передаваться по наследству, происходить (из рода)
descendant - n. - потомок
descent - n. - спуск, снижение; происхождение
of Russian descent - русского происхождения

DESIGN - n. - план; цель; проект, рисунок, модель
custom design - сделанный на заказ
designs - n. - злой умысел, планы
criminal designs - преступный замысел
to harbour designs - вынашивать замыслы/планы
design - v. - замышлять, намереваться, планировать; предназначать; проектировать; вынашивать замысел
designate - adj. - назначенный, но еще не вступивший в должность

DETAIN - v. - задерживать, арестовывать
detainee - n. - *(юр.)* задержанный; лицо, содержащееся под стражей
detention - n. - задержание, содержание под арестом; вынужденная задержка

a detention camp - лагерь для задержанных

DETER - v. - удерживать, сдерживать, останавливать; отпугивать
to deter aggression - сдерживать агрессию
deterrent - n. - средство устрашения/сдерживания
deterrent - adj. - сдерживающий, препятствующий; устрашающий
deterrent diplomacy - дипломатия сдерживания
deterrent force - сила сдерживания
deterrent power - сдерживающая мощь/сила
a deterrent weapon - оружие устрашения/сдерживания
deterrence - n. - сдерживание, устрашение, удержание; средство сдерживания/устрашения
nuclear deterrence - ядерное устрашение/сдерживание
deterrence against aggression - сдерживание агрессии
deterrence of a nuclear war - сдерживание ядерной войны
adequate nuclear deterrence - адекватное ядерное сдерживание

DETERIORATE - v. - ухудшаться
deterioration - n. - ухудшение
a deteriorating situation - ухудшающееся положение

DEVASTATE - v. - опустошать, разорять
devastated property/ environment - *(юр.)* расхищенное имущество; опустошенная среда

devastated by fire/earthquake - разрушенный огнем/землетрясением

devastation - n. - опустошение, разорение, разруха; *(юр.)* расхищение

DILUTE - v. - разбавлять, ослаблять; подрывать, выхолащивать
to dilute commitments/demands - сводить на нет обязательства/требования

dilution - n. - разбавление, ослабление, выхолащивание; замена (части) квалифицированных рабочих неквалифицированными

DIMENSION - n. - размах, важность; масштаб; измерение; аспект; *(мн.ч.)* размеры, величина, объем
a three-dimension film - стереоскопический фильм
a political dimension - политический аспект

DIPLOMACY - n. - дипломатия; дипломатичность, такт
art of diplomacy - искусство дипломатии
instruments of diplomacy - дипломатические средства, инструменты дипломатии
open/public/closed, secret diplomacy - открытая/публичная, народная/тайная, секретная дипломатия
quiet/low-key diplomacy - спокойная, "тихая" дипломатия
active/ creative/ turtle-pace/half--hearted diplomacy - активная/ инициативная, конструктивная/ неактивная, пассивная дипломатия/дипломатия, проводимая

без энтузиазма, без заинтересованности
kid-glove/ ping-pong/ back-and forth/ behind-the scenes/ short-sighted/treacherous diplomacy - дипломатия в лайковых перчатках, тонкая/ "пинг-понга", "символических жестов", пробная, непоследовательная/ закулисная/ "близорукая"/ предательская, вероломная
shuttle/deterrent/gunboat/balance-of-power diplomacy - челночная дипломатия/дипломатия сдерживания/ "канонерок"/ равновесия сил
peace-making diplomacy - миротворческая дипломатия
diplomat - n. - дипломат
a career diplomat/a foreign service officer - профессиональный, карьерный дипломат
to recall a diplomat - отозвать дипломата
diplomatic - adj. - дипломатический, дипломатичный
diplomatic service/mission, representation/premises - дипломатическая служба/представительство/территория (здания, помещения) дипломатического представительства
diplomatic corps, body/staff, officials, personnel - дипломатический корпус/персонал, сотрудники
diplomatic status/privileges and immunities - дипломатический статус/привилегии и иммунитеты
(a) diplomatic courier, messenger/mail/ correspondence/multiple visa - дипломатический

курьер/почта/корреспонденция/ многократная виза

diplomatic asylum/withdrawal/ tax exemption - дипломатическое убежище/отзыв дипломатического персонала/освобождение дипломатов от налогов

through diplomatic channels - по дипломатическим каналам

through a diplomatic bargaining - путем дипломатического соглашения, путем проведения переговоров

DISADVANTAGED - adj. - обездоленный, неустроенный; не имеющий благоприятных условий, бедный, неимущий

DISAPPROVAL - n. - неодобрение; неблагоприятное мнение

disapprove - v. (smb./smth.) - не одобрять, осуждать кого-л./ что-л./чье-л. поведение

disapprove (of smb./of smth.) - относиться неодобрительно к кому-л./к чему-л., выражать порицание (кому-л.)

to disapprove a bill - отклонять законопроект

DISARM - v. - обезоруживать; умиротворять, разоружать(ся)

disarmament - n. - разоружение

general and complete/comprehensive disarmament - всеобщее и полное/всеобъемлющее разоружение

partial disarmament - частичное разоружение

seek/to achieve, to bring about disarmament - стремиться к/ достигать, добиваться разоружения

DISARRAY - n. - беспорядок, расстройство, замешательство, смятение

the troops were in disarray - войска дрогнули

DISASTER - n. - бедствие, несчастье, катастрофа

DISBAND - v. (an army) - распускать, расформировывать (армию)

DISCARD - v. (one's suspicions, a theory, old things) - отбрасывать (подозрения), отвергать, отказываться (от теории), выбрасывать (старые вещи)

DISCHARGE - v. (a ship, a rifle, one's duties, a soldier, a prisoner) - разгружать (корабль), разгружаться; разряжать (ружье), выполнять, исполнять (свои обязанности); увольнять (солдата из армии); освобождать (заключенного)

DISCLOSE - v. - раскрывать, обнажать, показывать, разоблачать

it was disclosed - стало известно

DISCONTENT - n. - недовольство, неудовлетворенность, досада

popular discontent - недовольство народа

discontent - adj. - недовольный, неудовлетворенный, раздосадованный

DISCORD - n. - разногласие, разлад, несогласие

discord -v. - расходиться во мнениях, не соглашаться

to discord with smb. on some issue - разойтись во мнениях с кем-л. по какому-л. вопросу

DISCOUNT - n. - скидка
at a discount - со скидкой

DISENCHANTMENT - n. - разочарование
to fall into disenchantment with smb./smth. - разочароваться в ком-л./чем-л.

DISGRACE - n. - позор, бесчестие
to bring disgrace upon smb. - опозорить/навлечь позор на кого-л.
to be a disgrace to smb. - быть позором для кого-л.
disgrace - v . - позорить, пятнать
to disgrace one's name - запятнать свою репутацию

DISINHERIT - v. - лишать наследства
disinheritance - n. - лишение наследства

DISINTEGRATION - n. - дезинтеграция, раздробление, разрушение, распад
disintegration of the former S. U. - распад бывшего Советского Союза
(*see* "demise" for synonyms)

DISMANTLE - v. (a regime, bases, nuclear weapons, a wall, a house) - низвергать (режим), убирать, ликвидировать (базы), демонтировать (ядерное оружие), сносить (стену, дом)
to dismantle weapons of mass destruction - уничтожить оружие массового поражения

DISMISS - v. (an assembly, a person, doubts, an idea) - распускать (собравшихся), увольнять (кого-л.), отбросить (сомнения), отвергать, отказываться (от идеи)
dismissal - n. - роспуск, увольнение

DISPATCH - v. (a letter, troops) - отправлять, посылать (письмо, войска); быстро справляться, разделываться с чем-л.
dispatcher - n. - отправитель, диспетчер, экспедитор

DISPENSE - v. (money/from duty/ with formalities) - распределять, раздавать (деньги); освобождать (от обязательств); отбрасывать формальности

DISPERSE - v. (doubts/a crowd) - рассеивать (сомнения), рассеиваться; разгонять (толпу)

DISPLACE - v. (an official) - перемещать, вытеснять, снимать (с должности), смещать (чиновника)
displaced - adj. - перемещенный

DISPOSAL - n. - размещение, расположение; избавление; право распоряжаться
dispose - v. (of) - избавляться, разделаться; завершать, утрясти (дело)
disposition - n. - характер, нрав; расположение; размещение

DISRUPT - v. - разрывать, разрушать; подрывать, срывать
to disrupt a meeting/plans - сорвать собрание/планы
disruption - n. - подрыв, срыв; крушение; раскол
disruption of the train service - нарушение железнодорожного сообщения

DISSOLUTION - n. - роспуск
dissolve - v. - распускать, прекращать деятельность
to dissolve Parliament - распускать парламент

DISTURB - v. - причинять беспокойство, волновать, тревожить, доставлять хлопоты
to disturb the peace - вызывать общественные беспорядки, нарушать общественное спокойствие
disturbance - n. - нарушение равновесия/покоя; *(мн.ч.)* волнение, беспорядки
political disturbances - политическая смута
to make/to create/to cause a disturbance - вызывать, устраивать беспорядки
disturbing - adj. - волнующий, тревожный, вызывающий беспокойство

DISUSE - n. - неупотребление, неупотребительность
to get/to fall into disuse - выходить из употребления

DIVERSIFY - v. - разнообразить, варьировать, диверсифицировать
diversified - adj. - диверсифицированный, многообразный
diversified cultures - разнообразные культуры
diversity - n. - разнообразие, различие, несходство, своеобразие, разновидность
diversity of views - разные/различные взгляды

DIVORCE - n. - расторжение брака, разрыв, отрыв, разъединение

divorce - v. - разводиться, расторгать брак, отрывать, разделять, отделять
divorcee - n. - разведенный муж/жена

DODGE - n. - уловка, увертка, обман, хитрость
dodge - v. - увертываться, уклоняться, прятаться
to dodge cameras - увернуться от камер
to dodge a problem - уходить от решения вопроса
a draft dodger - лицо, уклоняющееся от службы в армии

DOG - v. - следовать (за кем-л.), следить; травить собаками
your efforts have been dogged - за вашими усилиями неотступно следили

DOUBLE-CROSS - n. - обман, хитрость, уловка
double-cross - v. - обманывать, надувать

DRAFT - n. - проект, план; призыв в армию
a draft resolution/treaty/ communique - проект резолюции/договора/коммюнике
in draft - в проекте
draft - v. - составлять план/документ
to draft into the army - призывать в армию
draftee - n. - призывник

DROP - n. - капля, глоток; падение, спад (производства)
relief is a drop in an ocean - помощь - это капля в море
dropout - n. - отсев
dropout rate - процент отсева

drop - v. (smoking, studies) - капать, падать; ронять, бросать, сбрасывать, прекращать, бросить (курить), забросить (занятия)
to drop the demands - отказываться от требований
to drop out of the race - выйти из (предвыборной) борьбы
some pupils drop out - некоторые ученики уходят из школы (отсеиваются)
to drop in/at smb's. place/on smb. - заходить, заглядывать, навестить кого-л., зайти к кому-л.

DRUG - n. - лекарство, наркотик
a drug addict - наркоман
a drug habit/addiction - наркомания
drug trafficking/pushing/peddling - торговля наркотиками
to be in drug trafficking business - заниматься торговлей наркотиками
to take to/to do drugs - принимать наркотики, быть наркоманом
crackdown on drugusers and dealers - решительные меры по борьбе с наркоманами и торговцами наркотиками
clampdown on the sale of drugs - строгий запрет на торговлю наркотиками
the Drug Tzar (a Cabinet level post, the USA) - Директор Управления Белого дома по национальной политике в области контроля над наркотиками

DUCK - n. - утка; парень; неудачник; банкрот
a queer duck - чудак

a dead duck - бедняга, бедолага, неудачник; конченый человек, ничего не стоящая вещь
a lame duck - неудачник, банкрот; провалившийся кандидат (на выборах); (ам.) деятель, завершающий свое пребывание на данном посту (член конгресса); президент, завершающий второй, последний срок пребывания на посту

DUMP - v. (refuse, waste) - сваливать (в кучу), выбрасывать, выгружать, сбрасывать (мусор, отходы)
the US wouldn't dump money into economy which doesn't work - США не будут напрасно вкладывать деньги в неэффективную экономику

DURESS(e) - n. - принуждение
to do smth. under duress - делать что-л. под давлением/по принуждению

E

EARLY - adj. - ранний, заблаговременный; близкий, скорейший; преждевременный, досрочный
early - adv. - рано, заблаговременно; скоро, в ближайшее время
early this year - в начале этого года
earlier this year - ранее в этом году

Ant. **late this year** - в конце этого года
later this year - позже в этом году

EARTH - **n.** - земля, земной шар; почва, грунт
the earth slides (during an earthquake) - земля уходит из-под ног (во время землетрясения)
earth/crude oil - сырая нефть
down to earth - практический, реалистический, приземленный
But: *Syn.* **land** - земля, суша; страна, территория; почва; земельный участок
Syn. **lot** - участок (земли), отведенная территория
a construction lot - строительный участок
a parking lot - стоянка (автомобилей)
Syn. **ground** - земля, поверхность земли, грунт, участок земли, площадка
a football ground - футбольное поле
Syn. **soil** - почва, грунт, земля
earthquake - **n.** - землетрясение
a social and political earthquake - социальный и политический катаклизм/потрясение

EC (the European Council, the Council of Europe) - СЕ (Совет Европы)

ECHO - **n.** - эхо, отклик, отголосок; подражание
echo - **v.** - повторять, отражать звук, оглашаться эхом, вторить, поддакивать
they echoed every word of their boss - они без конца поддакивали своему начальнику

ECONOMY - **n.** - хозяйство, экономика; экономия, бережливость
ups and downs of the economy - подъемы и спады в экономике
flagging economy - ослабевающая экономика
economy stagnates - застой в экономике
15 Pacific Rim economies - 15 стран бассейна Тихого океана
economic - **adj.** - хозяйственный, экономический
continuing economic ills - нескончаемые экономические беды
economical - **adj.** - экономный, бережливый
economically - **adv.** - с экономической точки зрения
economically Japan is a highly developed country - с экономической точки зрения Япония - высокоразвитая страна

ECU (the Economic Cooperation Union) - Союз экономического сотрудничества

EDGE - **n.** - острие, лезвие, острота; край, грань; критическое положение/момент; преимущество, перевес
a political edge - политическое преимущество
scientists in R. are losing a technological edge - ученые в Р. теряют свое преимущество в технике

EFFORT - **n.** - усилие, усилия
a strenuous effort - энергичные усилия
a combined/joint, common effort - объединенные/совместные, общие усилия

to make every effort - приложить все усилия

through joint efforts - путем совместных усилий

an all-out effort - всеобщие усилия

EGG - n. - яйцо, зародыш; *(воен.)* бомба, граната

to crush in the egg/bud - подавить в зародыше

to be as two eggs - быть похожими как две капли воды

to put all one's eggs in one basket - рисковать всем сразу, поставить все на карту

to shave an egg - делать невыполнимую или бесполезную работу

to tread upon eggs - действовать осмотрительно; тщательно выбирать слова; вступить на опасную почву, касаться щекотливого вопроса

to lay an egg - провалиться с треском (о спектакле)

egghead - n. - *(часто ирон.)* мыслящая личность, интеллектуал, эрудит

ELABORATE - v. (a plan/details) - детально, тщательно разрабатывать или обдумывать (план), уточнять (детали)

to elaborate upon a theme - развивать тему

elaboration - n. - тщательная разработка, уточнение, совершенствование

to wish smb. success in smb's elaborations - пожелать кому-л. успеха в работе

elaborate - adj. - тщательно, детально разработанный; продуманный, усовершенствованный, сложный

ELECT - v. - выбирать, избирать

to be elected president - быть избранным на пост президента

election - n. - выборы, выбор, отбор

general election - всеобщие выборы

primaries - предварительные выборы

by-election - дополнительные выборы

mid-term election(s) - промежуточные выборы

to launch an election campaign - начать избирательную кампанию

to hold elections to... - проводить выборы в ...

election returns - результаты выборов

elector - n. - избиратель, выборщик

Syn. **voter** - избиратель

an electoral college *(Am.)* - коллегия выборщиков *(ам.)*

the electorate - избиратели

election turnout - количество избирателей, принявших участие в голосовании

ELIMINATE - v. (errors/a possibility/wars) - устранять (ошибки), исключать (возможность); уничтожать, ликвидировать (войны)

elimination - n. - удаление, исключение, устранение; уничтожение, ликвидация

ELOPE - v. - тайно сбежать, скрыться (с возлюбленным)

eloper - n. - беглец

ELUDE - v. - избегать, уклоняться, ускользать

to elude argument - уклоняться от спора

to elude a treaty - уклоняться от соблюдения/выполнения договора

EMBARGO - n. - эмбарго, запрещение, запрет, наложение ареста (на судно); помеха

embargo on air traffic - эмбарго на воздушные перевозки

to impose embargo on smth. - вводить эмбарго на что-л.

to lift the embargo - снимать эмбарго

to suspend the embargo - приостанавливать действие эмбарго

violation of the arms embargo - нарушение эмбарго на поставки оружия

EMBARK (on, upon) - v. - садиться на корабль, грузить на корабль; начинать (дело), браться (за что-л.)

to embark upon a career - начать карьеру (трудовую деятельность)

EMBARRASS - v. - беспокоить, смущать, приводить в замешательство; мешать; запутывать

the law embarrasses transactions - закон затрудняет заключение сделок

embarrassing - adj. - смущающий, затруднительный

embarrassment - n. - смущение, замешательство, смятение; запутанность (в делах); затруднение

EMBRACE - v. - обнимать, заключать в объятия; воспользоваться; включать, охватывать

the treaty embraces the following provisions - договор включает следующие положения

to embrace the situation - видеть все аспекты ситуации

to embrace an opportunity/an offer - воспользоваться случаем/предложением

EMERGE - v. - появляться, показываться, возникать, выясняться, выявляться

from these facts it emerges... - из этих фактов следует/явствует ...

emergence - n. - появление, выход, проявление

the emergence of many new nations - возникновение многих новых государств

emergency - n. - непредвиденный случай, крайняя необходимость, чрезвычайные обстоятельства

to declare/to proclaim the state of emergency - объявить чрезвычайное положение

to lift the state of emergency - отменить чрезвычайное положение

emergency landing - вынужденная посадка

emergency measures - чрезвычайные меры

an emergency meeting/session - чрезвычайное заседание/сессия

emergency powers - чрезвычайные полномочия

ENCLAVE - n. - анклав; территория, окруженная чужими владениями

privileged enclave - привилегированная группа населения

the most Armenian populated enclave - территория, где армяне составляют большинство населения

ENCOUNTER - n. - (неожиданная) встреча; столкновение, схватка, стычка; дуэль, состязание
encounter - v. - (неожиданно) встретить; иметь столкновение, стычку; наталкиваться (на трудности и т.п.)

ENCROACH - v. - вторгаться, захватывать; посягать
to encroach upon the territory of a state - вторгаться на территорию государства
to encroach upon/on human rights - посягать на права человека
encroachment - n. - посягательство, вторжение

END - n. - конец, окончание, край; цель, намерение; результат
to come to an end - кончаться, заканчиваться
to bring to an end - заканчивать, завершать
at the end of smth. - в конце чего-л.
in the end - в конце концов
with this end in view, to that/this end - с этой целью
to no end - бесцельно, бесполезно, напрасно
the end justifies the means - цель оправдывает средства
to work for this end - добиваться этой цели
to pursue one's ends - преследовать свои цели
the end crowns the deed - конец - делу венец

ENDEAVOUR - n. - попытка, старание, усилие

further endeavours - дальнейшие попытки
endeavour - v. - прилагать усилия, стараться (сделать что-л.), стремиться, добиваться
to endeavour to win - стремиться выиграть/победить

ENDORSE - v. - подписываться под документом, индоссировать, визировать, подтверждать правильность, одобрять
to endorse a candidate - поддерживать (чью-л.) кандидатуру
to endorse an idea - одобрить идею
to endorse everything the previous speaker has said - присоединиться к предыдущему оратору
endorsement - n. - одобрение, подтверждение; индоссамент, визирование

ENDOW - v. - обеспечивать доходом, назначать содержание, делать дар; одарять, наделять
endowment - n. - назначение вклада; вклад, дарственный фонд, дар; дарование, талант
the Carnegie Endowment - Фонд Карнеги

ENFORCEMENT - n. - давление, принуждение, осуществление или наблюдение за соблюдением закона
law enforcement - обеспечение правопорядка, деятельность правоохранительных органов
law enforcement units - силы обеспечения правопорядка
enforcement measures - принудительные меры

enforcement operation - операция по осуществлению принудительных мер

ENGAGE - v. - обязываться, брать на себя обязательства, обещать; налагать обязательства; занимать (ся), ангажировать, нанимать

to engage a seat/a hotel room/a secretary/attention/ the enemy/ in teaching/in politics/in a game of tennis/in a conversation - заказать билет (в театр)/номер в гостинице/принять на работу секретаря/привлечь внимание/ вступить в схватку с врагом/ быть учителем/участвовать в политической жизни/играть в теннис/вести беседу

to engage oneself to do smth. - взять на себя обязательства сделать что-л.

reading engages all my spare time - чтение занимает все мое свободное время

to be engaged in/on/with smth. - заниматься чем-л./быть занятым чем-л.

the number/the line is engaged/ busy - номер/линия занята

to be engaged (to be married) - быть помолвленным/обрученным

engagement - n. - дело, занятие; (принятое) приглашение; (назначенная) встреча, свидание, договоренность о встрече; обязательство; обручение, помолвка

he declined the invitation due/ owing to his previous engagement - он отклонил приглашение из-за ранее назначенной встречи

ENGINEER - v. - создавать, сооружать, проектировать; организовать что-л. (путем происков)

to engineer a slander campaign - организовать клеветническую кампанию

ENHANCE - v. (danger, a feeling of guilt; peace, security, stability; authority) - увеличивать (опасность); усиливать/ усугублять (чувство вины); укреплять (мир, безопасность, стабильность); повышать (авторитет, значение)

ENLIST - v. (help, cooperation, support) - (добровольно) поступать на военную службу, вербовать, вступать (в члены), зачислять в организацию, заручаться (помощью, содействием, поддержкой)

ENRICHMENT - n. – обогащение; украшение, отделка; повышение питательности (продуктов), витаминизация

academic enrichment programs - программы повышения теоретического уровня

ENROL(L) - v. - вносить в список, регистрировать; записывать(ся) (в члены организации и т.п.); зачислять/поступать на военную службу

enrolment - n. - регистрация, прием в члены (организации), вербовка, поступление на военную службу/ на учебу

to evade the enrolment - уклоняться от службы в армии

ENSHRINE - **v.** - хранить, лелеять (воспоминание и т.п.)
enshrined in memory - бережно хранимый/запечатленный в памяти

ENSURE - **v. (independence/income)** - обеспечивать (независимость), гарантировать (доход); страховать, застраховать

ENTAIL - **v. (consequences)** - повлечь за собой (последствия), вызывать; навлекать
this entails trouble - это влечет за собой неприятности

ENTER - **v.** - входить, вступать; заносить (в списки), регистрировать
to enter the West Union - присоединиться/стать членом Западного союза
entry - **n.** - вход, вступление, вхождение, поступление; занесение в список, запись; статья (в словаре)
entry into the European Union (membership) - вступление в Европейский союз
entry visa - въездная виза

ENTERPRISE - **n.** - предприятие, предприимчивость, (смелая) инициатива, предпринимательство
(a) private enterprise - частное предпринимательство/предприятие
enterprise - **v.** - предпринимать, пробовать
enterprising - **adj.** - предприимчивый, инициативный

ENTITY - **n.** - бытие, существование, нечто объективно реально существующее, данность, объект
national entity - национальное образование

ENVIRONMENT - **n.** - окружающая среда, экология; окружение, обстановка
conservation/ protection of the environment - охрана/ защита окружающей среды
to conserve the environment - сохранять окружающую среду
to modify/to change the environment - изменять окружающую среду
the banning of the use of means of modifying/changing the environment for military purposes - запрещение применения средств воздействия на окружающую среду в военных целях
pollution of the environment - загрязнение окружающей среды
a safe work environment - обстановка, обеспечивающая безопасность работы
environmental - **adj.** - относящийся к окружающей обстановке/среде/к окружению; экологический
environmental protection - защита/охрана окружающей среды

ENVOY - **n.** - посланник, дипломатический представитель (посол, посланник), посланец; уполномоченный
a special envoy - специальный представитель
a temporary envoy - временный представитель
envoys of goodwill - посланцы доброй воли

EQUILIBRIUM - n. - равновесие, уравновешенность
a stable equilibrium - устойчивое равновесие
to rattle/to upset the equilibrium - нарушать равновесие
to maintain one's equilibrium - сохранять спокойствие
to lose one's equilibrium - выйти из равновесия, выйти из себя

ERADICATE - v. (illiteracy) - вырывать с корнем, истреблять, искоренять, ликвидировать (неграмотность)
eradication - n. - вырывание с корнем, искоренение

ERASE - v. - стирать/ соскабливать/подчищать (ластиком); вычеркивать (из памяти); стирать с лица земли
to erase from the agreement the following provisions - исключить из соглашения следующие положения
eraser - n. - ластик

ESCAPE - n. - бегство, побег; избавление, спасение; утечка; пункт договора, освобождающий сторону от обязательств
escape from reality - уход от реальности
escape - v. - совершать побег; уходить; отключаться; избежать (опасности); ускользать (о смысле)
to narrowly escape death - быть на волосок от смерти
it was a narrow escape - едва удалось избежать опасности
to escape from everyday life - уйти от забот повседневной жизни

his name escapes me - никак не могу вспомнить его имя

ESTABLISH - v. (a state, a federation, a bank, a party, diplomatic relations) - основывать, учреждать, организовывать, создавать (государство, федерацию, банк, партию), устанавливать (дипломатические отношения)
establishment - n. - основание, учреждение, организация, создание, установление, введение
the Establishment - n. - истеблишмент, власть имущие, правящие круги; господствующая, официальная, государственная система
hawks of the Establishment - ястребы официальной государственной системы/истеблишмента
pillars of the Establishment - столпы истеблишмента
he looks an Establishment figure - он походит на человека, принадлежащего к власть имущим
military establishment (Am.) - система военных ведомств США

ESTIMATE - n. - оценка, смета, калькуляция
different estimates - разные оценки
the Estimates - проект (государственного) бюджета (в Великобритании), проект расходной части бюджета (в США)
estimate - v. - оценивать, устанавливать стоимость; выносить суждение, судить; составлять смету, подсчитывать
to estimate the value of smth. - оценить/установить стоимость чего-л.

to estimate the talent - судить о таланте

to estimate highly - высоко ценить

ETHNIC - adj. - этнический

ethnic cleansing - этническая "чистка"

ethnic slaughter - массовые убийства на этнической почве

ethnically - **adv.** - этнически; в отношении этнического состава населения, с этнической точки зрения

EU (the) (the European Union) - ЕС (Европейский Союз)

to join the EU - стать членом ЕС

to enter the EU - вступить в ЕС

EU entry - вступление в ЕС

to apply for the EU membership - обратиться с просьбой о вступлении в ЕС

EVALUATE - v. - оценивать, устанавливать стоимость; определять (количество, качество, ценность, важность)

to evaluate the situation on a day-to-day basis - оценивать положение на повседневной основе

EVENTUAL - adj. - возможный, зависящий от обстоятельств; эвентуальный; конечный, окончательный

eventually - **adv.** - в конечном счете, в итоге, в конце концов

EVOKE - v. - вызывать (воспоминания, отклики), пробуждать (чувства)

this evokes a parallel - это напоминает/ заставляет вспомнить аналогичный случай

EXACERBATE - v. (a crisis, discontent) - углублять, обострять (кризис), усиливать (недовольство)

EXCESS - n. - избыток, излишек

excess baggage charge - оплата за перевес багажа

excessive - **adj.** - чрезмерный, излишний

EXEMPT - v. (exempt) - освобождать (от чего-л.)

to exempt from taxation/duties/ military service/payment/ customs examination - освобождать от налогообложения/ пошлин/ военной службы/платежа/таможенного досмотра

exemption - **n.** - освобождение (от чего-л.)

a tax exemption card - карточка освобождения от уплаты налогов

exempt - **adj.** - свободный, освобожденный, не подлежащий (чему-л.); пользующийся особыми льготами/ привилегиями

EXHAUST - v. - истощать, исчерпывать; опустошать; изнурять

to exhaust the subject - исчерпать тему

to be exhausted - исчерпать свои силы, дойти до изнурения, изнемогать

exhaustion - **n.** - изнурение, истощение, изнеможение

EXPEDIENCE(cy) - n. - целесообразность, рациональность; уместность, своевременность, практические соображения

expedient - **adj.** - целесообразный, выгодный; подходящий, уместный

expedite - **v.** - ускорять, быстро выполнять, направлять
to expedite delivery - ускорить доставку
the House Ministry is expediting building - министерство жилищного строительства ускоряет темпы строительства

EXPERTISE - **n.** - специальные знания, компетентность, опыт, эрудиция (в какой-л. области); искусность

EXTEND - **v. (one's stay, visa, passport, influence, aid, support, invitation, good wishes, thanks)** - протягивать, удлинять, расширять, продлевать (чье-л. пребывание, визу, срок действия паспорта), распространять (влияние); предоставлять (помощь), оказывать (поддержку); передавать (приглашение, добрые пожелания, благодарность)
to extend a warm welcome - оказывать теплый прием
they extended the mission by one day - они продлили командировку на один день
extension - **n.** - удлинение, расширение
(telephone) extension (ext.) - добавочный номер (телефонный)
extensive - **adj.** - обширный, пространный, большой
extensive plans - далеко идущие планы
to make extensive use of smth. - широко использовать что-л.

EXTINCT - **adj.** - угасший, вымерший, вышедший из употребления (о слове, обычае)

to become extinct - прекратить существование, отмереть
extinction - **n.** - тушение (огня); угасание, вымирание, исчезновение (с лица земли)
the extinction of the male line - прекращение рода по мужской линии

EXTRADITE - **v.** - выдавать иностранному государству нарушителя закона/преступника; добиться выдачи преступника иностранным государством
extradition - **n.** - экстрадиция, выдача преступника иностранному государству
an extradition treaty - договор о выдаче преступников

F

FABRICATE - **v. (an incident, a charge, papers)** - выдумывать, сочинять; подделывать, сфабриковывать (инцидент, обвинение, документы)

FACE - **n.** - лицо, внешний вид; поверхность (земли); циферблат; фасад
loss of face - унижение, потеря престижа/доброго имени
on the face of it - судя по внешнему виду, на первый взгляд
a face to face meeting/dialogue - встреча/диалог с глазу на глаз
a face-saver - **n.** - уловка, шаг для спасения престижа/репутации

face-saving - **n.** - спасение престижа/доброго имени

face-off - **n.** - *(ам.)* лобовое столкновение, конфронтация, противостояние

a face-off between generations - антагонизм между поколениями

ready for a face-off with any man - готовый встретиться лицом к лицу с кем угодно, готовый противостоять кому угодно

face - **v.** - стоять/сидеть лицом к...; смотреть в лицо (чему-л.) без страха; сталкиваться

to be faced with harsh criticism - быть поставленным перед лицом/столкнуться с резкой/ суровой критикой

face-off - **v.** - встретить противника лицом к лицу, дать отпор, помериться силами

to face up to smth. - быть готовым к чему-л., смело взглянуть фактам в лицо

to face up to one's responsibilities - выполнять свой долг, не уклоняться от ответственности

to face up to difficulties - мужественно справляться с трудностями

FACET - **n.** - грань, аспект

many-faceted - многогранный

the Faceted Chamber - Грановитая палата

FACILITIES - **n.** - удобства, средства обслуживания; возможности, благоприятные условия; оборудование; устройства

facilities for research - условия для исследования

sports facilities - спортивные сооружения

to declare/to open up nuclear facilities - заявить о наличии/открыть ядерные установки (для инспекции)

FACTION - **n.** - фракция, разногласия, распри

warring factions - воюющие/ враждующие фракции

FADE - **v.** - увядать, выгорать, исчезать

the chance of survival is fading - возможность выживания исчезает

the hope is fading - надежда угасает

FAIL - **v.** - терпеть неудачу; не сбываться, не удаваться; не сделать чего-л.; подводить, не оправдывать ожиданий; переставать действовать, проваливаться, провалить

to fail to resolve smth. - не найти решения чего-л.

the talks failed to produce peace - переговоры не привели к миру

the engine failed - отказал двигатель

he never fails me - он никогда меня по подводит

failing - **conj., prep.** - за неимением, ввиду отсутствия; в случае отсутствия/ неудачи, если не

failing any such provision or agreement - при отсутствии такого положения или договоренности

failure - **n.** - неудача, неуспех, провал; недостаток (чего-л.); невыполнение, отказ в работе

the failure of the mediation - провал посреднической деятельности

FAITH - n. - вера, доверие; убеждение; преданность; честность

to shatter smb's faith - подрывать чью-л. веру

to place one's faith in smth. - верить чему-л., полагаться на что-л.

to act in good faith/in bad faith - действовать/поступать честно, добросовестно/вероломно

FAKE - n. - подделка, подлог, фальшивка; мошенничество

it's a fake - это - фальшивка

fake - v. - подделывать, фальсифицировать, фабриковать; мошенничать; притворяться

FAMINE - n. - голод (стихийное бедствие), голодание; острый недостаток (чего-л.)

famine prices - несообразно высокие цены, дороговизна

famine-stricken/struck - adj. - пораженный голодом

famish - v. — морить голодом, умирать голодной смертью

FARE - n. - плата за проезд, стоимость проезда

FARE - v. - жить, поживать, быть

how well will they fare? - насколько хороши будут у них дела?

how have you been faring?/how are you? - как дела/как вы поживаете?

FAREWELL - n. - прощание

to bid one's farewell/to take farewell of smb. - прощаться

farewell - v. - прощаться

farewell - adj. - прощальный

FAVOUR - n. - одолжение, любезность; протекция, покровительство

favourable - adj. (atmosphere/ conditions) - благоприятный, подходящий, удобный (обстановка, условия), благосклонный

favoured - adj. - привилегированный, пользующийся преимуществом; благодатный; предпочитаемый

the most favoured trade nation - страна, пользующаяся статусом наибольшего благоприятствования в торговле

favourite - adj. - любимый, излюбленный, популярный

the favourite son *(Am.)* - лучший сын (города и т.п.); лицо, выдвигаемое в президенты делегацией своего штата на предвыборном съезде партии

FEATURE - n. - характерная черта, гвоздь программы, основная статья/очерк (в газете, журнале и т.п.); сенсационный материал (о статье, сообщении); постоянный раздел (в газете), основной фильм кинопрограммы; *(мн.ч.)* черты лица

feature pages - страницы газеты, отведенные для тематического материала

a feature-writer - очеркист, журналист, автор текстов для радиопередач

feature - v. - быть или являться характерной чертой; изображать, выводить в главной роли, помещать в газете (на видном месте); фигурировать; уделять особое место

to feature better in the elections - иметь лучшие результаты на выборах

FEEDBACK - n. - обратная связь, ответная реакция; отклик, реакция (избирателей)

FEEL (for smb.) - v. (felt) — сочувствовать (кому-л.)
Syn. **sympathize (with smb.)**

FENCE - n. - забор, ограда, ограждение
to sit on the fence - сохранять нейтралитет, занимать выжидательную позицию
to be on both sides of the fence - сидеть на двух стульях
to be on the other side of the fence - быть в другом лагере, придерживаться противоположного мнения
to come down on the right side of the fence - встать на сторону победителя

FICTION - n. - художественная литература; вымысел, выдумка, фикция
science fiction - научная фантастика
fictional - adj. - вымышленный, выдуманный

FIGHT - n. - бой, битва, боевые действия, драка, схватка, борьба
a neck to neck fight - упорная борьба
a fierce fight(ing) - жестокая борьба
stealth fighter - истребитель-бомбардировщик "стэлс"

FIGURE - v. - изображать; представлять себе; считать, оценивать; фигурировать, играть роль

how do you figure it? - как вы это себе представляете?
I figure that it will take long - я считаю, что на это уйдет много времени
her name figures on the list - ее имя есть/фигурирует в списке
he will figure in history - он войдет в историю
to figure out expenses - подсчитать/прикинуть расходы
I can't figure him out - я никак не могу его понять/раскусить

FILE - n. - скоросшиватель; подшитые документы, бумаги; подшивка (газеты); дело, досье; картотека; *(вчт.)* файл
a classified/X-file - секретное досье

FLAG - n. - флаг
to fly/display a flag - повесить флаг
flag - waving - шовинизм
flag - v. - вывешивать флаги, украшать флагами; сигнализировать флагами
to flag a house - вывесить флаги на доме
to flag/to hail a taxi — остановить/поймать такси
Flag Day *(Am.)* - "День флага" (14 июня - национальный праздник США)
a flag day - день продажи на улицах флажков с благотворительной целью

FLAME - n. - пламя, яркий свет; пыл, страсть
in flames - в огне, горящий, пылающий
to be engulfed in flames - быть охваченным пламенем

to burst/to break into flames - вспыхнуть, загореться

to commit to the flames - предать огню

flame of anger/indignation - вспышка гнева/возмущения

to fan the flames of war - разжигать огонь войны

the flame of his intellect - сила его ума/пылкость его воображения

FLEE - v. (fled) - бежать, спасаться бегством, избегать

to flee the country - бежать из страны

refugees who have fled the area - беженцы, которые оставили этот район, спасаясь бегством

to flee from temptation - бежать от/избегать искушения

to flee into hiding - скрыться, спрятаться

FLEXIBILITY - n. - гибкость, податливость, уступчивость, маневренность

to show flexibility - проявить гибкость

flexible **- adj. -** гибкий, эластичный, податливый, уступчивый, маневренный

a flexible language - богатый, выразительный язык

a flexible character - уступчивый, мягкий характер

flexible defense - маневренная/гибкая оборона

FLIGHT - n. - полет, рейс, перелет, подъем, порыв; пролет лестницы, лестничный марш

a manned flight to other planets - космический полет человека на другие планеты

a non-stop flight - беспосадочный перелет

a maiden flight - первый полет (самолета)

a reconnaissance flight - разведывательный полет

on a flight to N. - во время полета самолета в Н.

to cut/to reduce flights - сократить количество полетов самолетов

to scrap flights - отменить полеты самолетов

FLOOD - n. - наводнение, половодье; поток, прилив

a flood of refugees/callers/words - поток беженцев/посетителей/слов

to row against the flood - идти/плыть против течения

to stem the flood - сдерживать, противодействовать, преградить путь

the Flood - *(библ.)* Всемирный потоп

flood **- v. -** заливать, затоплять; хлынуть потоком, устремляться, наводнять

to flood the country - затоплять территории, наводнять страну чем-л.

to flood with letters/questions/ invitations - забрасывать письмами/вопросами; засыпать приглашениями

flooded **- adj. -** затопленный

a flooded condition - половодье, паводок

FLOURISH - v. - пышно расти; процветать, преуспевать; расцвечивать

flourishing **- adj. -** процветающий, преуспевающий; здоровый, цветущий

FLURRY - n. - сильный порыв ветра, шквал; возбуждение, волнение, спешка, суматоха

a flurry of diplomatic activity - интенсивная дипломатическая деятельность

to be in a flurry - волноваться, суетиться

FOE - n. - враг, недруг; враждебные силы

a political foe of long standing - давний политический противник

FOLLOW - v. - следовать, идти (за кем-л., чем-л.), сопровождать, сопутствовать; преследовать; придерживаться

to follow the situation closely - внимательно следить за ситуацией

to follow a policy - придерживаться (какой-л.) политики

to follow regulations/directions/instructions/advice/a strict diet - соблюдать правила; действовать по указанию/инструкциям/совету; соблюдать строгую диету

I don't follow you - я вас не понимаю

to follow in smb's footsteps/in smb's tracks - идти по пятам, следовать чьему-л. примеру

follow-up - n. - преследование (какой-л.) цели; последовательное выполнение; мероприятие, проводимое в развитие или во исполнение чего-л.

follow-up - adj. - последующий, сопутствующий, дополнительный

a follow-up session - сессия в развитие предыдущей/во исполнение какого-л. документа или решения

FORCE - n. - сила, мощь; воздействие; авторитет; действенность; принуждение; (воинское) соединение, (мн.ч.) вооруженные силы

to be a force - быть силой, иметь вес, пользоваться большим влиянием

the UN observer force - силы ООН по наблюдению

the UN protection force - силы ООН по охране

the UN task force - силы особого назначения ООН/специальная группа ООН целевого назначения

a two thousand strong force - силы, насчитывающие 2 тысячи человек

increased security forces - увеличение численности сил безопасности

a rapid deployment force - силы быстрого развертывания

conventional forces - войска, оснащенные обычным вооружением

nuclear forces - ядерные силы

renunciation of the use of force - отказ от применения силы

in force - действующий, имеющий силу (о договоре, документе)

to put in force - вводить в силу (договор)

to come into force - вступать в силу

to remain in force - оставаться в силе

to have no force - быть недействительным, не иметь силы

force - v. - заставлять, принуждать; применять силу

forceful - adj. (argument, opposition) - мощный, волевой; действенный, убедительный (довод), сильная (оппозиция)

FOREBEAR - n. - предшественник, предок

FORESTALL - v. (a conflict, disaster) - предупреждать, предвосхищать, опережать (конфликт, беду)

forestalling - n. - предупреждение, предвосхищение, опережение

FOSTER - v. (a child/the sick/ hope) - воспитывать(чужого ребенка), ухаживать (*напр.* за больным); лелеять, питать (надежду); благоприятствовать, способствовать развитию, поощрять

a foster-mother (father, parents, son, daughter) - приемная мать (отец, родители, сын, дочь)

FOUL - adj. - грязный, отвратительный; засоренный, испорченный (о пище); подлый, бесчестный

a foul play - нечестная игра, обман, предательство; преступление

a foul deed - бесчестный поступок

foul language/words - сквернословие

FRAMEWORK - n. - рамки, пределы; структура, строение, конструкция, остов

within the framework of... - в рамках/в пределах чего-л.

the framework of society - общественный строй

the framework of the novel – композиция романа

FRANCHISE - n. - привилегия, льгота или особое право, предоставляемые правительством или монархом; таможенное разрешение на беспошлинный провоз груза; право участвовать в голосовании, право голоса

FRATERNAL - adj. - братский

fraternity - n. - братство, кровные узы; общность взглядов

the fraternity of the Press - журналисты, газетная братия

FRUSTRATE - v. - расстраивать, срывать, нарушать; делать тщетным, сводить на нет; побеждать (кого-л.)

to frustrate plans/designs/conspiracy/ hopes/ opponents/the whole process - сорвать планы; расстроить замыслы/заговор; обманывать надежды; разбивать противников; свести на нет весь процесс

frustration - n. - расстройство, срыв; разгром; крушение, крах; разочарование

a feeling of frustration - безысходность, чувство разочарования

FUEL - n. - топливо, горючее

to add fresh fuel to a quarrel - разжигать ссору, подстрекать ссорящихся

to add fuel to the flame - подливать масла в огонь

fuel - v. (the argument) - заправлять(ся) горючим/ топливом, (*перен.*) разжигать (ссору/спор)

FUGITIVE - n. - беглец, беженец, изгнанник; странник, бродяга; дезертир a fugitive (from justice) - лицо, скрывающееся от правосудия, находящееся в бегах

fugitive - adj. - беглый, мимолетный; странствующий

FULL-FLEDGED - adj. - полноправный, полноценный; развившийся, созревший, завершивший подготовку, законченный

a full-fledged member - полноправный член (организации)

FUSS - n. - нервное возбужденное состояние; суета, волнение по пустякам; суетливый, суматошный человек

in a state of fuss - в состоянии волнения/возбуждения

to make a fuss - поднимать шум, суетиться, волноваться

to make a fuss of smb. - суетливо опекать кого-л., носиться с кем-л.

to make a fuss of smth. - поднимать шум вокруг чего-л.

to kick up a fuss - поднять суматоху

fussily - adv. - суетливо, нервно, беспокойно

G

GAIN - n. - выигрыш, нажива, корысть; увеличение, рост, прирост; (мн.ч.) доходы, заработок, прибыль; достижения, завоевания

a gain in weight - прибавление в весе

economic cooperation and democratic progress is more important than political gain - экономическое сотрудничество и развитие демократии более важны чем политический выигрыш

to sacrifice human rights for political gains - жертвовать правами человека ради политической выгоды

gain - v. - получать, приобретать; извлекать пользу/ выгоду; выиграть, завоевать; увеличиваться, нарастать, прибавлять

to gain experience/dignity/respect/speed/weight/ information/ a battle/one's end/in authority/time/the upper hand - приобретать опыт/обрести достоинство/снискать уважение/набирать скорость/прибавлять в весе, поправляться/добывать сведения/ выиграть битву, сражение/достигать своей цели/приобретать все бо́льшую власть, все бо́льшее влияние/выиграть, оттянуть время/взять верх

GALLUP POLL/GALLUP POLLING - (ам.) социологический анкетный опрос населения по различным вопросам, проводимый институтом общественного мнения Гэллапа или по его принципам

GAMBIT - n. - (шахм.) гамбит; (перен.) жертва, уступка для получения преимущества в дальнейшем

GAMBLE - n. - азартная игра; рискованное предприятие, авантюра

gamble - v. - играть в азартные игры; спекулировать, играть (на бирже), рисковать

to gamble on a price rise - спекулировать на повышении цен

to gamble with one's future - рисковать своим будущим

(a) gambling (game) - азартная игра на деньги

GAME - n. - игра, партия, гейм; количество очков, необходимое для выигрыша; счет (во время игры); рискованное предприятие; замысел, уловка

to play the game - играть по правилам, вести честную игру, поступать честно/ порядочно

to play a good/poor game; to be a good/poor hand at some game - быть хорошим/плохим игроком

the game of politics - политическая игра

a double game - двойная игра, двуличие, лицемерие, двурушничество

a waiting game - выжидательная тактика/политика

to play smb's game - действовать в чьих-л. интересах, играть кому-л. на руку

you are playing games with me - ты меня обманываешь/разыгрываешь

to see through smb's game - разгадать чьи-л. планы/видеть кого-л. насквозь

to fly at too high a game - лелеять честолюбивые мечты; метить слишком высоко

to throw up the game - выйти из игры, спасовать

the game is up/over - дело проиграно, все пропало, карта бита

the game is (not) worth the candle - игра (не) стоит свеч

GAP - n. - брешь, промежуток, "окно" (в расписании); пробел (в знаниях и т.п.); пропуск (в тексте); расхождение (во взглядах); разрыв, зазор

a wealth/communication/credibility/dollar/ culture/news/ sensibility/ experience/generation/ missile/economic gap – разница в достатке/недопонимание, проблема понимания/кризис доверия/нехватка долларов, долларовый дефицит/разница в уровне культуры/отсутствие новостей/ невосприимчивость/ недостаток, отсутствие опыта/ разрыв поколений/отставание в ракетной технологии/разрыв в области экономического развития

to fill up/to close, to stop, to bridge/to narrow the gap – заполнить/ликвидировать пробел/ сократить разрыв

GDP (Gross Domestic Product) - ВВП (валовой внутренний продукт)

GENERATE - v. - порождать, вызывать; производить, генерировать

to generate jobs - создавать рабочие места

the situation that generated unrest - ситуация, которая породила/вызвала волнения

generation - n. - поколение, период времени ($\approx$ 30 лет), род; потомство; генерирование

the rising generation - подрастающее поколение, смена

the lost generation - потерянное поколение

future generations/generations yet unborn/ generations to come – грядущие поколения, потомки

a new generation is taking over the reigns - новое поколение берет бразды правления в свои руки

the baby-boomer generation - поколение "беби-бумерз" (молодых энергичных людей, которым принадлежит будущее) (*see* **"baby-boomer"**)

GENUINE - adj. (manuscript/text of a treaty/ repentance) - подлинный, истинный, настоящий; искренний, неподдельный (оригинал рукописи/ подлинный текст договора/искреннее, неподдельное раскаяние)

genuinely - adv. - искренне, неподдельно

GERRYMANDER - n. - предвыборные махинации (*особ.* связанные с неправильной разбивкой на округа); махинации

gerrymander - v. - устраивать предвыборные махинации, искажать факты, фальсифицировать, добиваться преимущества нечестным путем

GI - n. (the government issue), GI Joe, (pl.) GIs - (*ам.*) "джи-ай", солдат американской армии (рядовой)

GI Jane - женщина-солдат

GI - adj. - казенный (военного образца), армейский

GIMMICK - n. - уловка, трюк, загвоздка; хитрый механизм, приспособление

to pull a gimmick - сыграть шутку, выкинуть трюк, обмануть кого-л.

to find the gimmick - найти в чем секрет

GLIMMER - n. - мерцание, слабый тусклый свет; (*перен.*) слабый проблеск

a glimmer of hope - проблеск надежды

GNP (Gross National Product) - ВНП (валовой национальный продукт)

GOAL - n. - цель, задача; место назначения; (*спорт.*) ворота, гол

shortsighted goals - недальновидные цели

to knock smb. for a goal - (*ам.*) одержать полную победу над кем-л., нанести сокрушительный удар кому-л.

GODSEND - n. - неожиданное счастливое событие, удача; находка

he proved to be a real godsend to us - его нам сам Бог послал, он оказался для нас находкой

GOODNEIGHBOURLINESS - n. - добрососедство, добрососедские дружественные отношения

GOP - the Grand Old Party - республиканская партия США

GOPster - n. - член республиканской партии США

GORDIAN - adj. - гордиев; сложный, запутанный

the Gordian knot - гордиев узел

to cut the Gordian knot - разрубить гордиев узел

GOVERNMENT - n. - правительство, форма правления; управление, руководство

constitutional/democratic/centralized/federal/interim, provisional/local/ parliamentary/puppet/shadow/ sovereign/invisible government - конституционное правительство, конституционная форма правления/ демократическое правительство, демократическая форма правления/централизованная форма правления/федеральное/временное правительство/ местные власти, местные органы управления/ парламентская форма правления/ марионеточное/ теневое/ суверенное/ "невидимое" правительство (силы, стоящие за спиной официального правительства)

a system of government - система управления

a petticoat government - бабье царство

GRACE - n. - грация, изящество; приличие, такт; любезность; благосклонность, расположение; отсрочка; льгота; молитва (перед едой и после еды)

to have the good grace to do smth. - сделать то, что положено/что приличествует (данному случаю)

to have the ill grace to do smth. - иметь бестактность сделать что-л.

with good/bad, ill grace - охотно, любезно/неохотно, нелюбезно

to be in good graces - пользоваться хорошим расположением/благосклонностью, быть в милости у кого-л.

to get in smb's grace - добиться чьей-л. благосклонности

to grant a week's grace - дать недельную отсрочку

Act of grace - амнистия

Your Grace - Ваша Светлость

GRANT - v. (an allowance/a request/ rights/ privileges/credit/ permission) - даровать, жаловать, дарить; давать (дотацию, субсидию); удовлетворять (просьбу), предоставлять (права, привилегии, кредит), разрешать кому-л. сделать что-л.; допускать, признавать

to take smth. for granted - считать (что-л.) доказанным, не требующим доказательства/само собой разумеющимся

to take nothing for granted - ничего не принимать на веру

granted, granting - conj. - если, при условии, если учесть, учитывая

granted that he did say so - если допустить/при условии, что он действительно сказал это

GRAPE-VINE - n. - виноградная лоза; *(ам.)* система сообщения с помощью сигналов; (ложные) слухи, неподтвержденные сообщения

GRASSROOTS - n. - простые люди, широкие массы; основа, источник

grassroots - adj. - стихийный, возникший в народе

grassroots movement - стихийное движение

GRAVITATE - v. - тяготеть, стремиться; оседать (на дно)

to gravitate towards the stronger party - тяготеть к более сильной стороне

gravitation - n. - гравитация, сила тяжести, притяжение; тяготение, стремление

terrestrial gravitation - земное тяготение

strong gravitation towards evil - неудержимая тяга к дурному

GREY (GRAY) - adj. (area, zone) - "серая зона" (нечто среднее, ни то ни се); *(воен.)* зона дислокации ядерного оружия средней и промежуточной дальности в Европе/промежуточная зона

GRIDLOCK - n. - паралич, тупик, безвыходное положение; пробка, затор, полная остановка деятельности, развал системы или организации

(see "deadlock" for synonyms)

this is a legislative gridlock - это - законодательный тупик

the gridlock has nothing to do with the Republican party - республиканская партия не несет никакой ответственности за создавшийся тупик

the lawmakers are asking to cut up the gridlock - законодатели просят положить конец существующей безысходности

to create passenger gridlock - создать затор пассажиров

GRIND - n. - размалывание; тяжелая, однообразная, скучная работа; долбежка, *(ам.)* зубрила

this work is a considerable grind - эта работа весьма однообразна и тяжела

grind - v. (ground) - молоть, размалывать, толочь, перемалывать(ся); точить, зубрить

to have an axe to grind - преследовать личные/корыстные цели

axe-grinder - n. - человек, преследующий своекорыстные цели

GRIP - n. - схватывание, сжатие, хватка; способность схватить/понять (суть дела); цепкость ума; умение овладеть положением/ вниманием; власть; тиски; контроль

to come to grips with smth. - серьезно взяться за что-л./пытаться разрешить что-л.

to have a good grip of the situation - контролировать, хорошо понимать ситуацию

his mind has lost its grip - он стал хуже разбираться во всем

to lose one's grip of/on smth. - утратить контроль над чем-л.

to tighten one's grip on the military - ужесточить контроль над военными

to get to grips to what it is all about - понять/разобраться в чем дело

to get a grip on oneself - взять себя в руки

in the grips of poverty - в тисках бедности

grip - v. - схватить, сжать; понимать; схватывать (умом), овладевать вниманием

the brakes don't grip - тормоза не держат

I cannot grip his argument - его довод мне непонятен

to grip an audience/the attention of an audience - овладевать вниманием аудитории, захватить внимание аудитории

GROUND - n. - земля, поверхность земли, грунт; участок земли, площадка; фон; основание, причина, мотив

(*see* "earth" for synonyms)

to till the ground - возделывать землю

to break ground - распахивать землю, делать первые шаги, подготавливать почву

to break fresh ground - предпринимать что-л. новое

to have no ground for suspicion/ refusal/complaint - не иметь оснований для подозрений/отказа/жалобы

to find common ground - найти общую почву

to gain/to gather/to get ground - продвигаться вперед; распространяться; делать успехи

reform may have gained some ground - реформы, возможно, продвинулись немного вперед

to lose/to give ground - потерять прежнее положение, идти назад, регрессировать, сдавать позиции

to hold/to keep/to maintain/to stand one's ground - не сдавать позиции, не отступать; стоять на своем

to shift one's ground - переменить позицию в споре, изменить точку зрения в ходе дискуссии

to cut the ground from under smb's feet - выбивать у кого-л. почву из-под ног

to lay down ground for a summit - подготовить основу/почву для встречи на высшем уровне

a groundwork for peace - основа для установления мира

GROUND - v. - сесть/посадить на мель; (*ав.*) заставить приземлиться; приземляться; отстранять от полетов; лишать водительских прав; обосновывать

planes were grounded/downed - самолетам было запрещено взлетать

much economic activity ground to a halt - большая часть экономической деятельности приостановлена

GROUND ZERO - (*техн.*) нулевая отметка; эпицентр атомного взрыва; зона разрушения, нулевой этаж (полное разрушение Всемирного торгового центра в Нью-Йорке 11 сентября 2001 г.)

the 11th of September — this was Ground Zero that day - 11 сентября — этот день был днем бедствия

a sorrowful zone called "Ground Zero" - зона скорби, названная "Граунд зеро"

dust of Ground Zero is put in urns - пыль с места разрушения собирается в урны

GUESS - n. - догадка, предположение; приблизительный подсчет

I give you three guesses - можешь угадывать до трех раз

to miss one's guess - ошибиться, не угадать

guess - v. - догадываться, предполагать, угадывать; (*ам.*) думать, считать, полагать

to keep smb. guessing - держать
кого-л. в недоумении, озадачивать

guesswork - **n.** - догадки, (ни на
чем не основанные) предположения, гадание на кофейной
гуще; работа вслепую/без предварительных расчетов

GUILTY - **adj.** - виновный, виноватый

to be guilty of genocide/crime -
быть виновным/повинным в геноциде/преступлении

to find somebody guilty - признать кого-л. виновным

to plead guilty/not guilty - признать/не признавать себя виновным

to look guilty - выглядеть виноватым

guilty conscience - нечистая совесть

H

HABIT - **n.** - привычка, обычай;
склад, натура, характер; обыкновение

**it is a habit with him to keep
early hours** - он привык рано
ложиться и рано вставать

to be in the habit of doing smth.
- иметь обыкновение делать
что-л.

to fall/to get into bad habits -
приобрести дурные привычки

to fall out of the habit of smoking - бросать курить

to break (off) a habit - отказаться от привычки

to break smb. of a bad habit -
отучить кого-л. от дурной привычки

to go by old habits - жить по
старой привычке

habit and repute - *(юр.)* общепринятые нормы поведения

a habit of mind - склад ума

the inward habit - духовный
мир

once doesn't make a habit - с
одного раза не привыкнешь

habitual - **adj.** - обычный, привычный; укоренившийся; унаследованный

habitat - **n.** - родина, место произрастания (растения), среда
обитания (животного); естественная среда

to preserve habitat - сохранить
естественную среду

habitation - **n.** - проживание,
жительство, прибежище; селение

fit/unfit for habitation - пригодный/непригодный для проживания

HACK - **n.** - рабочая лошадь; человек, выполняющий любую тяжелую нудную работу; жалкий
писака

a literary hack - литературный
поденщик

hack - **v.** - сдавать в наем; давать
напрокат; использовать на нудной, тяжелой работе; нанимать в
качестве литературного поденщика

hack - **adj.** - наемный; банальный, заезженный; нудный, однообразный (о работе)

a hack writer - наемный писака

a hack speech/story/phrase - банальная речь/история/фраза

HAIL - v. - приветствовать, окликать, провозглашать
he was hailed by everybody - ему был оказан восторженный прием
to hail/to call/to flag/to catch a taxi - остановить такси
they hailed him (as) king - его провозгласили королем

HAIRY - adj. - трудный, обескураживающий

HALF-WAY - adj. - лежащий на полпути; компромиссный
half-way measures - половинчатые меры
half-way - adv. на полпути; почти, наполовину
to meet smb. half-way - идти на взаимные уступки, идти на компромисс
he half-way yielded - он почти уступил/согласился

HALLMARK - n. - клеймо, проба; признак; характерная черта; критерий
the hallmark of genius - печать гения
the negotiation is now a hallmark of the Middle East - Ближнему Востоку сейчас присущ дух переговоров
hallmark - v. - ставить клеймо, пробу; определять качество; устанавливать критерий

HALLOWEEN - n. - (шотл., амер.) канун Дня всех святых, Хэллоуин (31 октября)

HALT - n. - остановка, прекращение; привал; полустанок

a halt to foreign interference - прекращение иностранного вмешательства
to come to a halt - остановиться
to bring to a halt - остановить
halt - v. - останавливать(ся)
to halt all nuclear weapon tests - прекратить все испытания ядерного оружия
to halt confrontation - остановить конфронтацию

HAMMER - v. - бить молотком; работать над составлением (проекта, плана и т.п.); вбивать (в голову); упорно работать над чем-л.; долбить
to hammer out a plan - разработать план
to hammer rules into smb's head - втолковывать кому-л. правила
to hammer at a book - штудировать книгу
to hammer out an excuse - с трудом придумать оправдание

HAMPER - v. - мешать, препятствовать, затруднять, стеснять в движении
to hamper shipments - затруднять отправку товаров
to hamper the progress of business - препятствовать успеху дела
to hamper oneself with luggage - обременять себя багажом
hampered - adj. (movement, breath) - затрудненное (движение, дыхание)

HAMSTRING - v. (hamstrung) - калечить, портить, (перен.) подрезать крылья

HAND - n. - рука, кисть руки, лапа; сторона; контроль; согласие; помощь

to vote by (a) show of hands - голосовать поднятием руки

with one's own hands - *(юр.)* собственноручно

the fact admitted on all hands - общепризнанный факт

to act with a heavy hand - действовать безжалостно, подавлять твердой рукой

to give/to lend a hand - оказывать помощь

a helping hand - помощь, помощник

to have a hand in smth. - участвовать в чем-л.

to keep the hand on the pulse of smth. - держать руку на пульсе чего-л., пристально следить за чем-л., держать что-л. под контролем

to get the upper hand - одержать верх (в споре и т.п.)

HANDS - n. *(pl)* - рабочая сила; группа, компания

hands wanted - требуются рабочие

all hands joined the game - все присутствующие включились в игру

to be in hand with smth. - ловко, искусно делать что-л.

to give smb. a big hand - громко аплодировать кому-л.

the hand of God - десница Божья, провидение, Божья воля

on the one hand - с одной стороны

on the other hand - с другой стороны

second-hand - adj. - подержанный, плохой, заимствованный, полученный не из первых рук

a second-hand shop - магазин бывших в употреблении/подержанных вещей (комиссионный магазин)

second-hand smoking - вдыхание некурящим дыма в момент курения кого-л.

hand - v. (in) (a note) - вручать (ноту)

to hand over - передавать

to hand in territory - отдать территорию

to hand in an application - подать заявление

to hand out smth. - раздавать что-л.

HANDOUT - n. - *(ам. разг.)* милостыня, подаяние; текст заявления для печати, материал для распространения (на уроке, на заседании)

government handouts - подачки правительства

HANDICAP - n. - гандикап; помеха, препятствие

to overcome a handicap - преодолеть препятствие

handicap - v. - быть помехой, препятствовать

to be physically/mentally handicapped - иметь (физические, умственные) недостатки/ ограниченные возможности

HANDICRAFT - n. - ремесло, ручная работа; искусность, мастерство ремесленника

to promote handicrafts - способствовать развитию ремесел

5*

handicraft - adj. - искусный; ручной работы, кустарный

handicraft industry - ремесленное производство

handicraftsman - n. - ремесленник, кустарь

HANDLE - v. - обращаться (с чем-л., с кем-л.); трогать, касаться руками; трактовать, обсуждать; управлять; регулировать; иметь дело с (чем-л.)

to handle the matter - заниматься вопросом

to handle a theme in a masterly manner - мастерски разработать тему

to handle the state money - решать финансовые вопросы страны

the airport handles 300 flights - аэропорт обслуживает 300 рейсов

to handle improperly - неумело обращаться с чем-л.

he is hard to handle - он неуправляем, с ним трудно

handling - n. - обхождение, обращение (с кем-л., с чем-л.); обслуживание; трактовка, обсуждение, подход (к решению вопроса), регулирование

his people dissatisfaction with his handling of the economic policy - недовольство народа его решением вопросов экономической политики

HANG - v. (hung, hung) - вешать, развешивать, висеть, нависать; грозить

HANG - v. (hanged, hanged) - вешать, казнить

to hang wallpaper - оклеивать обоями

I don't like the way her coat hangs - мне не нравится, как сидит ее пальто

there is thunder hanging about/ in the air - в воздухе пахнет грозой

to hang behind - отставать

everything hangs on his answer - все зависит от его ответа

to hang on smb's sleeve - зависеть от кого-л.

to hang in the balance - сомневаться, колебаться

as well be hanged for a sheep as for a lamb - семь бед - один ответ; двум смертям не бывать, а одной не миновать

HAPHAZARD - n. - случай, (чистая) случайность

at/by haphazard - случайно, наудачу

haphazard - adj. - случайный, необдуманный, сделанный наугад

to act/to choose in a haphazard way - поступать/выбирать необдуманно

haphazard/haphazardly - adv. - случайно, наудачу

HARASS - v. - беспокоить, тревожить; изнурять, изматывать

the enemy harassed them - противник не давал им покоя

harassed - adj. - встревоженный, обеспокоенный, изнуренный

harassment - n. - беспокойство, раздражение, беспокоящие действия

sexual harassment - сексуальное домогательство

to be harassed while on duty - подвергаться домогательствам на службе

HARBOUR - v. (refugees/feelings/ suspicions/plans) - встать на якорь; дать убежище (беженцам), приютить; питать (чувства), затаить (подозрения), вынашивать (планы)

HARD - adj. - твердый, жесткий; сильный; трудный, тяжелый; крепкий; строгий, суровый; грубый; упорный

hard water/common sense/ bargain/lot/luck/climate/rider/price/ currency/supposition - жесткая вода/здравый смысл, грубый практицизм/кабальная сделка/ горькая доля/неудача/тяжелый климат/неутомимый, страстный ездок/устойчиво высокие цены/ свободно конвертируемая (твердая) валюта/ маловероятное предположение

to entertain hard thoughts of smb. - быть о ком-л. плохого мнения

a hard nut to crack - трудная задача, неразрешимая проблема; крепкий орешек (о человеке)

hard as adamant - твердый как гранит

hard - adv. - сильно, интенсивно, энергично, настойчиво; крепко; тяжело; чрезмерно

to hit hard - сильно ударить, ударить изо всей силы

to be hard on smb. - быть несправедливо строгим с кем-л.

he is hard upon sixty - ему около 60-ти лет/под шестьдесят

it was hard upon twelve - было почти 12 (часов)

to be hard pressed for time/ money - иметь очень мало времени/денег

hard put (to it) - в затруднении

to be hard put to do smth. - с трудом делать что-л.

hardly - adv. - едва, вряд ли, с трудом, почти не

die-hard - n. - твердолобый, упрямый

hardliner - n. - сторонник жесткой линии или политики; противник соглашений/компромиссов

to give in to hardliners - уступить сторонникам жесткой линии, сдать свои позиции перед лицом сторонников жесткой линии

a victory over hardliners - победа над сторонниками жесткой линии

HARDSHIP - n. (pl.) - трудности, неприятности, тяготы; огорчения, невзгоды; лишения, нужда

doing this is no hardship - сделать это не так уж трудно

obvious hardships - очевидные трудности/лишения

to put/to inflict hardships (upon smb.) - причинять неприятности, создавать трудности, навлекать лишения (на кого-л.)

to go through/to bear/to suffer/to undergo many hardships - выносить многочисленные лишения, пройти через большие трудности

to be/to get/to become inured to hardships - уметь/научиться/переносить трудности/ лишения

to put up with hardships - мириться с лишениями

HARSH - adj. - грубый, жесткий, шероховатый; резкий, неприятный (вкус, звук и т.п.); жестокий
harsh farming conditions - суровые условия для сельскохозяйственных работ
harsh truth - горькая правда
harshness - n. - грубость, суровость

HATCH - v. - высиживать (цыплят); замышлять, тайно подготавливать, вынашивать
to hatch a plot/a design/a theory/ hopes - замышлять заговор/ вынашивать план/ теорию/ питать надежды

HAUL - n. - вытягивание, вытаскивание, буксировка; улов, *(перен.)* трофеи; перевозка, доставка; ездка, рейс, пробег; груз
to make a good/fine haul - хорошо поживиться, разживиться богатой добычей
a long/short haul - длинный/короткий рейс
a long torturous haul to... - длинная мучительная дорога (к чему-л.)

HAUL - v. - тянуть, тащить, буксировать; перевозить, доставлять; менять направление, *(перен.)* действовать по-иному, изменить мнение/отношение (к чему-л.); отступать
to haul/to drag over the coals - устроить/дать нагоняй
to haul up - phr.v. - останавливаться; привлекать к ответу; отчитывать
he hauled them up sharply for their neglect - он резко отчитал их за небрежность

HAZARD - n. - риск, опасность
to take hazards - идти на риск
to run/to stand the hazard - рисковать
to put one's reputation to hazard - ставить свою репутацию под удар
at all hazards - любой ценой, во что бы то ни стало
at the hazard of one's life - рискуя собственной жизнью
to select at hazard - выбрать наугад
hazard - v. - рисковать, ставить на карту, осмеливаться
to hazard one's life/reputation - рисковать жизнью/репутацией
to hazard all consequences - идти на все, не задумываясь о последствиях
hazardous - adj. - рискованный, опасный
hazardous enterprise/experiment/ climb/expedition - рискованное, опасное предприятие/ эксперимент, опыт/подъем/экспедиция
hazardous materials - опасные материалы

HEAD - n. - голова, ум; глава, руководитель
heads of state and government - главы государств и правительств
he has a good/a poor head for English - ему хорошо/плохо дается английский язык
to take smth. into one's head - вбить/забрать себе что-л. в голову
something put it out of my head - это почему-то выскочило/вылетело у меня из головы

to keep one's head shut - не болтать, попридержать язык

to stake one's head on/to give one's head for smth. - ручаться головой за что-л., давать голову на отсечение

to make head - продвигаться вперед, добиваться сдвигов

to bury one's head in the sand - придерживаться страусиной политики

to hold/to keep one's head above water - едва сводить концы с концами

to keep one's head above ground - выжить

to hit the nail on the head - попасть в точку, угадать

head - v. - возглавлять, стоять во главе; идти, стоять впереди; направлять(ся), озаглавливать

a jet plane heading for N. - реактивный самолет, направляющийся в Н.

headway - n. - продвижение вперед, прогресс

to make headway - продвигаться вперед, прокладывать путь

peace negotiators are making headway - наблюдается прогресс на мирных переговорах

HEART - n. - сердце, душа, мужество; центральная часть, суть

to pluck up one's heart - собраться с духом, набраться мужества

to give heart to smb. - подбодрить/поддержать кого-л.

to eat one's heart out - страдать молча, терзаться, мучиться

to have one's heart in the right place - иметь добрые/хорошие намерения

to have one's heart in one's mouth - струсить

his heart failed him/sank/was in his boots - он струсил, у него душа в пятки ушла

to wear one's heart on/upon one's sleeve - не (уметь) скрывать своих чувств

to be the heart and soul - быть душой (общества)

my heart goes out to everyone - я всей душой с вами

our hearts go out for victims - мы тяжело переживаем смерть людей (жертв разрушения)

hearty - adj. - сердечный, искренний

a hearty response - горячий отклик

to give a hearty welcome - устроить радушную встречу

heartily - adv. - сердечно, искренне; усердно, с жаром; очень; сильно (для усиления)

to congratulate heartily - горячо поздравлять

I am heartily glad/sorry that... - я очень рад/сожалею, что ...

heartfelt - adj. - искренний, теплый

heartfelt sympathy - искреннее сочувствие

hearten - v. - ободрять, подбадривать

whole-heartedly - adv. - беззаветно, безраздельно, всем сердцем

HEAT - n. - жара, зной; жар; нагрев; пыл, горячность

in the heat of debate/battle - в разгар/в пылу прений/битвы

to speak with considerable heat - говорить с большой горячностью

the FBI turned on the heat - ФБР прибегло к жестким мерам

heat - v. - нагревать(ся), подогревать; возбуждать, раздражать

to get heated in a dispute/an argument - разгорячиться в пылу спора

heated - adj. - нагретый, подогретый, возбужденный, раздраженный

a heated discussion - горячий спор/обсуждение

HECTIC - adj. (time/life, activity/day) - беспокойное, горячее (время)/ бурная (жизнь, деятельность)/безумный, сумасшедший (день)

things have been hectic lately - последнее время было напряженным

HELTER-SKELTER - n. - суматоха; беспорядочное бегство

helter-skelter - adj. - беспорядочный, случайный, бессистемный

a helter-skelter flight - беспорядочное бегство

helter-skelter - adv. - беспорядочно, как попало

cars running helter-skelter - машины, двигающиеся беспорядочно, без соблюдения правил

magazines stacked helter-skelter on tables - журналы, как попало наваленные на столах

HERITAGE - n. - наследство, наследие, традиция

heritage of the past - наследие прошлого

varying national heritages - разнообразные/разные национальные традиции

common heritage - общее наследие

HIGH - adj. - высокий; большой; дорогой; сильный, интенсивный, находящийся в самом разгаре; высший, верховный

high speed/money - большая скорость/деньги

living is high - жизнь дорога

a high-ranking intermediary – высокопоставленный посредник

high interest rates - высокие процентные ставки

high wind - сильный, крепкий ветер

high farming - интенсивное земледелие, широкое использование удобрений

high summer - разгар лета

at high noon - точно в полдень

high living - жить на широкую ногу

high life - высший свет, светское общество

high treason - государственная измена

the Highest Honour - высочайшая награда/орден/почесть

to take to the high sea - выходить в открытое море

high - adv. - высоко; сильно; интенсивно; дорого; роскошно; резко

to speak high - говорить резко/на повышенных тонах

to speak high of smb. - отзываться высоко о ком-л.

his voice rose high - он заговорил резко/на высоких нотах

to fly high - иметь честолюбивые замыслы
high and low - повсюду
to have it high and dry - оказаться в беспомощном положении/на мели
highlight - **n.** - основной момент/факт; световой эффект, световое пятно
to be in/to hit the highlight - быть в центре внимания
highlight - **v.** - ярко освещать; выдвигать на первый план, выпячивать, придавать большое значение

HIJACK - **v.** - силой отнимать что-л., захватывать/ угонять (самолет, автобус и т.п.) с целью получения выкупа или достижения иных корыстных целей
to hijack a plane - захватывать самолет
to hijack a message - перехватывать послание
hijack targets - цели угона (самолета, автобуса и т.п.)
hijacker - **n.** - бандит, налетчик, захвативший самолет, автобус и т.п.
hijacking - **n.** - налет, ограбление, захват, угон (самолета и т.п.)
hijacking of civil aircraft has become rather common - захват пассажирских самолетов стал частым явлением

HINDSIGHT - **n.** - непредусмотрительность, суждение задним числом
with hindsight - крепок задним умом
it is easier to have hindsight than foresight - судить задним

числом легче, чем предвидеть; человек задним умом крепок

HINGE - **n.** - шарнир; петля (дверная); суть, стержень, кардинальный пункт
the hinge of the conversation - предмет, вокруг которого вертится разговор, суть беседы
off the hinges - в беспорядке, в расстройстве/растерянности
hinge - **v.** - прикреплять на петлях; висеть или вращаться на петлях
to hinge on - вращаться (вокруг чего-л.); зависеть от чего-л.
their whole policy hinges on this alliance - вся их политика держится на этом союзе
everything hinges on his decision - все зависит от его решения

HIPPIE - **n.** - хиппи
the hippies (flower generation) - дети экономического кризиса, молодежь, отрицающая мораль и условности современного общества; идеология дороги

HITCH - **n.** - толчок, рывок; помеха, препятствие; задержка
a hitch in the negotiations - задержка в переговорах
a hitch in the implementation of a treaty - препятствие в деле осуществления договора
without a hitch - гладко, без задержки; без сучка без задоринки

HOLD - **n.** - удерживание, захват; власть, влияние; хранилище
he has a great hold over him - он имеет огромное влияние на него
to keep a tight hold upon oneself - хорошо держать себя в руках, владеть собой

hold up - n. - налет, грабеж, ограбление банка; затор (движения), пробка

hold - v. (held, held) - держать, удерживать; владеть, быть держателем; вмещать, содержать в себе; полагать; задерживать: оставаться в силе; занимать (пост); провести (мероприятие)

to hold a meeting/a demonstration/election/a press-conference/consultations/negotiations - проводить собрание/демонстрацию/выборы/ пресс-конференцию/консультации/переговоры
Syn. to convene, to call

to hold a new confidence vote - провести новое голосование о вотуме доверия

to hold under - phr.v. - держать в повиновении, подавлять

to hold up - phr.v. - задерживать, останавливать с целью грабежа

the traffic was held up by fog - движение замедлилось из-за тумана

to hold up under misfortunes - не согнуться/не упасть духом под бременем несчастий

to hold one's hand - воздержаться (от действий), занять выжидательную позицию

to hold one's own/one's ground - сохранять свои позиции, не сдаваться; сохранять самообладание

he can hold his own - он может постоять за себя

to hold water - выдерживать критику; быть убедительным, обоснованным

it won't hold water - это не выдерживает никакой критики

to hold it against smb. - иметь претензии к кому-л., иметь что-л. против кого-л.

to hold at bay - держать кого-л. в страхе, не давать кому-л. ходу; *(воен.)* не давать передышки, постоянно беспокоить (противника)

to hold in store - готовить; предвещать; уготавливать

we cannot tell what the future may hold in store for us - мы не знаем, что нам сулит будущее; что день грядущий нам готовит

HOLOCAUST - n. - истребление, массовое уничтожение людей, холокост; гибель в огне; бойня, разрушительная война; полное истребление жертвы огнем; *(перен.)* тяжелая жертва

the Jews holocaust - массовое истребление евреев

the Holocaust Commemorating Day - день памяти массового истребления евреев (во время 2-ой мировой войны)

HOMAGE - n. - почтение, уважение, благоговение

to do/to pay/to render homage - свидетельствовать почтение, отдавать должное

to pay homage to the genius - преклоняться перед гением

HOSPITALITY - n. - гостеприимство, радушие; приют

to accord hospitality - оказать гостеприимство

HOST - n. - хозяин (по отношению к гостю); (радио, телевидение) ведущий, конферансье

to act as host - принимать гостей, быть хозяином

a host country - *(дип.)* принимающая страна

host - **v.** - принимать гостей, быть хозяином, проявлять гостеприимство в отношении кого-л.

to host a conference - являться местом проведения конференции, принимать у себя конференцию

HOST - **n.** (of friends/difficulties/experiments/other matters) – множество (друзей/трудностей/опытов/других вопросов)

a host in himself - один стоит многих

HOSTAGE - **n.** - заложник

a nuclear hostage - ядерный заложник

to exchange hostages - обменяться заложниками

children are the hostages of the filibusters - дети - заложники авантюристов

to hold smb. hostage - держать кого-л. в качестве заложника

toddlers are held hostage - маленьких детей держат в качестве заложников

HOSTEL - **n.** - общежитие *(особ.)* студенческое; туристический лагерь; гостиница; постоялый двор

Syn. **dormitory, a hall of residence**

HOSTILE - **n.** - враг, противник

hostile - **adj.** - неприятельский, вражеский, враждебный, недружелюбный

hostile sides/act/actions/ feelings/ opinions - враждующие стороны/враждебный акт/действия/ неприязненные чувства/резко отрицательное отношение, резкая критика

to be hostile to smb. - враждебно/отрицательно относиться к кому-л.

HOSTILITY - **n.** - враждебность, враждебное отношение, вражда, антагонизм

acts/feelings of hostility - враждебные действия/чувства

hostilities - **n.** - *(мн.ч.)* военные действия

no indication of hostilities - нет признаков военных действий

to open/to start hostilities - начать военные действия

to cease/to end/to stop hostilities - прекратить военные действия

HOUR - **n.** - час, время; период, срок

twenty four hours - сутки

on (the) top/of the hour - в начале часа

the small hours - первые часы после полуночи

in the wee hours of this morning - в первые часы этой ночи

for hours (on end) - (целыми) часами

every hour on the hour - каждый час, ровно (в 6,7,8 часов и т.п.)

every hour on the half hour - ровно в половине каждого часа

paid by the hour - почасовая оплата труда

rush hours - часы пик

the off hours - свободные часы, нерабочее время

working/office hours, hours of attendance/ school hours - рабочее время/часы работы (учреждений)/ время занятий в школе

after hours - после школы, после работы и т.п.

to keep late/early, good hours - поздно ложиться спать/рано вставать и рано ложиться

I have had my hour - я свое взял, у меня было счастливое время

a question of the hour - актуальный, злободневный вопрос

we are here in the middle hour of our grief - мы здесь сейчас, когда разразилась беда/ в этот час несчастья

HUNTING - n., HUNT - n. - охота, поиски

head hunting - поиски квалифицированного умного человека (для работы)

man hunt/hunting - розыск человека, подозреваемого в преступлении

hunt - v. - охотиться, ловить; гнать, прогонять; преследовать, искать, разыскивать

to hunt a thief - преследовать вора

to hunt up/out evidence – искать/ найти доказательство

to hunt smth. high and low - повсюду искать что-л.

to hunt down a criminal - выследить преступника

to hunt out smb's address - разыскать чей-л. адрес

HURDLE - n. - загородка, барьер; препятствие

to clear the hurdle - взять/преодолеть барьер

hurdle - v. - ограждать плетнем; преодолевать препятствие

I

ICE - n. - лед, холодность; сдержанность; мороженое

he melted the ice (of the cold war) - он растопил лед (холодной войны)

to be/to walk/to skate on thin ice - быть на краю/ходить по краю пропасти/по тонкому льду; играть с огнем

to break the ice - сломать лед, нарушить молчание, сделать первый шаг

to cut no ice - не иметь значения, не играть никакой роли; ничего не добиться

ice - v. - покрывать/сковывать льдом, замерзать, замораживать, охлаждать; покрывать глазурью; откладывать; *(разг.)* держать язык за зубами; не обращать внимания

to ice the cake - *(жарг.)* завершить дело

IDENTIFICATION - n. - идентификация, отождествление, опознавание, определение; *(юр.)* установление подлинности; установление личности; удостоверение личности (документ)

identify - v. - отождествлять, выявлять, опознавать

identity - n. - идентичность, подлинность; самобытность

proofs of identity - доказательства подлинности

to prove/to recognize smb's identity - удостоверить чью-л. личность

an identity/identification card
(ID) - удостоверение личности
(документ)

to change the identity - выдавать
себя за другое лицо

to keep/to preserve national
identity - сохранить лицо/само-
бытность нации

the identity crisis - кризис личности

broad identity of views - совпадение взглядов по широкому
кругу вопросов

talks disclosed full/complete/ total identity of views - переговоры продемонстрировали полное
единство взглядов

to confirm/to affirm identity of
views - подтвердить единство
взглядов

to reaffirm full identity of views
- (вновь) подтвердить полное
единство взглядов

ILL - n. - зло, вред; (мн.ч.) несчастья, невзгоды, беды

to do ill to smb. - причинять
вред кому-л., дурно поступать с
кем-л.

economic ills - экономические
беды

the ills of life - жизненные невзгоды

to suffer from various ills - страдать от всяких бед, испытать
множество несчастий

IMAGE - n. - изображение, фигура;
подобие, мысленный образ/
представление; фигура речи; воплощение, символ, образец; лицо, престиж, репутация,
"имидж"

he is the image of his father - он
точная копия своего отца

the American image abroad –
представление об американ-
цах, сложившееся за границей

the image of the African American - образ американца афри-
канского происхождения

she is the image of devotion - она
воплощение преданности

to project an image - изобра-
жать/представлять образ, производить впечатление (о себе)

IMPACT - n. - удар, толчок, импульс; столкновение; влияние,
воздействие

the impact on security - удар по
безопасности/влияние на безопасность

to have a long-term impact on ...
- оказывать длительное влияние/
воздействие на ...

IMPEACHMENT - n. - сомнение,
недоверие; (юр.) обвинение и
привлечение к суду, процедура
отрешения от должности, им-
пичмент

without an impeachment to their
honour - без унижения их достоинства

on impeachment for treason - по
обвинению в государственной
измене

to call for impeachment - потре-
бовать объявления импичмен-
та/отрешения от должности

IMPETUS - n. - толчок, импульс,
стимул, побуждение

a fresh/temporary impetus - новый импульс/временный стимул

to give smb. an impetus - дать
кому-л. стимул

to give an impetus to smth. - дать толчок чему-л., побудить к чему-л.

impetuous - **adj. (torrent, gale)** - стремительный (поток), порывистый (ветер), бурный; импульсивный, пылкий, запальчивый

impetuous haste/remarks - безудержная спешка/поспешные, запальчивые высказывания

IMPLEMENT - **v. (an obligation, a project, a policy, the provisions of a treaty/an agreement)** - выполнять, осуществлять, обеспечивать выполнение/ проведение в жизнь (обязательства, плана, политики, положений договора/соглашения)

implementation - **n. (of measures/ the results of the conference/the inalienable rights)** - выполнение (мер)/ проведение в жизнь (результатов совещания)/ осуществление (неотъемлемых прав)

IMPLICATE - **v.** - вовлекать, впутывать, вмешивать; заключать в себе (намек), подразумевать; спутывать; влечь за собой

to be implicated in a crime/in a plot - быть замешанным в преступлении/в заговоре

this letter implicates you - это письмо затрагивает вас

the words implicate a contradiction - в этих словах таится противоречие

implication - **n.** - вовлечение, впутывание; замешанность, причастность, соучастие (в преступлении и т.п.); скрытый смысл/ значение, подоплека

social implication - социальное/общественное значение

implications - **n.** - последствия

far-reaching implications - далеко идущие последствия

either expressly or by implication - прямо или косвенно

implicit - **adj.** - подразумеваемый, не выраженный прямо; безоговорочный, полный, безусловный

implicit consent - молчаливое согласие

implicit belief/confidence/faith - слепая вера

implicitly - **adv.** - косвенным образом, не прямо; безоговорочно

to obey implicitly - слепо повиноваться

to trust smb. implicitly - полностью/слепо доверять кому-л.

imply - **v.** - подразумевать, предполагать; означать, косвенно выражать, намекать; вовлекать

silence (often) implies consent - молчание - *(часто)* знак согласия

his statement implies more than it expresses - в его словах много скрытого смысла

TO IMPOSE - **v. (on, upon)** - навязывать; облагать (налогом, сбором); налагать (обязательство)

to impose a tax/a penalty/a duty/ a task/an obligation/sanctions/ embargo/one's views/a lie upon smb. - облагать кого-л. налогом/штрафом/возлагать обязанность/задачу на кого-л./налагать обязательство/ вводить санкции/ эмбарго/ навязывать свои взгляды кому-л./обмануть кого-л.

imposing - adj. - производящий сильное впечатление, внушительный, импозантный
an imposing appearance - представительная внешность

IMPUNITY - n. - безнаказанность, *(юр.)* освобождение от наказания
to insult with impunity - безнаказанно оскорблять
with perfect impunity - совершенно безнаказанно

INACCURACY - n. - неточность, ошибка, погрешность
to be sensitive about the inaccuracy of the airdrop - остро отреагировать на неточность сброса гуманитарной помощи с воздуха
an inaccuracy in the use of terms - неточность в употреблении терминов
to contain inaccuracies - содержать неточности
to overlook an inaccuracy - пропустить/просмотреть, не заметить ошибку
inaccurate - adj. - неточный, неправильный, ошибочный

INALIENABILITY - n. - неотъемлемость, неотчуждаемость
inalienable - adj. (right) - неотчуждаемый, неотъемлемый (право)

INAUGURAL - n. - речь нового президента при вступлении в должность
inaugural - adj. - вступительный
an inaugural address/speech - обращение/речь при вступлении в должность/на открытии выставки/музея и т.п.

inaugurate - v. - торжественно вводить в должность; начинать, ознаменовать; открывать (памятник, выставку и т.п.)
to inaugurate the President - торжественно вводить президента в должность
to inaugurate a new era/a new reform/an undertaking - ознаменовать новую эру/ввести новую реформу/ приступить к какому-л. предприятию
inauguration - n. - торжественное введение в должность (*особ.* президента США), торжественное открытие, ознаменование начала чего-л.
Inauguration Day (January 20, following a presidential election) - день вступления президента США в должность (20 января, после президентских выборов)

INCENTIVE - n. - побудительный мотив, стимул, побуждение
material incentives - материальная заинтересованность/стимул
to give an incentive - дать/придать стимул
incentive - adj. - побудительный, стимулирующий; вдохновляющий (*эк.*) поощрительный
an incentive wage - (*ам.*) поощрительная система заработной платы

INCITE - v. - возбуждать, побуждать, стимулировать; поощрять; подстрекать
to incite smb. to revolt - подстрекать кого-л. к восстанию
incitement - n. - стимулирование, побуждение, подстрекательство; стимул, толчок

to do smth. by smb's incitement - делать что-л. по чьему-л. наущению

INCONSISTENT - adj. - несовместимый, несоответствующий, непоследовательный; противоречивый

to be inconsistent with smth. - не соответствовать чему-л.

some points are inconsistent with the UN resolution - некоторые пункты противоречат резолюции ООН

an inconsistent conclusion - непоследовательный/ нелогичный вывод

INCREASE - n. (of/in population/of knowledge) - возрастание, рост, увеличение; прибавление, прирост (населения), расширение (знаний)

price/wage increase - рост цен/повышение заработной платы

increase - v. - увеличивать(ся), вызывать увеличение/рост; усиливать(ся), возрастать, расти

to increase one's pace/tension/ confidence - ускорить шаг/увеличить напряженность/ укрепить доверие

increasing - adj. - увеличивающийся, возрастающий, усиливающийся

an ever increasing military expenditure - все возрастающие военные расходы

INCUMBENCY - n. - пребывание в должности; долг, обязанность

incumbent - n. - лицо, занимающее выборную должность или имеющее духовный сан

the incumbent President - нынешний президент

incumbent - adj. - возложенный (об обязанности и т.п.)

INDIGEN(E) - n. - туземец, коренной житель

indigenous - adj. - туземный, коренной, местный; природный, врожденный

indigenous peoples - коренные народы

INDISCRIMINATE - adj. (firing, abuse) - неразборчивый, действующий без разбора, неизбирательный, огульный, беспорядочный (стрельба, оскорбление)

INFLATE - v. - надувать(ся), наполнять (воздухом, газом)

(an) inflated style/prices/rumours - напыщенный стиль/ взвинченные, непомерно высокие цены/раздутые слухи

INFLATION - n. - *(эк.)* инфляция; надувание, раздутость, надутость

a spiralling, mounting/runaway/ galloping inflation - растущая/ безудержная/галопирующая инфляция

a rising tide of inflation - безудержно растущая инфляция

to border on inflation - быть на грани инфляции

to head for inflation - идти/катиться к инфляции

to keep down/to curb inflation - сдерживать инфляцию

inflation is rebounding - инфляция отступает

INFRINGE - v. - нарушать, не соблюдать, переступать, посягать to infringe a law/a contract/a copyright - нарушить закон/условия контракта, договор/авторское право

to infringe upon/on smb's rights - посягать на чьи-л. права

to infringe a nation's sovereignty - нарушать/ущемлять суверенитет государства

infringement - **n.** - нарушение, несоблюдение; посягательство

the infringement of a treaty/of a law/of the constitution - нарушение договора/закона/конституции

infringement upon liberty - посягательство на свободу

INNUENDO - n. - косвенный намек, инсинуация; выпад

to convey smth. by innuendo - косвенно намекнуть на что-л.

evil innuendoes - грязные/гнусные инсинуации

wrathful innuendoes against smb. - злобные выпады против кого-л.

INQUIRE - v. - спрашивать, узнавать, наводить справки; расследовать

to inquire into the matter - расследовать, прояснять дело

inquiry - **n.** - наведение справок, осведомление; вопрос, запрос; (юр.) расследование (дела); исследование

a letter of inquiry - письменный запрос

to make inquiries about smb./smth. – наводить справки о ком-л./о чем-л.

to meet inquiries - отвечать на запросы/вопросы

police inquiries - расследование дела в полиции

court of inquiry - следственная комиссия

INSECURE - adj. - небезопасный, ненадежный, непрочный; неуверенный

an insecure situation/ investment/ hope/promises - опасное положение/ненадежное помещение капитала, денег/слабая надежда/нетвердые обещания

insecurity - **n.** - отсутствие безопасности, нестабильность, ненадежность, непрочность; неуверенность

global/international/world insecurity - отсутствие безопасности в мире, нестабильность международного положения

a sense of insecurity - чувство неуверенности

INSTRUMENT - n. - орудие, инструмент, прибор, аппарат, (юр.) документ, акт, грамота

an instrument of aggression - орудие агрессии

to be the instrument of smb's death - быть причиной чьей-л. смерти

to become smb's paid instrument - стать чьим-л. наймитом/платным агентом

ratification instruments - ратификационные грамоты

an instrument of surrender - акт о капитуляции

instrumental - **adj.** - служащий орудием/средством; способствующий чему-л.

to be instrumental in bringing about peace - способствовать достижению мира he was instrumental in ending the bloodshed - прекращение кровопролития - это его заслуга

INSURGENT - n. - повстанец, мятежник, бунтовщик
insurgent - adj. - восставший, мятежный, разбушевавшийся, всколыхнувшийся
an insurgent sea - разбушевавшееся море

INTEGRITY - n. - честность, прямота; целостность; чистота
territorial integrity - территориальная целостность
a man of integrity - честный, неподкупный человек/целостная личность

INTENSIFICATION - n. – интенсификация, усиление, активизация
intensification of a campaign/ efforts/struggle - активизация кампании/усилий/борьбы
intensify - v. - усиливать(ся), активизировать
to intensify efforts - активизировать усилия
intensified fight - более напряженная/усиленная борьба
intensive - adj. - интенсивный, напряженный, усиленный; тщательный, глубокий

INTENT - n. - намерение, цель; значение, смысл
with good/evil intent - с добрым намерением/со злым умыслом
to what intent was the statement? - по какому поводу было заявление?
to all intents and purposes - как бы то ни было/в любом случае/фактически/по существу

intent - adj. - сосредоточенный, пристальный, погруженный (во что-л.); полный решимости
to be intent on smth. - сосредоточить свое внимание/быть поглощенным (чем-л.); настойчиво стремиться к чему-л.

INTERCEPT - v. - перехватить, прерывать, приостанавливать; препятствовать
to intercept a letter/a ship/a plane - перехватить письмо/корабль/самолет
to intercept the flow of water - приостановить приток воды
to intercept a view - заслонить вид
interception - n. - перехватывание; (радио)перехват, подслушивание (телефонных разговоров); преграждение, помеха

INTEREST - n. - интерес, заинтересованность; запрос; влечение, стремление; важность; (мн.ч.) практическая заинтересованность; выгода; доля, часть (чего-л.), проценты
to arouse/to excite/to awake smb's interest - вызывать, возбуждать, пробуждать чей-л. интерес
a man of wide interests - человек с большими запросами/с широким кругом интересов
in the interest(s) of/within the interest of - в интересах
to meet the interests of ... - отвечать интересам
to contradict flatly the interest of ... - резко противоречить интересам

to do smth. against the interests of ... - делать что-л. в противовес/в ущерб чьим-л. интересам

to damage national interests - наносить ущерб национальным интересам

to have an interest in a business - иметь долю в предприятии

simple/compound interest - простые/сложные проценты

interest rate - процентная/учетная ставка, процент

to pay interest on a loan - платить проценты по займу

to lend money on interest - дать деньги в рост

interest at 3 per cent - трехпроцентная прибыль

INTERFERE - v. - мешать, служить препятствием; причинять вред, наносить ущерб; вмешиваться

this interferes with my plans - это нарушает мои планы

to interfere with smb's trade - наносить ущерб чьей-л. торговле

their interests interfere with each other - их интересы сталкиваются

to interfere with smb's independence - покушаться на чью-л. независимость

to interfere in smb's affairs – вмешиваться в чьи-л. дела

INTERFERENCE - n. - вмешательство, радиопомехи

non-interference in internal affairs - невмешательство во внутренние дела

without outside interference - без вмешательства извне

gross/naked/brazen interference from outside - грубое/неприкрытое/наглое вмешательство извне

INTERIM - n. - промежуток времени; (кн.) временное постановление/ распоряжение

in the interim - тем временем, между тем; на время

minister ad interim - временно исполняющий обязанности министра

charge d'affaires ad interim - временный поверенный в делах

interim - adj. - временный, предварительный, промежуточный

an interim agreement/ committee/ solution - временное соглашение/ комитет/ промежуточное решение

an interim certificate - временное свидетельство

to hold an interim appointment - временно занимать должность

INTERLOCUTION - n. - беседа, разговор, диалог, собеседование; (юр.) заключительные прения

interlocutor - n. - собеседник

to deal with a single interlocutor - проводить беседу с одним собеседником

INTERMEDIATE - n. - посредник, промежуточное звено

intermediate - v. - посредничать

intermediate - adj. (steps, agreement) - промежуточные, переходные (меры, соглашение)

INTIMIDATE - v. - запугивать, угрожать, устрашать

intimidation - n. - запугивание, устрашение, угрозы; страх, робость to surrender to intimidation - дать (себя) запугать

INTRANSIGENCE - n. - непримиримость, непреклонность
intransigent - n. - политический деятель, не идущий на компромисс
intransigent - adj. - непримиримый, непреклонный, не идущий на компромисс

INVEST - v. - помещать/вкладывать деньги/капитал; покупать, приобретать (что-л.)
to invest one's money in a business enterprise/in stocks/in bonds/in land - вложить/инвестировать капитал/ деньги в предприятие/ в акции/ в облигации/в земельную собственность
investment - n. - капиталовложение, инвестирование; (эк.) инвестиция, вклад, капитальные затраты; предприятие или ценные бумаги, в которые вложены деньги; наделение (полномочиями, властью)
an investment bank - банк, занимающийся размещением ценных бумаг/ инвестиционный банк
to be desperate for investment - крайне/отчаянно нуждаться в инвестициях
investor - n. - инвестор, вкладчик

INVESTIGATE - v. - расследовать, тщательно рассматривать; получать сведения (о ком-л., о чем-л.); изучать
investigation - n. - расследование, следствие; (научное) исследование, изыскание

the investigation of the truth - выяснение/установление истины
a federal investigation - федеральное расследование
an elaborate investigation - тщательное изучение
to carry on an investigation - проводить расследование/дознание/ изучение/ исследовательскую работу
to derail an investigation - увести расследование в сторону, направить расследование в ложное русло, помешать расследованию

INVIOLABILITY - n. (of the frontiers/of the person/of home) - незыблемость, нерушимость, неприкосновенность (границ/личности/жилища)
inviolable - adj. - незыблемый, нерушимый, неприкосновенный

INVITATION - n. - приглашение; заманчивое побуждение/ предложение
a letter of invitation/a written invitation - письменное приглашение
to come by smb's invitation - прийти по чьему-л. приглашению
admission by invitation (only) - вход только по пригласительным билетам
an invitation card/ticket - пригласительный билет
to send out invitations - разослать приглашения
to convey/to extend an invitation (on behalf of smb.) - передать приглашение (от имени кого-л.)

to accept/to reply to/to decline an invitation owing to a previous engagement/arrangement - принять/ответить на приглашение/ отклонить приглашение из-за занятости/из-за другой договоренности/в связи с тем, что уже принято другое приглашение

to decline/to turn down/to reject an invitation - отказаться от/отвергнуть приглашение

at/on the invitation of smb. - по приглашению кого-л.

in response to an invitation - в ответ на приглашение

invite - **v.** - приглашать, звать; просить, склонять; располагать (к чему-л.); способствовать, провоцировать, побуждать, привлекать

to invite questions/opinions - просить задавать вопросы, высказываться

to invite smb. to reconsider one's decision - убеждать/просить кого-л. пересмотреть свое решение

the letter invites some questions - письмо вызывает ряд вопросов

INVOLVE - **v.** - включать в себя, заключать, содержать; подразумевать; вызывать (последствия); вовлекать, впутывать, затрагивать; быть занятым

it involves trouble - это чревато неприятностями

to involve smb. in a crime - вовлечь кого-л. в совершение преступления/ в преступные действия

to be involved in violent actions - быть вовлеченным в насильственные действия

to involve smb's rights/the interests of others - затрагивать чьил. права/интересы других

involved - **adj.** - сложный, запутанный; вовлеченный, заинтересованный

countries involved - вовлеченные/ заинтересованные страны

involved mechanism - сложный механизм

involved reasoning - туманная аргументация

involvement - **n.** - запутанность, затруднительное положение; вовлечение, вмешательство, участие

the country's involvement in the war - участие этой страны в войне

IOU - I owe you - *(комм., юр.)* долговая расписка (я должен вам)

IRREGULAR - **adj.** - неправильный, не отвечающий каким-л. нормам/правилам; необычный; неприятный; нерегулярный

an irregular motion - предложение, внесенное не по правилам процедуры

irregular troops - нерегулярные войска

irregularity - **n.** - неправильность, отклонение от нормы, нестандартность; неравномерность, беспорядочность

I ascribe it to the irregularities of his conduct - я отношу это за счет странностей в его поведении

IRRELEVANCY - **n.** - неуместность, несообразность, неуместный вопрос/ замечание

irrelevant - adj. - неуместный, не имеющий отношения (к чему-л.), несоответствующий, неприменимый, несообразный

irrelevant testimony - свидетельство, не имеющее отношения к делу

many people think that a referendum is irrelevant - многие считают, что референдум неуместен

IRREVERSIBLE - adj. - необратимый, не поддающийся или не подлежащий отмене/уничтожению/ликвидации

an irreversible decree/law - декрет/закон, не подлежащий отмене

an irreversible process - необратимый процесс

Syn. **irrevocable**

ISSUE - n. - выпуск, издание, экземпляр/ номер газеты; исход, результат (чего-л.); вопрос, предмет обсуждения/ спора; *(фин.)* эмиссия

an acute/ burning/ key/ topical/ urgent/ vital/ major/ outstanding/ pressing/ long standing/ dead-locked/first priority/ life and death issue - острый/ жгучий/ ключевой/ актуальный/ неотложный/ жизненно важный/ главный/нерешенный/ на сущный/ нерешенный, давно стоящий/зашедший в тупик/ первоочередной вопрос/вопрос жизни или смерти

to address/to raise an issue - заняться решением/поднять вопрос

to argue political issues - вести политические споры

to-day's issue (of a newspaper, of a magazine) - сегодняшний номер (газеты, журнала)

the issue of a combat/a battle/a contest - исход боя/битвы/соревнования

in the issue - в результате/в итоге/в конечном счете

issue - v. (money/stamps/ a newspaper/ a communique/a statement) - выпускать в обращение (деньги), выпускать (марки), издавать (газету), опубликовать (коммюнике/заявление)

ITINERARY - n. - маршрут, путь; путевые заметки; путеводитель; план маршрута

J

JACK, JACK - n. - простой человек (из народа); поденщик; валет *(карт.)*; деньги

every man Jack - всякий/каждый (человек), все как один, все до одного

Jack and Jill - парень и девушка

to make one's jack - много зарабатывать

jack-pot - *(карт.)* банк; лучший результат, которого можно добиться в каком-л. деле

Black Jack - очко *(карт.игра)*

Union Jack/Union Flag - государственный флаг Соединенного Королевства Великобритании

Jack Frost - Мороз красный нос

cheap Jack - бродячий торговец, разносчик

Jack in office - чинуша, бюрократ

Jack out of office - безработный

Jack of all trades - на все руки мастер

JAIL - n. - тюрьма, тюремное заключение

he is in jail on similar charges - он заключен в тюрьму по сходному обвинению

to break jail – бежать из тюрьмы

to release from jail - освободить из тюрьмы

jail - v. - заключать в тюрьму

a jail-bird - n. - заключенный, арестант; закоренелый преступник, рецидивист

a jail-breaker - n. - преступник, совершивший побег

a jailer/jailor/jail-keeper - n. - тюремщик, тюремный надзиратель

JEOPARDIZE - v. - подвергать опасности, рисковать

(*see* "menace" for synonyms)

to jeopardize one's life/peace – рисковать своей жизнью/ ставить мир под угрозу

jeopardy - n. - опасность; *(юр.)* подсудность

to put in jeopardy - подвергать опасности/риску, ставить под угрозу

to be in jeopardy - быть в опасности; быть обвиненным, быть подсудимым

double jeopardy - вторичное привлечение к уголовной ответственности за одно и то же преступление

JOB - n. - работа, дело, труд; место службы; задание; род занятий; *(эк.)* рабочее место

odd jobs - случайная работа

a lousy/nervewracking/frustrating/challenging/ fascinating job - мерзкая/ нервная/ разочаровывающая, не оправдавшая ожиданий/ требующая отдачи всех сил/ захватывающая работа

a bad job - безнадежное/гиблое дело

a fat job - тепленькое местечко, выгодное дельце

a full time job - работа на полной ставке, полная занятость

a part time job - работа на неполной ставке, работа по совместительству, неполная занятость

on the job - в действии, в работе, на месте

out of job - без работы

loss of jobs - потеря рабочих мест

job creation - создание рабочих мест

to create/to supply with jobs - создавать/предоставлять, давать рабочие места

to quit one's job - оставить свою работу, уйти с работы

jobless - adj. - безработный

JUDG(E)MENT - n. - *(юр.)* приговор, решение; критика, осуждение; суждение, мнение, взгляд; оценка; рассудительность, здравый смысл

a private judgment - частное мнение

lapses of judgment - ошибки в суждении/в оценке

79

to pass judgment on/upon smb. - судить, критиковать кого-л.

to form/to approve/to reserve one's judgment - составить/одобрить/воздержаться от высказывания своего мнения

to show good/sound judgment - судить здраво

a man of sound/good/excellent judgment - здравомыслящий человек

in smb's judgment - на чей-л. взгляд, по чьему-л. мнению

Judg(e)ment Day - судный день, день страшного суда; конец света

JUMP - v. - прыгать, заставить прыгать (лошадь), скакать; вскакивать, вздрагивать; перепрыгивать, перескакивать, подскакивать (о цене, температуре и т.п.)

to jump the rails - сойти с рельсов

to jump the track - сойти с рельсов; оказаться на ложном пути

to jump a queue/lights, a green light/a train - пройти без очереди/начать движение до зеленого сигнала светофора/ехать в поезде зайцем

to jump into a peacekeeping mission - поспешно направить миссию по поддержанию мира

to jump at a conclusion/offer/chance/idea - делать поспешные выводы/ухватиться за предложение/ возможность/мысль

to jump from one subject to another - перескакивать с одной темы на другую

to jump a chapter (in a book) - пропустить главу (при чтении)

to jump on/upon smb. - ругать, винить кого-л.; неожиданно набрасываться на кого-л.

our opinions jump together (one with another) - наши мнения совпадают

JUSTICE - n. - справедливость; законность; правосудие; юстиция; судья

to treat smb. with justice - относиться к кому-л. справедливо

to obtain justice - добиться справедливости

to do justice to smb./to smth. - оценить должным образом, по достоинству кого-л./что-л.; отдать должное кому-л./чему-л.

in justice to smb./smth. - отдавая должное кому-л./чему-л.

to do oneself justice - показать себя с лучшей стороны

you are not doing yourself justice - ты способен на большее

justice is out of reach - нет справедливости

it is a travesty of justice - это пародия на справедливость

Chief Justice - n. - главный судья; председатель суда

Justice of the Peace - мировой судья

the International Court of Justice (in the Hague) - Международный суд (в Гааге)

to administer justice - отправлять правосудие

to bring to justice - привлечь к судебной ответственности, отдать под суд

to do justice on/upon smb. - покарать кого-л. (*преим.* смертной казнью)

just - **adj.** - справедливый, заслуженный, обоснованный

Ant. **unjust** - **adj.** - несправедливый

injustice - **n.** – несправедливость

to do smb. an injustice - быть несправедливым к кому-л., допустить несправедливость по отношению к кому-л.

justification - **n.** - оправдание, оправдывающие обстоятельства; правомерность, подтверждение; мотивировка

justify - **v.** - оправдывать, находить оправдание; подтверждать; мотивировать

to justify one's behaviour - оправдывать/ объяснять свое поведение

to be justified in doing smth. - иметь основание делать что-л.

to justify hopes - оправдать надежды

K

KEEN - **adj.** (knife/blade/criticism/sight/struggle/wind/hunger/appetite/ hearing/intellect/disappointment/delight/ competition/speech/sportsman/reader - остро отточенный (нож, лезвие); острая (критика, зрение, борьба); резкий (ветер); мучительный (голод); хороший (аппетит); тонкий (слух); живой (ум); глубокое (разочарование); пылкий (восторг); трудное (состязание); язвительная (речь); страстный (спортсмен); любознательный (читатель)

to be keen on/upon/about smth. - очень любить что-л., увлекаться чем-л.

to be keen for gain/pleasure - жаждать наживы/удовольствия

to be keen to do smth./on doing smth. - сильно желать/стремиться сделать что-л.

KEEP - **v.** - держать, хранить; оставлять себе; быть владельцем; содержать; иметь в продаже; задерживать; не портиться

US helicopters keep control from above - американские вертолеты поддерживают контроль с воздуха

to have a family to keep - иметь на иждивении семью

kept press - продажная пресса

we don't keep/carry postcards - у нас не бывает почтовых открыток, мы не продаем открытки

to keep (one's) distance - держаться на почтительном расстоянии, знать свое место, не допускать фамильярности

to keep on the right track - идти по правильному пути

to keep straight on - идти прямо (никуда не сворачивая)

to keep to/off the subject - придерживаться темы/избегать, не касаться вопроса

to keep an appointment - прийти в назначенное время или место/на деловое свидание

to keep back ten pounds from smb's wages - удержать/вычесть десять фунтов из чьей-л. зарплаты

to keep down the revolt - подавлять восстание/протест

to keep the prices down - не допускать повышения цен

prices keep up - цены не снижаются

to keep up interest/a correspondence/a conversation - поддерживать интерес/переписку/разговор

to keep a good/sharp lookout - зорко наблюдать, держать ухо востро

to keep early/late hours - рано/поздно вставать и ложиться спать

to keep the ball rolling - энергично продолжать дело, поддерживать быстрый темп/оживленный разговор

to keep up with the Joneses – стараться быть не хуже других

to keep up with the times/to keep up abreast of the times - быть на уровне своего времени, идти в ногу со временем

in keeping with ... - в соответствии с ...

KEY - n. - ключ

key - adj. (industries/trades/issues/point/position/ word/map) - ведущие (отрасли промышленности/профессии), основные, жизненно важные (вопросы), важный, опорный (пункт), ключевая (позиция/слово/контурная карта)

key - n. - клавиша; *(муз.)* ключ, тональность, тон

to speak in a high/low key - говорить громко, возбужденно/тихо, сдержанно

key - v. (up) - возбуждать, взвинчивать

to key up courage - вдохнуть мужество, подбодрить

keyed - adj. - взволнованный, возбужденный

all keyed up - взвинченный до предела

key-note - n. - основной тон; лейтмотив, основная мысль, ведущая идея, основной принцип

the key-note of the speech - лейтмотив выступления

a key-note speech - вступительное слово; речь лица, открывающего съезд/конференцию; основной доклад, установочное выступление

to strike the key-note of policy - задавать тон в политике

keystone - n. - краеугольный камень, основа

Syn. **cornerstone**

KID (leather) - n. - лайка (кожа); ребенок

kid-glove - adj. - деликатный, изысканный

kid-glove methods - тонкие/деликатные методы

kid-glove diplomacy - тонкая дипломатия, дипломатия в лайковых перчатках

KIDNAP - v. - похищать людей; насильно или обманом увозить кого-л.

kidnapping - n. - похищение людей

KIN - n. - родня, родственники; семья; кровное родство; происхождение; клан

he is one of my own/of the same kin - он из нашей/из той же семьи

to be kin to smb. - приходиться родственником кому-л.; иметь много общего

next of kin - ближайший родственник

near of kin - близкий родственник

of noble kin - благородного происхождения

to come of good kin - (происходить/быть) из хорошей семьи

KNACK - n. - умение, ловкость, сноровка, мастерство; особый способ; трюк, хитрость, уловка

to have a knack of/for doing smth. - уметь что-л. делать, иметь особые способности к чему-л.

to acquire/to develop the knack of doing smth. - приобрести умение/сноровку в чем-л.

by a peculiar knack - посредством/с помощью особого трюка/приема

L

LABOUR *(Br.)*, labor *(Am.)* - n. - труд; работа, задание; рабочие, рабочий класс; *(мн.ч.)* житейские дела, заботы; невзгоды

manual/forced/skilled/unskilled/lost/hard labour - ручной, физический/ принудительный труд; квалифицированные/ неквали-

фицированные рабочие; напрасный труд; каторжные работы

a labour contract - трудовой договор/соглашение

labour exchange - биржа труда

a large supply of cheap labour - неограниченное предложение дешевой рабочей силы

labo(u)r - v. - трудиться, (тяжело) работать; прилагать усилия, добиваться; продвигаться с трудом; тщательно разрабатывать, рассматривать подробно

to labour the point - подробно останавливаться на вопросе

laboured - adj. (breathing/style) - трудный, затрудненный (дыхание); вымученный, натянутый, тяжеловесный (слог)

labourer - n. - (неквалифицированный) рабочий, чернорабочий

general/day labourer - разнорабочий/поденщик

labour-intensive - adj. - трудоемкий

LACK - n. - недостаток, нехватка, (полное) отсутствие, нужда

lack of interest/progress/rights/land/judg(e)ment - отсутствие интереса/прогресса/прав; бесправие/ безземелье/неумение разобраться, понять; нерассудительность

for lack of cooperation/time - из-за отсутствия сотрудничества/за неимением времени

no lack of food - обилие пищи

lack - v. - испытывать недостаток в чем-л.; нуждаться, не иметь чего-л.

to lack the knowledge of English - не владеть английским языком

LAME - adj. - хромой, изувеченный, спотыкающийся, прихрамывающий; неудачный

to be lame of/in one leg - хромать на одну ногу

lame footsteps/argument/excuse/ account - спотыкающаяся походка/ неубедительный довод/ слабая, неудачная отговорка/неудовлетворительное объяснение

a lame duck - неудачник, невезучий человек; бедолага, несчастненький; банкрот; провалившийся кандидат (на выборах); деятель, завершивший свое пребывание на данном посту (в период до передачи его преемнику); член конгресса, не избранный на новый срок, но заседающий в конгрессе до конца сессии; президент, завершающий последний срок на своем посту

LAND - n. - земля, суша; страна, территория; почва, земельный участок (*see* **"earth"** **for synonyms)**

the Promised Land - *(библ.)* земля обетованная

one's native land - родина, отчизна

no man's land - никому не принадлежащая земля, "ничейная" полоса, нейтральная зона, забытая Богом земля

debatable land/ground - предмет спора

the Land of the Thistle/of the Rose/of the golden fleece/of the midnight sun/of the rising sun/of stars and stripes - страна чертополоха (Шотландия)/розы (Англия)/золотого руна (Австра-

лия)/полуночного солнца (Норвегия)/ восходящего солнца (Япония)/звезд и полос (США)

to see land - увидеть к чему клонится дело, быть у цели

to reclaim land - требовать обратно/вернуть утраченную землю

landmark - n. – веха; поворотный пункт; межевой знак/ столб; заметный объект местности, наземный ориентир

Syn. **milestone**

landmarks in the history of civilization - вехи на пути развития цивилизации

landslide - n. - оползень, обвал (в горах); резкое изменение общественного мнения (*особ.* по политическим вопросам); большой успех; *(полит.)* победа на выборах (с подавляющим большинством голосов), полный разгром противника

a Democratic landslide - блестящая победа демократической партии (на выборах)

landslide - v. - победить на выборах с огромным перевесом голосов, одержать блестящую победу

LANGUAGE - n. - язык, речь; *(дип.)* формулировка, стиль

fine/ strong/ foul/ working language - изысканный язык, цветистый стиль/ сильные выражения/ сквернословие/ рабочий язык *(дип.)*

a language shift - переключение на другой язык (о говорящем на иностранном языке)

LAPSE - n. - упущение, оплошность, промах, (несерьезная)

ошибка, ляпсус, описка; пре-
грешение, отклонение от пра-
вильного пути; промежуток времени
lapses of judg(e)ment - просчеты
(в оценках)
a lapse of memory - провал памяти
a moral lapse - нравственное
падение
a lapse from one's principles -
отступление от своих принци-
пов
the rapid lapse of time - быстрое
течение времени
by lapse of time - с течением
времени
with the lapse of time - со временем
a long lapse of time - большой
промежуток времени
lapse - **v.** - отклоняться (от пра-
вильного пути и т.п.), пасть;
впадать в (какое-то состояние);
терять силу; течь (о времени);
исчезать, падать (об интересе)
to lapse into silence - замолчать
to lapse into bad habits - усво-
ить дурные привычки
lapsed - **adj.** - бывший, былой (о
славе, могуществе), *(юр.)* недей-
ствительный

LARGE - **adj.** - большой, крупный;
многочисленный; значитель-
ный; большого масштаба; широкий
a large majority - значительное
большинство
large powers - широкие полномочия
the second largest - второй по
численности/по размеру и т.п.
to talk large - хвастаться

by and large - в общем, в целом
in large - в большом масштабе
at large - на свободе; подробно;
в целом; без разбору; вообще; в
общем смысле; без определенных занятий, незанятый; имеющий широкие или необычные
полномочия; независимо от партийной принадлежности
to go into the question at large -
подробно осветить вопрос
people at large - широкие слои
населения
the country at large - вся страна
ambassador at large - посол по
особым поручениям
largely - **adv.** - в значительной
степени, в большой мере, главным образом; в широком
масштабе
he is largely to blame - это в
большой степени его вина
to build largely - заниматься
обширным строительством
large-scale - **adj.** - широкомас-
штабный

LASH - **n.** - плеть, хлыст; удар пле-
тью; порка; суровая критика;
упреки
**the lash of scandal/of an angry
tongue** - бич злословия
to be under the lash - подвергаться суровой критике
lash - **v.** - ударять, бить, хлестать; бичевать, высмеивать, сурово критиковать; подхлесты-
вать
to be tongue lashed by smb. -
быть подвергнутым суровой
критике со стороны кого-л.
**the speaker lashed his listeners
into a fury** - оратор довел слу-
шателей до исступления

LAUNCH/LAUNCHING - n. - спуск (на воду); запуск, взлет (ракеты); начало чего-л.

a launching pad - стартовый (пусковой) стол

launcher - n. - пусковая установка/гранатомет

launch - v. - спускать (судно) на воду; начинать, пускать в ход; с жаром пускаться во что-л.; запускать (ракету и т.п.)

to launch a new enterprise/an attack/ a campaign/ aggression/ a spaceship - открывать новое предприятие/начать атаку/кампанию/ развязать агрессию/запустить космический корабль

to launch into an argument - пуститься в рассуждения/в спор

LAW - n. - закон, право, правоведение

enshrined in the law of the land - закреплено в конституции страны

emergency law - чрезвычайный закон

martial law - военное положение

law-enforcement - n. - правоохранение, обеспечение соблюдения законов

force of law - сила закона

law in force - действующий закон

to pass/ to apply/ to keep within/to abide by, to observe/to respect/ to go beyond/to break, to violate/ to abrogate, to repeal, to annul/to invalidate the law - принять/применять/ не нарушать, держаться в рамках/ соблюдать/ уважать/обходить/ нарушать/отменять/ признать недействительным закон

to outlaw - объявить вне закона

criminal, penal/ public/private/ civil/common/international law - уголовное/ публичное/ частное/ гражданское/ общее/ международное право

to administer law - отправлять правосудие

to practice law - заниматься адвокатской практикой, быть юристом

lawsuit - n. - судебный процесс

to bring in a lawsuit - предъявить иск/жалобу

law-breaker - n. - нарушитель закона, правонарушитель

law-maker - n. - законодатель

law-abiding - adj. - подчиняющийся законам, законопослушный

lawful - adj. - законный

to reach lawful age - достигнуть (гражданского) совершеннолетия

lawfulness - n. - законность

lawless - adj. - беззаконный, незаконный, неправомерный

Syn. unlawful

LAY - v. (laid, laid) - класть, положить; накрывать (на стол); налагать (штраф, наказание и т.п.); излагать

to lay the foundation/ the groundwork/the guidelines - заложить фундамент/основу; положить начало, изложить директивы

the scene of the story is laid in N. - действие рассказа (романа) происходит в Н.

to lay a heavy tax - облагать большим налогом

to lay the blame on smb. for smth. - возложить вину за что-л. на кого-л.

to lay the blame at smb's door - обвинить кого-л. в чем-л., считать кого-л. ответственным за что-л.

to lay a claim to smth. - предъявлять претензию/ требование (на что-л./чего-л.)

to lay a great weight on smth. - придавать большое значение чему-л.

to lay one's plans bare - раскрыть/разгласить свои планы

to lay the red carpet for smb. - принять кого-л. с почетом

to lay one's ideas before smb. - излагать свои идеи кому-л.

to lay down smth. - излагать, утверждать что-л.

the principles laid down in the UN Charter - принципы, заложенные в Уставе ООН

to lay down the law - устанавливать правовые нормы, формулировать закон

to be laid to rest - быть похороненным

lay off - **n.** - приостановка и прекращение производства; увольнение из-за отсутствия работы; период временного увольнения

lay off - **v.** - откладывать в сторону, прекращать работу, увольнять рабочих (временно)

lay-off workers, lay-offs - уволенные рабочие

LEAD - **n.** - руководство; инициатива; пример; указание, директива, ключ (к решению чего-л.);

намек; развернутый подзаголовок; первенство

to have/to gain the lead - быть впереди, занять первое место, лидировать

B. has a lead in Tuesday's primary in his state - Б. лидирует в своем штате по результатам предварительных выборов во вторник

to take the lead - брать на себя руководство; проявлять инициативу

to follow the lead - следовать чьему-л. примеру

to give smb. a lead in smth. - показать кому-л. пример в чем-л.; наставлять кого-л.

lead - **v. (led, led)** - вести, показывать путь, руководить, возглавлять, управлять; занимать первое место; быть во главе; приводить (к чему-л.)

to lead to a poor result - дать незначительные/плохие результаты

to lead astray - сбить с пути/с толку, ввести в заблуждение

leader - **n.** - руководитель, вождь, глава; передовая (статья); первое (самое важное) сообщение в последних известиях

a top leader - основной лидер; ведущий претендент (на выборах)

leading - **adj.** - ведущий, руководящий, главный, основной

a leading writer/political figure/ personality - выдающийся писатель/политический деятель/личность

LEAK/LEAKAGE — **n. (of qualified information)** - течь, утечка, просачивание; утечка (секретной информации)

to seal the leak - ликвидировать течь, устранить просачивание

leak - **v.** - давать течь, протекать, просачиваться

to leak out - вытекать, просачиваться; стать известным (о секрете, новости)

LEAVE - **n.** - разрешение, позволение; отпуск; прощание, расставание

leave of court - разрешение суда

to be on leave - быть в отпуске

leave of absence - отпуск

unpaid leave - отпуск за свой счет/без сохранения содержания

to be on sick leave - отсутствовать на работе/на занятиях по болезни

leave allowance - отпускное денежное содержание

to take one's leave - прощаться, уходить

to take a French leave - уходить не прощаясь/по-английски

to take leave of one's friends - попрощаться с друзьями

to take leave of one's senses - сойти с ума, рехнуться

leave-taking - **n.** - уход, прощание

leave - **v.** (left, left) - уходить, уезжать, оставлять, покидать; бросать

to leave smth. behind - позабыть/оставить что-л.; оставить позади, опережать, превосходить

to leave off work at 5 o'clock - кончать работу в 5 часов

to leave smb./smth. alone - оставить кого-л./что-л. в покое, не трогать кого-л./что-л.

to leave smb. out in the cold - третировать/игнорировать кого-л.; оказывать кому-л. холодный прием

to leave no stone unturned - испробовать все средства, ни перед чем не останавливаться

to leave smb. in the lurch - покинуть кого-л. в беде

let's leave it at that - не будем больше (говорить) об этом

a school-leaver - выпускник школы

leaving - **n.** - уход, отъезд; окончание

a leaving examination/certificate - выпускной экзамен/свидетельство об окончании учебного заведения

LEG - **n.** - нога, голень; этап, часть пути

the first leg of a round-the-world flight - первый этап кругосветного перелета

to get a leg in - пролезть (куда-л.), втереться в доверие

to pull smb's leg - подшучивать над кем-л., сыграть шутку с кем-л.; морочить голову кому-л.

to put/to set one's best leg foremost - делать все возможное

to take to one's legs - удрать, улизнуть

to try it on the other leg - попытаться использовать иную/последнюю возможность

LEISURE - **n.** - досуг, свободное время

leisure time/hours - свободное время, часы досуга

a leisure palace - место отдыха и развлечений

life of leisure - праздная жизнь

at leisure - на досуге

to be at one's leisure - быть свободным/незанятым

to have little leisure for reading/ to read - иметь мало возможности читать, почти не иметь времени для чтения

LENGTH - n. - длина, расстояние; протяженность (во времени), продолжительность

to keep smb. at arm's length - держать кого-л. на расстоянии (вытянутой руки)

(of) an hour's length - продолжительность в час

the length of a lifetime - продолжительность жизни/ вся жизнь

length of service - выслуга лет

a stay of some length - довольно длительное пребывание

to speak at length - говорить подробно/пространно

at full/great/length - подробно, в натуральную величину; детально; пространно

to go (to) all length/to any length/ to a great length - ни перед чем не останавливаться, идти на все

to travel through the length and breadth of the country - исколесить всю страну вдоль и поперек

LEVEL - n. - уровень, ступень, степень

on a level (with) - на одном/ одинаковом уровне

at the highest/summit/top level - на высшем уровне, на уровне глав правительств/ государств; в верхах, в высших инстанциях

at the ambassadorial level - на уровне послов

a high level of excellence - высокий уровень мастерства/совершенства

a subsistence level - прожиточный минимум

on the level - честно, прямо, открыто; честный, прямой, открытый; находящийся на должном уровне

to bring smb. to his level - поставить кого-л. на место, сбить спесь с кого-л.

agreed force levels - согласованные уровни вооруженных сил

LIBEL - n. - (юр.) письменная клевета, диффамация; что-л. дискредитирующее, позорящее, вредящее репутации; жалоба

to summon smb. for libel - возбуждать против кого-л. дело за клевету

libel - v. - (юр.) клеветать (в печати и т.п.); писать пасквили (на кого-л.); дискредитировать, позорить; преуменьшать заслуги и достоинство; (юр.) подавать жалобу

LICENCE - n. (license) - лицензия; удостоверение; патент; официальное разрешение; (излишняя) вольность, отклонение от правил/норм (в литературе, искусстве и т.п.)

a driving licence - водительские права

a licence plate - номерной знак (авт.)

licensed - adj. - имеющий разрешение, лицензию на что-л.

(*напр.* на продажу спиртных напитков)

LID - n. - крышка; колпак; (резкое) ограничение, узда, запрет; веко
to put a lid on release of information - наложить запрет на передачу информации
to put the lid on - положить конец, завершить (дело); расстроить (планы и т.п.)
to keep the lid on - держать в секрете/в тайне
to take the lid off - раскрыть секрет
with the lid off - когда все открылось, когда все тайное стало явным

LIFE - n. - жизнь, существование; взаимоотношения (людей); жизнеописание; энергия
for life - пожизненно
high life - светская жизнь; высший свет, светское общество
low life - жизнь низших классов общества
social life - светская/общественная жизнь
we have practically no social life - мы почти ни с кем не встречаемся, мы живем очень замкнуто
to flee/to run for life - бежать изо всех сил
way/mode of life/living - образ жизни
lifespan - **n.** - продолжительность/ срок жизни
lifetime - **n.** - продолжительность жизни, вся жизнь
the chance of a lifetime - возможность, представляющаяся раз в жизни
lifework - **n.** - труд или дело всей жизни

LIGHT - n. - свет, освещение; огонь; лампа; пламя
to shed light on smth. - пролить свет на что-л.
in the light of past events - в свете прошлых событий
to give a light - дать прикурить
to give a green light - дать зеленый свет, открыть "зеленую улицу"
northern/polar lights - северное сияние
to bring to light - раскрыть, выявить
to come to light - обнаруживаться, выявляться
to see the light - увидеть свет; выйти из печати; прозреть

LIMB - n. - конечность, крыло; непослушный ребенок, неслух
to escape with life and limb - легко отделаться, уйти подобру-поздорову
he is out on a limb - он в опасном положении/в опасности
a regular/young limb - настоящий бесенок

LIMBO - n. - чистилище; заточение, заключение; заброшенность; отсутствие внимания; неопределенность; переходное состояние; место для ненужных вещей, заброшенное место
the proposal was kept in limbo - это предложение было положено под сукно
I'm in limbo - я нахожусь в полной неизвестности
this idea is in limbo - эта идея повисла в воздухе
to find oneself in limbo - оказаться между небом и землей

LIMELIGHT - n. - свет рампы, часть сцены у рампы; известность, всеобщее внимание
to be in the limelight/spotlight - быть на виду/в центре внимания
to bring into/to throw limelight on smth. - предать гласности; пролить свет на что-л.

LIMIT - n. - граница, предел; рубеж; *(мн.ч.)* пределы, пространство; *(юр.)* срок давности
age limit - возрастные ограничения
within limits - в ограниченных пределах/границах/рамках; умеренно, в пределах возможности
without limit - неограниченно, в любом размере/степени
a time-limit - регламент (времени)
limit - v. - ограничивать, ставить предел
limitation - n. - ограничение, сокращение, что-л. лимитирующее; ограниченность
agreed limitations - согласованные ограничения

LINE - n. - линия, черта; веревка; граница; ряд; конвейер; линия связи; трубопровод; направление; происхождение; род занятий
deadline - предельный/крайний срок
hot line - "горячая"/прямая линия связи
the line is engaged/busy - линия/телефон занят
to draw a line - подвести черту
line of business - род занятий
what's your line? - чем вы занимаетесь?

to work on an assembly line - работать на конвейере
to put on the line - освоить, пустить в производство
to toe the line - встать на стартовую площадку; подчиняться дисциплине, строго придерживаться правил; поддерживать взгляды, программу и т.п.
line - v. - проводить линию, выстраивать в ряд
to line up with smb./against smb. - объединяться, присоединяться к кому-л., объединяться против кого-л.
lining - n. - выравнивание, выпрямление; подкладка
every cloud has a silver lining - нет худа без добра; и в плохом можно найти хорошее

LINK - n. - звено, связь; петля, колечко; *(мн.ч.)* цепи, оковы, узы
a missing/inseparable link - недостающее/неразрывное звено
a link in a chain of evidence - звено в цепи доказательств
links of brotherhood - узы братства
a chain is no stronger than its weakest link - где тонко, там и рвется; цепь не крепче ее самого слабого звена
link - v. - соединять(ся), связывать, сцеплять; быть связанным
to link up with smb. - примыкать к кому-л.; участвовать в чем-л. вместе с кем-л.

LIP - n. - губа, край (сосуда, раны); выступ
read my lips - послушайте, что я вам скажу

to refuse to open one's lips - отказываться говорить/отвечать/сказать что-л.

my lips are sealed - на моих устах печать молчания

to escape smb's lips - сорваться у кого-л. с языка/уст

not a word passed his lips - он не проронил ни слова

to pay lip service (to) - уделять внимание на словах, давать пустые обещания, лицемерить

LOAD - **n.** - груз, ноша, тяжесть; бремя, нагрузка; заряд; *(мн.ч.)* множество, обилие, избыток

a load of care/responsibility - бремя забот/ответственности

a load off one's mind - гора с плеч, камень с души свалился

a working/teaching peak load - рабочая/максимальная педагогическая нагрузка

loads of money - куча денег

load - **v.** - грузить; обременять; осыпать; заряжать (оружие); употреблять наркотики

to load with care - обременять заботами

to load smb. with favours/honours/reproaches/ insults/gifts - осыпать кого-л. милостями/почестями/ упреками/ оскорблениями/подарками

a loaded question - вопрос, в котором уже содержится ответ, провокационный вопрос

LOG - **n.** - бревно, колода, чурбан

to split the log - объяснить что-л.

roll my log and I'll roll yours - рука руку моет; ты - мне, я - тебе

logroll - **v.** - оказывать взаимные услуги (в политике), взаимно восхвалять (в печати)

logrolling - **n.** - *(перен.)* взаимные услуги (в политике); сделка между членами конгресса о взаимной поддержке; взаимное восхваление (в печати)

logjam - **n.** - завал, затор; мертвая точка, тупик (в переговорах)

loggerhead - **n.** - олух, болван

to be at loggerheads with smb. - ссориться/пререкаться с кем-л.

LONG - **adj.** - длинный, долгий, продолжительный, длительный; отдаленный; медленный; многочисленный

a long service pay - надбавка за выслугу лет

a long dozen - тринадцать, чертова дюжина

a long mile - добрая миля, не меньше мили

he has a long arm - он влиятельный человек

in the long run - в конечном счете, в результате

to make/to cut a long story short - короче говоря

a friendship of long standing - старая/старинная дружба

a long-time forecast - долгосрочный прогноз

long-term - **adj.** - долгосрочный, длительный, рассчитанный на длительный период

longevity - **n.** - долголетие, долговечность, долгая жизнь

LOOSE - **n.** - свободный выход, открытое проявление

to give (a) loose to one's feel-
ings/to one's tongue - дать во-
лю/выход своим чувствам; развязать язык

a murderer is on the loose -
убийца на свободе

loose - adj. - свободный; неупа-
кованный; нетугой, широкий;
шатающийся; неточный, не-
брежный, распущенный

(a)loose leaf/ tooth/ translation/
style/conduct/tongue/ clothes -
вкладной лист/шатающийся зуб/
неточный перевод/ небрежный
стиль/ распущенность/ болтли-
вость/просторная одежда

some of the pages have come
loose - некоторые страницы ото-
рвались

at a loose end - без определенной работы, без дела

at loose hours - в свободное
время

to let loose one's indignation -
дать волю своему негодова-
нию

to get/to break loose - вырваться
на свободу

LOOT - n. - добыча, награбленное
добро; незаконные доходы; ограбление, грабеж

loot - v. - грабить, захватывать
добычу; уносить награбленное
добро

looter - n. - грабитель

looting - n. - грабеж

LOPSIDED - adj. - кривобокий, ис-
кривленный, неровный; однобо-
кий, неравномерный

a lopsided development/growth
— одностороннее развитие/
рост

LOSE - v. (lost, lost) - терять, утратить, не сохранить; упустить;
нести убыток/ ущерб

to lose credibility/one's bal-
ance/temper/weight - утратить
доверие/ потерять равновесие/
лишиться самообладания, вспы-
лить, не сдержаться/ поху-
деть

his words were lost on/upon her
- его слова были сказаны впус-
тую/ не достигли цели

his eloquence was lost upon his
audience - он понапрасну тратил
красноречие

the army lost heavily - армия
понесла тяжелые потери

my watch loses two minutes a
day - мои часы отстают на две
минуты в сутки

to be lost to all sense of shame/
honour/duty - потерять всякое
чувство стыда/чести/долга

to lose sight - упустить из вида,
не учесть, забыть

to lose track - потерять всякую
связь с кем-л., с чем-л.; ничего
не знать о ком-л., о чем-л.

loss - n. - потеря, лишение, про-
игрыш; урон; ущерб

irreparable losses - невосполни-
мые потери

to sell at a loss - продавать в
убыток

losses in manpower - потери в
живой силе

to be at a loss - растеряться,
быть в замешательстве

LULL - n. - временное затишье

a lull in a storm/in the shelling/
in the work - затишье во время
бури/ во время обстрела, перерыв в работе

lull - **v.** - убаюкивать, успокаивать(ся); стихать (о шуме, о буре и т.п.)
to lull fears/suspicions - рассеять опасения/усыпить подозрения

M

MACHINERY - **n.** - механизмы, машины; оборудование; детали машины; структура; (организационный) аппарат
the machinery of the UN - структура/механизм ООН
the complex machinery of modern society - сложная структура современного общества
to set up machinery for mediation - создать механизм посредничества

MAINSTREAM - **n.** - *(ам.)* главное течение, основное направление, господствующая тенденция
writers in the mainstream - передовые писатели; писатели, идущие в ногу со временем
their voices were not heard in the mainstream of British politics - их голоса не были слышны на британской политической авансцене
mainstream - **adj.** - представляющий большинство; конформистский; идущий по главному каналу
mainstream Americans/parties/ opinion - средние американцы/ главные, основные партии/ господствующее мнение

mainstream - **v.** - направлять в основное русло/*(ам.)* помещать отставших в своем развитии детей в обычные классы

MAINTAIN - **v.** (**relations/contact/ peace/ silence/ correspondence/ heat/ life/ party/ movement/law and order/roads/ machines/ houses, etc.**) - поддерживать, сохранять (отношения/связи/мир/ молчание/ переписку/ тепло/ жизнь/партию/движение/правопорядок); содержать, обслуживать, содержать в хорошем состоянии (дороги/машины/ здания и т.п.); утверждать, придерживаться мнения
to maintain justice and respect (for) - соблюдать/поддерживать справедливость и уважение
to maintain an open mind - быть непредубежденным, сохранять объективность
to maintain resistance - *(воен.)* постоянно оказывать сопротивление
to maintain a dangerous position - придерживаться опасной точки зрения
to maintain an army - содержать армию
to maintain one's rights - защищать/отстаивать свои права
to maintain prices - сохранять/ поддерживать цены на определенном уровне
to maintain hold of ... - сохранять в своих руках, держать под контролем
to maintain one's ground - стоять на своем, не уступать

to maintain that ... - утверждать, придерживаться того мнения, что ...

maintenance - n. - поддержание, сохранение, поддержка; уход, ремонт, техобслуживание; эксплуатационные расходы

a maintenance department - административно–хозяйственный отдел

a maintenance manual - руководство по эксплуатации и обслуживанию

maintenance of peace and security - сохранение мира и безопасности

MAJOR - n. - майор; главный, основной предмет специализации (в колледже)

major - v. - специализироваться (о студенте)

he majors in English - он специализируется по английскому языку, его основной предмет - английский язык

major - adj. - большой, главный, старший, *(юр.)* совершеннолетний

major casualties - большие/тяжелые потери

major industries - основные отрасли промышленности

majority - n. - большинство; *(юр.)* совершеннолетие

Ant. **minority - n.** - меньшинство

a clear majority - определенное/явное большинство

an absolute/vast/narrow, slight/overwhelming majority – абсолютное/ огромное/ незначительное/ подавляющее большинство

a qualified, two-thirds/simple majority - квалифицированное, в две трети (голосов)/простое большинство

a large/handsome majority - значительное большинство

by a majority vote - большинством голосов

to be in the majority - быть в большинстве

to gain/to carry the majority - получить большинство голосов

to be carried by a small/bare majority - пройти, быть принятым/утвержденным незначительным большинством (голосов)

to win by a large majority - победить, получив значительное большинство голосов

to obtain a two-thirds majority - получить квалифицированное большинство в две трети голосов

to be elected by a narrow majority - быть избранным с небольшим перевесом голосов

by a majority of 5 - большинством в пять голосов

to constitute an overwhelming majority of votes - составлять подавляющее большинство голосов

majority rule - правление большинства, принятие решений большинством голосов

MAKE - v. (made, made) - делать, изготавливать, производить; составлять; творить; совершать; формировать

to make a business trip - ездить в командировку

to make a tour of the country - совершить поездку по стране

to make a track - прокладывать путь

to make one's living - зарабатывать средства к существованию

how much money do you make a week? - сколько (денег) вы зарабатываете в неделю?

to make both ends meet - сводить концы с концами

to make a law - устанавливать закон

this author makes good books - этот писатель пишет хорошие книги

to make oneself - сделать карьеру самостоятельно

a self-made man - человек, добившийся успеха своими собственными силами, обязанный всем самому себе

a man-made catastrophe - техногенная катастрофа

he will make a good musician - из него выйдет хороший музыкант

to make a go of it - добиться успеха, преуспеть

to make the bull's eye - попасть в цель/в яблоко мишени; иметь успех, добиться поставленной цели

what do you make of it? - что вы думаете по этому поводу?

to make a time/a day of it - хорошо провести время, повеселиться

to make the best of smth./of smb. - использовать что-л., кого-л. наилучшим образом; максимально мириться с чем-л., с кем-л.

to make a row - скандалить, затеять ссору

to make it up with smb. - помириться с кем-л.

to make up differences - уладить разногласия

how can I make it up to you? - как я могу искупить свою вину?

to make up for lost time - наверстывать упущенное время

to make up for the suffered - возместить ущерб пострадавшим

to make up a story - сочинить/выдумать историю

ethnic Taiwanese make up 80% of the population - этнические тайванцы составляют 80% населения

make haste slowly - тише едешь, дальше будешь

MALACTION - n. - противозаконное действие

to accuse of malaction - обвинять в противозаконных действиях
Syn. malpractice

MALNUTRITION - n. - недоедание, недостаточное питание

MANAGE - v. - руководить, управлять, заведовать; уметь обращаться; справляться, обходиться; ухитриться

he knows how to manage children - он умеет/знает, как обращаться с детьми

they managed to do it by themselves - они справились с этим сами

management - **n.** - управление, заведование, администрация, дирекция; умение владеть (чем-л.)/справляться (с работой); хитрость, уловка

the management of state affairs
and national economy -
управление государственными
делами и народным хозяйст-
вом

**labour and management failed
to agree on wages** - рабочие и
дирекция не договорились о заработной плате

**bad management, mismanage-
ment** - бесхозяйственность

manager - **n.** - управляющий,
заведующий, руководитель, ад-
министратор, директор; хозяин;
импресарио; деятель политической партии, занимающийся ор-
ганизационными вопросами

an acting manager - исполняющий обязанности заведующе-
го/директора и т.п.

MAR - **v.** - портить, повреждать;
искажать

**it has been marred by incidents
of violence** - случаи насилия ом-
рачили это

MARGIN - **n.** - поле (страницы);
край, грань, кайма, полоса,
опушка (леса); предел; запас
(денег, времени, места и т.п.);
(эк.) прибыль; разница, раз-
ность, остаток; *(бирж.)* гаран-
тийный задаток

to write on the margins - делать
заметки на полях

the margin of error is 3% - пределы погрешности - 3%

**a margin of $100 for unforeseen
expenses** - дополнительная/ре-
зервная сумма в 100 долларов на
непредвиденные расходы

to allow a margin for mistakes -
с расчетом на возможные ошибки

**a margin of safety/marginal
safety** - запас прочности; допустимый предел, обеспечивающий
безопасность

a comfortable margin - доста-
точный перевес (голосов)

**the resolution was adopted by a
wide margin** - резолюция была
принята значительным большинством голосов

to win by a narrow margin -
одержать победу с незначительным перевесом голосов

**he escaped defeat by a narrow
margin** - он едва избежал поражения, он был на грани поражения

MARK - **v.** - ставить знак/метку;
клеймить; отмечать, ознамено-
вывать; замечать; запомнить

to mark the anniversary - отме-
тить/отпраздновать годовщину

mark my words - запомните мои
слова

to mark time - топтаться на месте, выжидать, тянуть время

marked - **adj.** - отмеченный; заметный, явный, ясно различи-
мый

a man of marked ability - человек с незаурядными способнос-
тями

MARKET - **n.** - рынок, базар; торговля; рыночная цена, конъюнктура рынка; продовольственный
магазин

home/foreign markets - внут-
ренние/ иностранные рынки
(сбыта)

a vigorous/dull market - актив-
ный/вялый рынок

to be in/on the market - прода-
ваться

to be in the market for smth. - стремиться купить что-л.
to bring to/to put on the market - пустить в продажу
to make a market of smth. - торговать чем-л., пытаться заработать на чем-л.
to raise the market - поднять цены
the market rose/fell - цены поднялись/упали
to rig the market - искусственно повышать или понижать цены/курсы
to play the market - спекулировать на бирже
market condition - конъюнктура рынка
access to markets - доступ к рынкам
to monitor markets - контролировать рынок
conversion to (a) market economy - переход к рыночной экономике
stock-market - n. - фондовая биржа
the stock-market plunged - уровень цен на бирже резко упал
marketing - n. - торговля, продажа, сбыт; маркетинг

MARRIAGE - n. - брак, замужество, женитьба, супружество
plural marriage - полигамия, многоженство
marriage of convenience, money marriage - брак по расчету
civil marriage - гражданский брак
Scotch marriage - брак без соблюдения формальностей

the marriage of theory and practice - единство теории и практики
marry - v. (smb.) - выйти замуж (за), жениться (на)

MASSACRE - n. - резня, бойня, кровавая расправа, массовое убийство
ethnic massacre - зверское убийство на этнической почве
massacre - v. - устраивать резню, зверски убивать, (спорт.) разгромить

MASTERMIND - n. - выдающийся ум, руководитель, вдохновитель
mastermind - v. - управлять, руководить (особ. тайно); разработать (план, идею)
he masterminded the whole deal - он - организатор всей этой сделки

MATCH - n. - ровня, пара; брак, партия (в браке); матч, состязание
he met his match - он встретил достойного/себе равного противника; нашла коса на камень
he has no match - ему нет равного
to be a good/bad match - (не)подходить, (не)сочетаться, (не)гармонировать
they are a good match - они хорошая пара/они подходят друг другу
to make a match - жениться, выйти замуж
a test match - отборочные соревнования
match - v. - соответствовать, гармонировать, сочетать(ся); согласовывать, приводить в соот-

ветствие; женить, выдавать замуж; состязаться

his looks match his character - его внешность/облик соответствует его характеру

these colours don't match - эти цвета плохо сочетаются, не гармонируют

to match strength with/against smb. - помериться с кем-л. силами

to match their shorter range systems - иметь паритет по системам меньшей дальности

MATE - n. - товарищ (по работе), напарник, напарница; приятель,; супруг, супруга; помощник; ровня, пара, парная вещь

a school mate/ workmate/ roommate/ teammate - товарищ школьный/товарищ по работе/ по комнате; (*мн.ч.*) игроки одной команды

I've lost the mate of this glove - я потеряла вторую перчатку

MATTER - n. - вещество, материал; содержание (книги); сущность, предмет (обсуждения); дело; вопрос; повод, причина

there is not much reading matter in this weekly - в этом еженедельнике почти нечего читать

form and matter - форма и содержание

the essence of the matter - суть/ существо вопроса

subject matter/matter of substance - предмет, суть

a matter of dispute - предмет спора

to provide matter for discussion - дать тему для обсуждения

a matter of honour - дело чести

business matters - дела, деловые вопросы

on/in matters of economics - по вопросам/в вопросах экономики

to attend to the matter - заниматься делом/вопросом

to rule on matters of ... - вынести решение по вопросу ...

a small matter - пустяки

that is (quite) another matter - это (совсем) другое дело

a matter of common interest to smb. - вопрос, представляющий (общий) интерес для кого-л.

it's a matter of opinion - это спорный вопрос

a matter of principle - принципиальный вопрос

it's a matter of common knowledge that ... - общеизвестно, что ...

for that matter - в сущности, коли на то пошло

as matters stand - при существующем положении дел

it is not a matter of words, but rather of substance - дело не в словах/в формулировках, а в существе/сути

the matter is that ... - дело в том, что ...

the crux of the matter is that ... - суть дела в том, что ...,

there is no matter for complaint - нет повода жаловаться

as a matter of fact - фактически, на самом деле, по правде (сказать), собственно (говоря)

matter - v. - иметь значение

it matters a good deal to me - для меня это очень важно

it doesn't matter - это не имеет значения, это не существенно, ничего, неважно

the only thing that matters - единственное, что имеет значение

MEASURE - n. - мера; система измерений; размер; степень, предел

partial/extensive measures - частичные/широкие меры

a legitimate measure - законная мера

to take smb's measure - снимать мерку с кого-л., присматриваться к кому-л., распознать, раскусить кого-л.

to have a suit made to measure/to order - сшить костюм на заказ

to take/to adopt drastic/resolute/ extreme/ intrusive/ severe/proper/ coercive/retaliatory/ punitive measures - принимать крутые/ решительные/ крайние/ настойчивые/ строгие/ надлежащие/ принудительные/ответные/ карательные меры

confidence-building measures - меры укрепления доверия

verifiable measures - меры, поддающиеся проверке

reciprocal/counter measures - ответные меры

austerity measures - меры жесткой экономии

in some measure - в какой-то мере, до известной степени, отчасти

in a great/large measure - в значительной/большой степени; очень; чрезвычайно

a new measure of respect - бо́льшая степень уважения

they reached a wide measure of agreement - они достигли значительного согласия

measure - v. - измерять, снимать мерку; оценивать, определять (характер и т.п.); иметь размер; померяться; соразмерить

to measure the gravity of the situation - оценить/определить серьезность положения

to measure one's strength with smb. - померяться силами с кем-л.

measured - adj. - измеренный; взвешенный, обдуманный; осторожный, осмотрительный; сдержанный, размеренный

to speak in measured tones - говорить сдержанно/ровным тоном

MEDIATE - v. - посредничать; добиться чего-л. при помощи посредничества; содействовать соглашению; быть связующим звеном

to mediate the dispute - быть посредником в споре/конфликте

mediation - n. - посредничество; ходатайство; вмешательство с целью примирения

through smb's mediation - благодаря/с помощью чьего-л. посредничества

mediator - n. - посредник, примиритель

MEMBER - n. (full, full-fledged/ permanent/ original/rank-and-file/one-time) - член (полноправный, действительный/постоянный/ первоначальный/рядовой/ бывший)

MPs (Members of Parliament) - члены парламента

members of the press - представители прессы

a member state (of the UN) - государство-член (ООН)

member-countries - страны-участницы

<u>**membership**</u> - **n.** - членство, членский состав

a membership fee/dues - членский взнос/взносы

membership in the Security Council (UN) - членство в Совете Безопасности (ООН)

the OCSE (the Organization for Cooperation and Security in Europe) membership - членство в ОБСЕ (Организации по безопасности и сотрудничеству в Европе)

to apply for membership - обратиться с просьбой о вступлении

application for membership - заявление/ просьба о вступлении

to enlarge membership - увеличить членский состав/расширить (организацию)

to expel from membership - исключить из членов (организации)

MEMORY - **n.** - память, способность запоминать, воспоминание; посмертная слава/репутация

everlasting memories - неувядаемые воспоминания

lapses/loss of memory - провалы/потеря памяти

to keep/to have/to bear in memory - помнить/запоминать/держать в памяти

to commit to memory - запоминать, заучивать наизусть

to escape/to slip/to go out of/to fade from one's memory - забываться; ускользать из чьей-л. памяти

to stick in one's memory - врезаться в память, запечатлеться, запомниться

to leave a sad memory behind - оставить по себе недобрую славу

if my memory serves me right/if my memory does not fail me - если память мне не изменяет

to the best of my memory - насколько я помню

within the memory of living men - на памяти всех живущих на земле

<u>**memorable**</u> - **adj.** - незабываемый, незабвенный, (досто)памятный

<u>**memorize**</u> - **v.** - запоминать, заучивать наизусть; увековечивать, записывать в анналы

MENACE - **n.** - угроза, опасность

a menace to world peace - угроза всеобщему миру

a menace of war - угроза/опасность войны

to reduce the menace - уменьшить опасность

Syn. **a threat to smth./smb., danger for smth./smb.**

Син. угроза чему-л./кому-л., опасность для чего-л./ для кого-л.

<u>**menace**</u> - **v.** - угрожать, грозить

Syn. **to threaten/to imperil/to endanger/to jeopardize**

to menace war - угрожать войной

a nation menaced by war - страна, которой угрожают войной

menacing - **adj.** - грозный, угрожающий

in a menacing tone - угрожающим/грозным тоном

MERCENARY - **n.** - наемный солдат, наемник

mercenary - **adj.** - корыстный, торгашеский; наемный

a mercenary army - наемные войска

mercenary politicians - корыстные/продажные политиканы

MESSAGE - **n.** - сообщение, донесение, письмо, послание; поручение; предсказание; идея; мысли, взгляды (писателя)

a telephoned/telegraph/wireless message - телефонограмма/телеграмма/радиограмма

to send a message of greetings/ sympathy/ condolences – послать/ отправить послание с поздравлением/ с выражением сочувствия/соболезнования

to convey a message - передать послание

to deliver a message - доставить сообщение/донесение; вручить ноту/ записку и т.п.; передать сообщение

to leave a message - просить/поручить передать сообщение

did he leave any message? - он просил что-нибудь передать?

to get one's message - получить чье-л. послание; понять чью-л. мысль/то, что было сказано

to get the message across - довести до сведения мысль/ идею

to drive/to bring home the main message - довести до сведения главную идею/мысль

the purpose of the conference is to send a message that ... - цель конференции - довести до сведения (общественности), что ...

the message of the book - идея книги

the State of the Union Message - *(ам.)* ежегодное послание президента конгрессу "О положении в стране"

a final message - *(ам.)* прощальное послание президента конгрессу (по истечении срока его полномочий)

to go on a message/to run messages - отправиться с поручением/исполнять поручения, быть на посылках

MILESTONE - **n.** - веха; камень с указанием расстояния в милях

a recognized milestone in strengthening security - признанный рубеж/веха в укреплении безопасности

MILITANT - **n.** - боец, воюющая сторона, активист, борец

militant - **adj.** (vanguard/posture/solidarity) - воинствующий, воинственный; активный, боевой (авангард/позиция/солидарность)

MILLENNIUM - **n.** (*pl.* millennia) - тысячелетие, тысячелетняя годовщина; *(рел.)* тысячелетнее царство Христа; *(перен.)* золотой век

millennial - **adj.** - тысячелетний

MIND - **n.** - разум, ум, умственные способности, интеллект; рассудок; память; состояние духа; откровенное мнение, взгляд; намерение

presence of mind - присутствие духа

the great minds of our age - великие умы нашего времени

absentmindedness - забывчивость, рассеянность

in a good/bad state/frame of mind - в хорошем/плохом настроении/расположении

to bear/to keep in mind - помнить, запоминать; иметь в виду

to bring to mind - напоминать

to slip one's mind - выскочить из головы

to speak one's mind (out) - откровенно высказываться

to keep an open mind on smth. - сохранять объективность в подходе к какому-л. вопросу

meeting of minds - соглашение, согласие

to have half a mind to do smth. - быть не прочь/быть склонным что-л. сделать

to be in/of two minds - быть/находиться в нерешительности

to set one's mind on smth. - очень хотеть чего-л., поставить себе какую-л. цель

in the mind's eye - в воображении

so many men, so many minds - сколько голов, столько умов

MIRE - n. - трясина, болото; грязь, слякоть

to find oneself/to stick/to be in the mire - оказаться в затруднительном положении, попасть в беду, сесть в лужу

to drag smb. through the mire - облить кого-л. грязью/опозорить кого-л.

<u>mire</u> - **v.** - завязнуть в грязи/в трясине, замарать, забрызгать грязью, чернить

MISCARRIAGE - n. - неудача, ошибка; недоставка по адресу; *(мед.)* выкидыш

miscarriage of justice - судебная ошибка

MISCONCEPTION - n. - неправильное понимание; недоразумение; неправильное представление

to clear up misconception - устранить недоразумение

MISGIVING - n. - опасение, дурное предчувствие

it caused him no misgiving - это не вызвало у него опасений/беспокойства

I had a misgiving that ... - у меня было предчувствие, что ...

MISPLACE - v. - положить/поставить не на место

to misplace one's confidence/ trust - ошибочно довериться кому-л.

<u>misplaced</u> - **adj.** - поставленный или положенный не на место; неуместный, несвоевременный

misplaced/displaced people - перемещенные лица

misplaced punctuation - неправильно расставленная пунктуация

MISS - n. - промах, осечка; неудача; отсутствие, потеря

(a) hit or (a) miss - удача или промах

a miss is as good as a mile - чуть-чуть не считается

miss - v. - промахнуться, промазать, не попасть в цель; потерпеть неудачу; пропустить, пройти мимо; не явиться; опоздать; недоставать, пропадать; скучать

to miss the train/the bus - опоздать на поезд/на автобус

to miss one's/the mark - не достичь цели, не соответствовать/ не отвечать требованиям

to miss the whole point of the argument - не понять всю суть спора

to miss classes - пропускать занятия

to miss smb. terribly - страшно скучать по кому-л.

the first and the last pages are missing - отсутствуют первая и последняя страницы

missing servicemen - военнослужащие, пропавшие без вести

MISSILE - n. - реактивный снаряд, ракета

an intercontinental ballistic missile (ICBM) - межконтинентальная баллистическая ракета (МБР)

a guided missile - управляемая ракета

a cruise missile carrier - носитель крылатых ракет

a medium-range missile - ракета средней дальности

an intermediate-range missile/an INF missile (an intermediate-range nuclear forces missile) - ракета промежуточной дальности

a short-range (tactical) missile - (тактическая) ракета малой дальности

a long-range (strategic) missile - ракета большой дальности (стратегическая)

a MIRV missile/a multiple independently targetable re-entry vehicle) - ракета с разделяющимися боеголовками индивидуального наведения

a surface-to-air missile (SAM) (air-to-surface) - ракета класса "земля-воздух" ("воздух-земля")

an offensive/defensive missile - наступательная/оборонительная ракета

ABM System (an antiballistic missile system) - система противоракетной обороны (ПРО)

missile capability - ракетный потенциал, ракетная мощь

a missile gap - отставание в ракетной технологии

to launch/to stockpile/to deploy, to station, to site, to position, to place, to house, to base/to withdraw missiles - запустить/накапливать/размещать/выводить ракеты

MISSION - n. - миссия, делегация, постоянное дипломатическое представительство; призвание, предназначение; поручение; командировка

a goodwill mission - миссия доброй воли

a good offices mission - (дип.) миссия добрых услуг

a reconnaissance mission - разведывательное задание

a bombing mission - боевой вылет (с огневой задачей)

to go on a mission - отправиться с миссией в составе делегации; поехать в командировку
to be sent on a mission - быть посланным с поручением/в командировку/с миссией

MISUSE - n. - неправильное употребление/ применение; дурное обращение; злоупотребление
a misuse of the word - неправильное употребление (этого) слова
misuse of authority/confidence/ privileges - злоупотребление властью/ доверием/привилегиями

MOMENTUM - n. - импульс; движущаяся сила; толчок, порыв; темп; инициатива
to gather/to gain momentum - набирать силу; наращивать скорость/темп
to maintain/to keep up/to sustain the momentum - сохранять импульс/инициативу
to lose the momentum - потерять инициативу/темп
momentous - adj. - важный, имеющий важное значение; серьезный
on this momentous occasion - в этот торжественный момент, по случаю этого торжественного события

MONEY - n. - деньги
ready, cash/counterfeit, bad/ hard/ easy money - наличные/ фальшивые деньги/ *(ам., разг.)* звонкая монета/легкий заработок

to make money - зарабатывать деньги, разбогатеть, составить состояние
to coin money - быстро богатеть, быстро наживаться
to be in the money - быть в выигрыше; быть богатым, преуспевать
to be worth money - стоить (больших) денег
to come into money - получить большое наследство
to get one's money worth - получить сполна за свои деньги, не прогадать
it is a bargain for the money - это дешево/выгодно, это хорошая/выгодная покупка
there is money in it - это выгодное дело
to put up the money for smth. - финансировать, вкладывать деньги во что-л.
control over money supply - контроль за денежной эмиссией/за денежной массой (в обращении)
(pl.) moneys (monies) - монетная система валюты; денежные суммы
money makes money - деньги к деньгам
money-maker - n. - накопитель, стяжатель; выгодное/прибыльное дело
the biggest money-maker - преуспевающий человек
monetary - adj. - денежный, монетный, монетарный
monetary allowance - денежное довольствие

MONITOR - n. - монитор; староста (класса); советник, наставник, наблюдатель
monitor - v. - наставлять, советовать; контролировать; проверять, следить, наблюдать за чем-л.
to monitor the situation - контролировать ситуацию, наблюдать за ситуацией
monitoring - n. - мониторинг, контроль, наблюдение

MOTIVATE -v. - побуждать, мотивировать; объяснять
to be politically motivated - быть вызванным политическими соображениями
motivation - n. - побуждение, мотивировка; изложение мотивов, мотивация; стимулирование; поощрение
motive - n. - повод, мотив, побуждение; причина
to act from some motive(s) - действовать из каких-л. побуждений
to have a motive in doing smth. - иметь повод/причину/ основание делать что-л.
motive - v. - побуждать; служить мотивом или причиной; мотивировать
motive - adj. - движущий, побудительный

MOUNTING - adj. (profits/prices, etc.) - повышающийся, возрастающий, растущий (доход, цены и т.п.)
mounting political struggle/ public discontent/ inflation/threat to peace - обостряющаяся политическая борьба/ все возрастающее недовольство общественности/ растущая инфляция/ возрастающая угроза миру

MOVE - n. - движение, перемена положения/места; ход; поступок, шаг
to be constantly on the move - быть постоянно в движении/на ногах, вести активный образ жизни
to make a move - прийти в движение, сдвинуться, тронуться с места, отправляться; сделать ход, начать действовать
move - v. - двигать, передвигать, перемещать; двигать(ся), делать ход, действовать, принимать меры; приводить в движение; развиваться (о событиях); трогать, волновать; вносить (предложение, резолюцию)
to move to a new house - переезжать в новый дом

MUSCLE - n. - мускул, мышца; сила
military muscle - военная сила
to have muscle - быть сильным
to provide the muscle - предоставить силу
man of muscle - силач
not to move a muscle - не шевельнуть ни одним мускулом, не повести бровью, не моргнуть (глазом)
muscle - v. (in) - вторгаться, врываться силой
to muscle on smth. - ввязаться во что-л.

N

NARROW - adj. - узкий, тесный; ограниченный; незначительный; тщательный; скаредный

in the narrowest sense - в самом узком смысле

narrow-minded - ограниченный; недалекий (человек)

a narrow majority - незначительное большинство, небольшой перевес голосов

a narrow victory - победа с небольшим преимущество/счетом и т.п.

to have a narrow escape - быть на волосок от смерти; чудом избежать гибели

to have a narrow examination - провести тщательное обследование

to be narrow with one's money - неохотно расставаться с деньгами

narrowly - adv. - подробно, пристально; чуть, еле-еле

to watch smb. narrowly - внимательно/строго следить за кем-л.

to look narrowly into the case - подробно/тщательно расследовать дело

he was narrowly defeated - он потерпел поражение, не добрав незначительное количество голосов

he narrowly escaped defeat - он едва избежал поражения/чуть-чуть не проиграл/еле-еле, с трудом одержал победу

NATION - n. - народ, нация, народность; страна, государство

the most favored trade nation status - страна, пользующаяся статусом наибольшего благоприятствования в торговле

nation-wide - adj. - общенациональный, общенародный; всенародный, проходящий по всей стране

national - adj. - национальный, государственный, всенародный

national - n. - гражданин, подданный (какого-л.) государства; *(мн.ч.)* сограждане, соотечественники

French nationals - французские граждане

nationality - n. - национальность, национальная принадлежность, гражданство, подданство; нация, народ; национальный характер/черты/чувства

rights to a nationality - право на гражданство

option of nationality - выбор гражданства

NEED - n. - надобность, нужда, *(мн.ч.)* потребности, запросы; бедность, нищета, недостаток; беда

an imperative/urgent need - настоятельная необходимость

if need be (were) - в случае нужды/необходимости

to meet the needs - удовлетворять потребности

daily needs - повседневные нужды

spiritual needs - духовные запросы

to live/to be in need - нуждаться, жить в нищете

for need of smth. - из-за недостатка; вследствие отсутствия чего-л.

he failed her in her need - он оставил ее в беде

NEGLIGENCE - n. - небрежность, нерадивость; невнимание; неряшливость; неосмотрительность, халатность, равнодушие, пренебрежительное отношение

gross negligence - крайняя небрежность

negligence of the tragic situation - пренебрежение трагическим положением

to be due to negligence - произойти по недосмотру

negligence in dress - неряшливость в одежде

negligent - adj. - небрежный, беспечный; нерадивый, невнимательный

a negligent attitude - халатное отношение

negligent of one's duties - пренебрегающий своими обязанностями

negligent in one's work - нерадивый, халатно/безответственно относящийся к работе

NEGOTIATE - v. - вести переговоры, обсуждать условия

to negotiate for peace/truce/ceasefire/a safe passage/ terms of peace - вести переговоры о мире/перемирии/прекращении огня/безопасном коридоре/условиях мира

to reach a negotiated settlement - достичь урегулирования путем переговоров

negotiation(s) - n. - переговоры, обсуждение условий

tough negotiations - жесткие переговоры

give-and-take negotiations - переговоры, основанные на компромиссе/на взаимных уступках

to agree to negotiations - пойти на переговоры

to enter into negotiations with smb. for smth. - вступить в переговоры с кем-л. о чем-л.

to be in/to hold negotiations - вести переговоры

to ease the way to negotiations - облегчить путь к переговорам

to stall/to delay/to slow down negotiations - тормозить/затягивать/замедлять темп переговоров

to interrupt, to break off/to resume negotiations - прервать/возобновить переговоры

to settle problems by/by means of/through negotiations - решать проблемы путем переговоров

to fail in one's negotiations - потерпеть неудачу в переговорах

negotiations ended in/resulted in smth. - переговоры закончились чем-л.

a participant in negotiations - участник переговоров

negotiator - n. - лицо, ведущее переговоры; представитель/член делегации на переговорах

chief negotiator - глава делегации на переговорах

NEWS - n. - новость, новости, известие, весть, сообщение

an interesting piece of news - интересная новость

to break the news to smb. - сообщить кому-л. весть/новость

that's news to me - первый раз это слышу

news media - средства информации

news coverage - освещение (чего-л.) в печати, сообщения корреспондентов

news release - сообщение для печати, пресс-релиз

news blackout - запрещение передачи и опубликования информации

the latest/current news - последние известия/сообщение о текущих событиях

news in brief - краткая информация о последних событиях (по радио, телевидению или в прессе)

news briefing - брифинг по последним событиям

stop-press news - только что поступившее сообщение

news flash - короткое экстренное сообщение

newsbreak - **n.** - событие, заслуживающее освещения в печати; интересное событие или происшествие

newsmaker - **n.** - *(ам.)* человек, о котором стоит писать (в газете), интересная или известная личность; интересное событие или происшествие

to make the news - быть предметом газетных/ сенсационных сообщений

to be in the news - попасть на страницы газет, оказаться в центре внимания

a news analyst - комментатор последних известий

newscaster - **n.**, **newsreader** - **n.** - диктор/комментатор последних известий

newsperson - **n.** - журналист, журналистка, корреспондент, диктор

newsman - **n.** - газетчик, продавец газет; *(разг.)* репортер, корреспондент

a news agency - телеграфное агентство, агентство печати

newsagent - **n.** - (газетный) киоскер

newsstand - **n.**, **news stall/depot** - газетный киоск

news English - газетный английский язык

news clipping/cutting - газетная вырезка

newsreel - **n.** - хроникальный фильм, кинохроника, киножурнал; (радио и ТВ) обзор текущих событий

no news is good news - отсутствие новостей - хорошая новость

bad news travels quickly, ill news flies fast - худые вести не лежат на месте

NON - **pref.** - не... (приставка)

non-use of force - неприменение силы

non-first-use of nuclear weapons - неприменение ядерного оружия первыми

non-nuclear powers - неядерные державы; державы, не обладающие ядерным оружием

a non-nuclear/a nuclear-free zone - безъядерная зона, зона, свободная от ядерного оружия

a non-aggression treaty/pact - договор о ненападении

non-proliferation/non-spread of nuclear weapons - нераспространение ядерного оружия

NORMAL - n. - нормальное состояние; нормальный/стандартный тип; образец; размер
things are returning to normal/ back to normal - все приходит в нормальное состояние/возвращается к обычной жизни (после войны/ кризиса)
normal - adj. - нормальный, обыкновенный, обычный; стандартный
normally - adv. - обычно, обыкновенно, нормально; стандартно

NOTABLE - n. - выдающийся человек, видный деятель
a group of notables - группа знаменитостей/высокопоставленных лиц
notably - adv. - заметно, значительно; исключительно, особенно, весьма; демонстративно
many representatives were notably absent - бросалось в глаза отсутствие многих представителей

NOTICE - n. - извещение, уведомление; предупреждение; объявление; внимание
a notice of receipt - расписка в получении
at short notice - тотчас же, незамедлительно

NOTIFICATION - n. - извещение, сообщение; предупреждение, нотификация, повестка; объявление; *(дип.)* уведомление
early/ advance, prior/ prompt notification заблаговременное/ предварительное/ незамедлительное уведомление

notify - v. - нотифицировать, извещать, уведомлять; объявлять, доводить до всеобщего сведения
to notify the press of smth. - сделать сообщение для прессы о чем-л.
to be notified of smth. - получить извещение о чем-л.

NUCLEAR - adj. (capability, capacity/ power/ test/ chain reaction/ device/ warhead/ munitions) - ядерный (потенциал/ держава/ испытание/ цепная реакция/ устройство/ боезаряд/ боеприпасы)
a nuclear free/ denuclearized zone - зона, свободная от ядерного оружия; безъядерная зона
to maintain nuclear arsenals - сохранять ядерные арсеналы
to resolve nuclear impasse - выйти из ядерного тупика
transfer of the nuclear button - передача ядерной кнопки
to hand over the control of the nuclear arsenal - передать контроль за ядерным арсеналом
to destroy nuclear stockpiles - уничтожить запасы ядерного оружия
nuclear exchange - применение ядерного оружия обеими воюющими сторонами
nuclear fallout - выпадение радиоактивных осадков
nuclear catastrophe - ядерная катастрофа
to fall victim of a nuclear disaster - стать жертвой ядерной катастрофы
nuke - n. *(slang)* - ядерная бомба, ядерное оружие; атомная электростанция

NUTSHELL - n. - ореховая скорлупа
in a nutshell - кратко, в двух словах, вкратце
to put it in a nutshell - резюмируя все сказанное, короче говоря
the whole thing lies in a nutshell - все это очень просто, как дважды два

O

OATH - n. - клятва, присяга; текст клятвы/присяги
a false oath - ложное показание под присягой
a judicial oath - присяга в суде
an oath of allegiance воинская присяга, присяга на верность
to administer the oath to smb./to put smb. on oath - приводить кого-л. к присяге
to take an oath of office - давать присягу при вступлении в должность
to testify on/under oath - давать показания под присягой
the President's oath of office - присяга президента (страны) при вступлении в должность

OBSERVATION - n. - наблюдение, изучение; обследование; наблюдательность; замечание, высказывание; соблюдение
observation data - данные наблюдения
a man of keen observation - очень наблюдательный человек

observation of laws/an agreement/a treaty - соблюдение законов/соглашения/договора
observe - v. - наблюдать, следить; замечать, обратить внимание, сделать замечание; соблюдать, следовать (чему-л.); отмечать, праздновать
to observe laws/a treaty/ceremonies/common decency/discipline - соблюдать законы/договор/церемониал/приличия/ дисциплину
to observe the anniversary/one's birthday - праздновать годовщину/день рождения

OBSTACLE - n. - препятствие, помеха, преграда
to throw/to put/to set obstacles in smb's way - чинить препятствие кому-л.
to remove obstacles - устранять препятствия
to overcome/to surmount obstacles - преодолевать препятствия

OBSTRUCT - v. - преграждать, создавать препятствия; мешать; заслонять дорогу
to obstruct the traffic - мешать/препятствовать движению
to obstruct a person in the discharge of his duties - мешать кому-л. исполнять свои обязанности
to obstruct the light/the sound - загораживать свет; не пропускать звук
to obstruct (the passage of) a bill - препятствовать прохождению законопроекта
obstruction - n. - препятствие, затруднение, помеха, заграждение; *(парл.)* обструкция

policy of obstruction - политика препятствий и помех, обструкционистская политика

obstruction to Congress - обструкция конгрессу

traffic obstruction - помеха в уличном движении

obstruction in the throat - комок в горле

obstructionism - **n.** - обструкционизм

OCCASION - **n.** - случай, (важное) событие, возможность; повод, обстоятельство

on occasion(s) - при случае, иногда, время от времени

on the occasion of ... - по поводу/случаю (какого-л. события)

to profit by the occasion - воспользоваться случаем

there is no occasion for alarm - нет оснований для беспокойства

on all occasions - во всяком случае, во всех случаях

to rise to the occasion - быть на высоте положения, вести себя достойно (ситуации)

occasional - **adj.** - случающийся время от времени, иногда; нерегулярный; редкий, случайный; приуроченный к определенному событию; подсобный, запасной, дополнительный

an occasional visitor - случайный посетитель

she pays me an occasional visit - она иногда заходит ко мне

the cabinet has occasional meetings to deal with urgent matters - кабинет проводит специальные заседания для решения срочных вопросов

ODD - **adj.** - нечетный; непарный; превышающий (круглое число), немногим больш́ий; лишний, избыточный; разрозненный; случайный; странный

odd houses - дома́ с нечетными номерами

odd months - месяцы, имеющие 31 день

an odd man out - третий лишний, "белая ворона"

an odd job - случайная работа

five pounds odd - пять фунтов с лишним

an odd couple - странная парочка

there are no odd funds - нет дополнительных средств

odds - **n.** - шансы, возможность; перевес, превосходство; разногласия

the odds are ten-to-one - шансы 10 против 1

heavy odds were against him - у него было мало шансов (на успех)

long/short odds - неравные/почти равные шансы

against (all) the odds - несмотря ни на что

by all odds - по всей вероятности

against heavy odds - в исключительно неблагоприятных условиях; против значительно превосходящих сил

to win the election by considerable odds - одержать победу на выборах с большим перевесом

the odds are against us - обстоятельства не в нашу пользу/против нас

to be at odds - иметь разногласия, быть в ссоре/не в ладах

to make odds even - устранить различия/разницу, уравнять шансы

over the odds - слишком много, с избытком

OFFENCE - **n.** *(Am.)* **offense** - нарушение (чего-л.), проступок, *(юр.)* правонарушение, преступление; обида, оскорбление; наступление, нападение

offence against the law - нарушение закона, правонарушение

criminal offence - уголовное преступление

without offence - не в обиду будь сказано

to cause/to give offence to smb. - наносить обиду кому-л.

to take offence at smb./smth. - обижаться на кого-л./что-л.

no offence meant - не хотел (вас) обидеть

no offence taken - (я) не обиделся

offend - **v.** - обижать, оскорблять; вызывать раздражение/отвращение/ боль; действовать на нервы; нарушать (обычай, закон, благопристойность); совершать проступок/преступление

to be offended by smb's words/ remarks/behaviour - обижаться на чьи-л. слова/замечание/поведение

it offends my ears to hear that - мне больно это слышать

offender - **n.** - обидчик, нарушитель, преступник

an adult/juvenile, young offender - совершеннолетний/малолетний преступник

an old/second/subsequent offender - рецидивист

an offender by accident - преступник без злого умысла, случайный преступник (совершивший преступление без умысла/ непреднамеренно)

an offender of human rights - нарушитель прав человека

offensive - **adj.** - обидный, оскорбительный; неприятный, отвратительный; наступательный

an offensive remark/conduct - оскорбительное замечание/поведение

offensive language - оскорбления

an offensive sight/smell/ sound - отвратительное зрелище/запах/ звук

an offensive television commercial - низкопробная телевизионная реклама; рекламная/ коммерческая передача

offensive war/weapons - наступательная война/оружие

OFFER - **n. (of support/money/ help)** - предложение (поддержки/денег/помощи)

to keep the offer open - оставить предложение в силе

I'm open to an offer - я готов рассмотреть предложение

offer - **v. (help/a plan/tickets/ smth. for sale/a price/ an opinion/an apology)** - предлагать (помощь/план/билеты/что-л. на продажу/цену); выражать (мнение)/приносить (извинения)

to offer a helping hand - протянуть руку помощи

to offer an opportunity - дать возможность

OFFICE - n. - служба, место, должность, пост; контора, офис, канцелярия, кабинет, фирма; министерство, управление, отдел, бюро

to come into/to get into/to take/to enter office - занять пост, вступить в должность

to be in/to hold office - занимать пост, находиться в должности

to leave/to resign/to vacate office - оставить пост/уйти в отставку/освободить пост

to be removed from office - быть отстраненным от службы/снятым с поста

office hours - время работы, приемные часы

good offices - *(дип.)* добрые услуги, посредничество; влияние

ill office - плохая/"медвежья" услуга

fat office - доходное место

officer - n. - чиновник, должностное лицо, служащий, сотрудник (учреждения); офицер

an executive officer - управляющий делами, служащий исполнительных органов власти

an officer of the court - служащий суда, судебный исполнитель

official - n. - должностное лицо, чиновник, служащий

a senior/high ranking official - высокое должностное лицо

OFFING - n. - взморье; море, видимое от берега до горизонта

in the offing - невдалеке, в недалеком будущем

to gain/to get/to take an offing - получить возможность

to make an offing - дать возможность

OIL - n. - масло, нефть, бензин, смазочный материал; *(мн.ч.)* масляная краска; картина, написанная маслом

crude oil - сырая, неочищенная нефть

to refine oil - очищать нефть

to strike oil - найти нефть, внезапно разбогатеть

oil and vinegar - глубокие/непримиримые противоречия

to pour oil on the flames/fire - подливать масла в огонь

to pour oil on (the) (troubled) waters - успокаивать волнение, умиротворять

to burn (the) midnight oil - работать по ночам, поздно засиживаться за работой

oil - v. - смазывать

to oil the wheels - дать взятку, "подмазать", уладить дело

to oil a palm/smb's fist/hand - дать взятку, "подмазать"

to oil smb's tongue - льстить

OLD - adj. - старый, старческий; поношенный, старинный, древний; бывший, опытный

old bones - *(шутл.)* старость

the old country - родина, отечество

Old Glory - государственный флаг США

O.G. (old guard) - *(ам.)* правое, консервативное крыло республиканской партии, "старая гвардия", влиятельная группа людей

G.O.P. (Grand Old Party) - *(ам.)* республиканская партия

old-hat - хорошо знакомый, старый, устаревший

(the) old school - консерваторы, приверженцы старых идей и традиций

ON-LINE/ONLINE - **adj.** – *(вчт.)* интерактивный

an on-line data base - интерактивная база данных

an Online Community - интерактивное общество

online images - интерактивные картинки, иконки

an online colloquy - интерактивный разговор, интерактивное обсуждение

a live online chat - прямой интерактивный чат (беседа)

to join/to license online music - присоединиться/получить разрешение на вход в интернет слушать музыку

online grade books tell parents what happened in the classroom ... including each homework assignment - в интернете электронные дневники сообщают родителям, что произошло в классе, ... включая каждое домашнее задание

to ban online around the clock - запретить круглосуточную интерактивную передачу

ONSLAUGHT - **n.** - стремительная атака, натиск, нападение

onslaught of national liberation struggle - порыв национально-освободительной борьбы

to make an onslaught on smb./smth. - яростно нападать, совершать нападение на кого-л./что-л.

ONUS - **n.** - бремя, ответственность, обязанность; вина, ответственность за содеянное

onus probandi (Latin) - *(юр.)* бремя доказательств

the onus of proof rests with you - твое дело представить доказательства

OPINION - **n.** - мнение, взгляд, убеждение; оценка

world public opinion - мировое общественное мнение

public opinion shift - изменение/сдвиг в общественном мнении

to defy public opinion - бросать вызов общественному мнению

public opinion poll - опрос общественного мнения

a horseback opinion - непродуманное/наспех высказанное мнение

an extreme right opinion - мнение крайне правого толка

a unanimous opinion - единодушное мнение

in my opinion/my opinion is... - по моему мнению, на мой взгляд

a matter of opinion - спорный вопрос

opinions differ - о вкусах не спорят

to be of opinion that... - полагать, что...

I am entirely of your opinion - я полностью придерживаюсь вашего мнения, я полностью согласен с вами

OPPORTUNE - **adj. (moment/time/ act/remark)** - подходящий, благоприятный (момент/время), своевременный, уместный (шаг/ замечание)

opportunity - n. - удобный случай, благоприятная возможность

ample opportunity - широкие возможности

equality of opportunity - равные шансы

at the first/the earliest opportunity - при первой возможности

to provide smb. with an opportunity - предоставить кому-л. возможность

to take/to seize/to avail oneself of/to exploit an opportunity - воспользоваться возможностью/ случаем

to lose/to miss an opportunity; to let the opportunity slip - упустить возможность

OPPOSE - v. - противиться, сопротивляться, быть против; бороться, противостоять; препятствовать, противодействовать; возражать; противопоставлять; быть в оппозиции

to oppose the passage of a bill - противодействовать принятию законопроекта

to oppose a resolution - отклонять резолюцию, выступать против резолюции

to oppose force with reason - противопоставлять разум силе

to be vigorously opposed to smth. - решительно возражать против чего-л., противодействовать чему-л.; находиться в оппозиции

opposing - adj. - противостоящий, противящийся, противоположный

opposing military alignments - противостоящие друг другу военные группировки

opposition - n. - сопротивление, противодействие, возражение; противоположность; оппозиция

stiff/disunited opposition - жесткая/разобщенная оппозиция

to meet with opposition - встретить противодействие

they found themselves in opposition to each other - они оказались противниками

the Opposition benches - члены оппозиции в парламенте Великобритании

Her/His Majesty's O. - главная оппозиционная партия в английском парламенте

OPT - v. - **(for)** выбирать, делать выбор, предпочитать

opt in - v. - присоединиться к чему-л., высказаться в пользу чего-л.

opt out - v. - отказаться от участия в чем-л., устраниться/выйти из игры

to opt out of the treaty - выйти из договора

option - n. - выбор, право выбора или замены; предмет выбора

the best option available - наилучший выбор

a "zero option" - нулевое решение

at the option of smb. - по выбору/усмотрению кого-л.

to take up the option - сделать выбор

to leave to smb's option - оставлять на чье-л. усмотрение

to keep/to leave one's option open - не торопиться с решением/выбором

<u>optional</u> - adj. (subject/attendance/provision/ contributions) - необязательный, факультативный [предмет (изучения)/ посещение/ положение (договора/устава), добровольные (взносы)]

ORDEAL - n. - тяжелое испытание

to go through a terrible ordeal - пройти через тяжелое испытание

ORDER - n. - порядок, последовательность; исправность, хорошее состояние; строй; порядок ведения (собрания); приказ; ордер; вексель, чек; заказ

order of priority/precedence - порядок очередности, первоочередность

in good/working/running order - в исправности, в годном/рабочем состоянии

out of order - неисправный

to put/to set in order - приводить в порядок

public order - общественный порядок

to keep/to maintain/to preserve/ to restore/to establish peace and order - соблюдать/ поддерживать/сохранять/восстанавливать/ устанавливать мир и порядок

social order - общественный строй

breach of order - нарушение порядка/регламента/процедуры ведения собрания

standing orders - *(парл.)* правила, остающиеся в силе в течение нескольких сессий; постоянный порядок

the order of the day, order of business - повестка дня собрания, порядок ведения собрания

on a point of order - по процедуре, согласно правилам процедуры/регламенту

to rise to a point of order - взять слово по процедуре, по порядку ведения (собрания)

to call a meeting to order - *(ам.)* открыть собрание

his question/request is quite in order - его вопрос/ просьба вполне правомерен(~на)

criticism is not out of order - критические замечания допускаются

a new world order - новый мировой порядок

banker's order - платежное поручение банка

(Am.) **money order/** *(Br.)* **postal order** - денежный перевод

Order of Merit - орден "За заслуги"

a large order - трудное дело

a tall order - трудная задача, чрезмерное требование

on the order of - примерно, порядка

his income is on the order of $40,000 a year - у него доход порядка сорока тысяч долларов в год

in short order - быстро, немедленно

OSTENSIBLE - adj. (reason, motive) - служащий предлогом, показной, мнимый (повод, мотив, причина)

<u>ostensibly</u> - adv. - якобы, по-видимому

the plane was ostensibly on a spy mission - самолет якобы выполнял разведывательное задание

OUST - v. - выгонять, вытеснять; свергать, устранять; лишать; *(юр.)* выселять
to oust smb. from office - снять/вынудить кого-л. уйти с поста
to oust the president - свергнуть президента
we must be careful that quantity does not oust quality - мы должны следить за тем, чтобы увеличение количества не отразилось на качестве
ouster - n. - *(юр.)* лишение владения, выселение; увольнение в отставку; снятие с должности

OUTBURST - n. - взрыв, вспышка; выброс; мятеж, бунт, беспорядки, волнения
public outburst - возмущение общественности
an outburst of anger/indignation/ laughter - взрыв гнева/негодования/хохота
an outburst of loyalty - порыв преданности

OUTCRY - n. - громкий крик, крик отчаяния; гневный протест
public outcry - протест общественности
outcry - v. - громко кричать, перекричать

OUTGOER - n. - выходящий; человек, выходящий в отставку; арендатор, отказывающийся от дальнейшей аренды
outgoing - n. - уход, отъезд; истечение; *(мн.ч.)* издержки, расходы

outgoing - adj. - уходящий, отъезжающий, отбывающий; исходящий; отзывчивый, общительный
an outgoing ship/tenant/person/ mail/personality/ president - отплывающий корабль/съезжающий квартирант/уходящий в отставку/исходящая корреспонденция/уживчивый человек/президент, покидающий свой пост; предыдущий слагающий свои обязанности председатель

OUTLOOK - n. - вид, перспектива; виды на будущее, точка зрения, взгляд, мировоззрение; неослабное наблюдение, бдительность
the outlook is more promising - более обнадеживающая перспектива
a cheerful outlook on life - оптимистический взгляд на жизнь
to be on the outlook - быть настороже/начеку

OUTNUMBER - v. - превосходить численно
they outnumbered us three to one - их было втрое больше, чем нас
to be outnumbered - оказаться в меньшинстве

OUTPUT - n. - продукция, выпуск, выработка; производительность, мощность
gross agricultural output - валовой объем сельскохозяйственной продукции
per capita/per head output - выпуск продукции на душу населения

a fall in output - падение производительности

to increase the output - повысить производительность, увеличить выпуск продукции

output- v. (output) - производить, выпускать; (вчт.) выводить (данные)

OUTRAGE - n. - грубое нарушение (закона или чьих-л. прав); поругание, оскорбление; насилие; (разг.) возмутительный случай; возмущение

an act of outrage - акт грубого произвола

an outrage against morals - вызов общественной морали

an outrage on/upon/against humanity - преступление против человечности

an outrage upon justice - вопиющее беззаконие

outrages and assassinations - насилие и убийства

outrage - v. - преступать закон, нарушать правила/принципы и т.п.; оскорблять, надругаться

to outrage all decency - преступать все границы приличия

to outrage public opinion - бросить вызов общественному мнению

to be outraged - возмущаться

outrageous - adj. - возмутительный, оскорбительный; чрезмерный, крайний

an outrageous treatment/price - бесчеловечное обращение (с кем-л.)/безумная цена

OUTSPEAK - v. (outspoke, outspoken) - высказывать(ся) прямо/смело/откровенно; говорить выразительнее/лучше или громче кого-л.

outspoken - adj. - искренний, прямой (о человеке), откровенный, чистосердечный

outspoken displeasure - откровенное недовольство

to be outspoken - высказываться прямо и откровенно

OUTSTANDING - adj. - выдающийся, знаменитый; выступающий (над чем-л.); неуплаченный, просроченный, невыполненный; неразрешенный, спорный

an outstanding man/figure - выдающийся человек/деятель

an outstanding question/bill/claim - нерешенный вопрос/просроченный, неоплаченный счет/ неудовлетворенная претензия

OUTVOTE - v. - иметь перевес в голосах; забаллотировать

to be outvoted - оказаться в меньшинстве, набрать меньшее количество голосов

out-voter - n. - избиратель, не проживающий в данном избирательном округе

OVERALL - adj. - полный, общий; от начала до конца; всеобъемлющий, всеохватывающий

an overall comprehensive approach to smth. - общий комплексный подход к чему-л.

an overall planning/ estimate/ settlement - генеральное планирование/ общая смета/ общее полное урегулирование

OVERHAUL - n. - тщательный осмотр; капитальный ремонт; производство ревизии

overhaul - **v.** - тщательно проверять, осматривать; разбирать; капитально ремонтировать, реконструировать; ревизовать; догонять

to overhaul the state of business/ of accounts - произвести ревизию фирмы/бухгалтерии

to overhaul a vessel/a competitor - догнать судно/соперника

OVERKILL - **n.** - убийство, большие разрушения; чрезмерный отстрел (животных); *(воен.)* многократное уничтожение *(обыкн.* о ядерном оружии); самоуничтожение; перегиб

overkill capability - потенциал многократного уничтожения

overkill - **v.** - многократно уничтожить; быть достаточным для многократного уничтожения (живой силы, техники и т.п.)

OVERLAP - **n.** - перекрывание, наложение; частичное совпадение

overlap - **v.** - заходить один на другой, частично покрывать; перекрывать; частично совпадать

his authority and mine overlap - у нас с ним есть дублирующиеся полномочия

OVERNIGHT - **n.** - предыдущий вечер

overnight - **adj.** - происходивший накануне вечером или ночью; (планируемый) на одну ночь; происшедший внезапно, вдруг, в одночасье

an overnight stop/success - остановка на ночь; мгновенный успех

OVERREACH - **n.** - обман, хитрость; перенапряжение

overreach - **v.** - выходить за пределы, распространяться дальше (чего-л.); перехитрить

to overreach oneself - стремиться к чему-л. и потерпеть неудачу, перестараться; пасть жертвой собственной глупости; зарваться; прикладывать большие усилия к достижению чего-л.

to overreach the mandate - выходить за рамки мандата, превышать полномочия

OVERRIDE - **v. (overrode, overridden)** - отвергать, не принимать во внимание; наезжать, задавить; попирать, топтать; загнать (лошадь)

to override smb's claims/authority - отвергать чьи-л. требования; не признавать чьего-л. авторитета

overriding - **adj.** - важнейший, главный, доминирующий

OVERRULE - **v.** - отвергать, отклонять предложение; аннулировать; брать верх

to overrule a claim/an objection - отвергать требование/возражение

OVERSHADOW - **v.** - бросать тень, затемнять; затмевать; омрачать

to overshadow a festivity - омрачать празднество

OVERSTEP - **v.** - переступать, перешагивать; переходить границы (чего-л.)

to overstep the mandate - выходить за рамки мандата, превышать полномочия

OVERWHELM - v. - преодолевать, подавлять, разбивать; разорять; овладевать, переполнять (о чувстве); потрясать, ошеломлять; затоплять, засыпать, заваливать (работой и т.п.); забрасывать, осыпать (вопросами, похвалой и т.п.)

the enemy were overwhelmed by superior forces - войска противника были смяты превосходящими силами

to be overwhelmed with gratitude - быть переполненным чувством благодарности

to be overwhelmed at smth. - быть потрясенным чем-л.

overwhelming - adj. (capability/wealth/disaster/happiness/majority/force) - непреодолимый, огромный (потенциал), несметное (богатство), огромное (бедствие), безграничное (счастье), подавляющее (большинство), неодолимая (сила)

owing to - благодаря, вследствие, по причине, из-за

OWN - n. - собственность, принадлежность

may I have it for my own? – можно мне взять это насовсем?

on one's own - самостоятельно, независимо, под собственную ответственность, по собственной инициативе

to give smb. his own - отдавать должное кому-л.; воздавать кому-л. по заслугам

to hold one's own - сохранять свое достоинство/самообладание; не уступать, стоять на своем, не слабеть

own - v. - иметь, владеть; признавать своим; признаваться

to own to being wrong - признаться, что был не прав

own - adj. - свой собственный, принадлежащий (кому-л., чему-л.)

owner - n. - собственник, владелец

a joint/right owner - совладелец/законный владелец

ownership - n. - собственность, право собственности

joint/public ownership - общая собственность/ общественная собственность, общенародное достояние

Р

PACE - n. - шаг; скорость, темп; походка; ход

a slow pace of reforms - медленный темп реформ

to keep pace with smb./smth. - идти в ногу с кем-л./чем-л.; не отставать от кого-л./чего-л.

to keep pace with the times - идти в ногу со временем

to set the pace - регулировать скорость, задавать темп/тон

to put on pace - прибавить шагу, идти быстрее

at a snail's pace - черепашьим шагом, очень медленно

to go/to hit the pace - мчаться; прожигать жизнь

to go through one's paces - показать свои способности/возможности/деловые качества; показать себя в деле

PACIFIC - adj. - мирный, миролюбивый; спокойный, тихий
the Pacific Rim countries - страны тихоокеанского региона
a Pacific sloper - *(ам.сл.)* житель тихоокеанского побережья
pacifier - **n.** - *(ам.разг.)* соскапустышка, *(шутл.)* успокоительное средство

PACK - n. - тюк, связка, узел, пакет, упаковка, кипа, пачка; свора, стая, группа, кучка; банда; множество
to tell a pack of lies - наговорить кучу лжи
pack - v. - упаковывать, укладывать; собираться стаями; заполнять своими сторонниками (собрание, съезд и т.п.); создавать численный перевес своих сторонников (в президиуме и т.п.)

PACKAGE - n. - тюк, кипа, коробка; упаковка; *(дип.)* соглашение по нескольким вопросам, заключенное на основе взаимных уступок, комплексная сделка; предложение; комплект, комплекс
an original package - фабричная упаковка
an aid package - пакет соглашений об оказании помощи

PAIN - n. - боль, страдание, горе, *(мн.ч.)* старания, труды, усилия
to feel a pang of pain - почувствовать приступ боли
to take pains/to spare no pains - прилагать все силы
to save one's pains - экономить силы, не трудиться зря

a pain in the neck - невыносимый человек, что-л. раздражающее и неприятное
to give a pain in the neck - раздражать
to be a fool for one's pains - напрасно стараться

PANDORA'S BOX - "ящик Пандоры" *(перен.)* источник всевозможным бедствий
to open Pandora's box - выпустить злого джина из бутылки

PAROLE - n. - досрочное/временное или условное освобождение из тюрьмы; срок условного заключения; *(воен.)* пароль; обещание; *(ам.)* разрешение на въезд и временное пребывание иностранца в США
a prisoner on parole - условно освобожденный заключенный
to set smb. free on parole - досрочно освободить кого-л. из заключения

PART - n. - часть, доля; участие (в работе и т.п.), обязанность; роль; сторона
the best part of a week - большая часть недели
the best/the better part of smth. - добрая/лучшая половина чего-л.
for the most part - большей частью, по большей части
his failure was due in large part to his carelessness - его неудача в основном объясняется небрежностью
for my part - с моей стороны/что касается меня
on the part of smb. - со стороны кого-л.

to take part with smb. - стать на чью-л. сторону

we are from the same parts - мы земляки

spare parts - запасные части

part and parcel of smth. - составная/неотъемлемая часть чего-л.

I want no part in it - я не хочу иметь к этому никакого отношения

part - **v.** - разделять(ся), делить на части; разлучать(ся); расставаться; разнимать

let us part friends - расстанемся друзьями

to part from smb. - расставаться с кем-л.

to part company (with) - разъехаться, расстаться, прекратить дружбу; разойтись во мнениях

a fool and his money are soon parted - *(посл.)* у дурака деньги долго не держатся

partial - **adj.** - частичный, неполный; пристрастный, неравнодушный

partial nuclear test ban - частичное запрещение испытаний ядерного оружия

partial withdrawal of troops - частичный/ неполный вывод войск

partial opinion - пристрастное/ необъективное мнение

partition - **n.** - раздел, разделение, расчленение; часть; отделение (сумки, чемодана), перегородка

to refuse the partition - отказаться от раздела/разделения

partition - **v.** - делить, разделять; расчленять

she partitioned out all her books - она раздала все свои книги

partner - **n.** - участник, соучастник, товарищ; компаньон, партнер; напарник

an active/secret/sleeping; dormant partner - главный, активный/тайный/пассивный партнер

full and equal partners - полноправные и равные партнеры

partnership - **n.** - партнерство, участие, товарищество, компания, компаньонство

limited partnership - товарищество с ограниченной ответственностью

to enter/to go into partnership with smb. - основать совместную компанию, стать компаньоном

to join the partnership for peace program - присоединиться/стать участником программы "партнерство ради мира"

PARTY - **n.** - партия, отряд, группа; компания; сопровождающие лица; участник; *(юр.)* сторона; прием гостей, вечеринка

a rescue party - спасательный отряд

a working party/group - рабочая группа (конференции и т.п.)

a farewell party - прощальный вечер

contracting parties - договаривающиеся стороны

the president and his party - президент и сопровождающие его лица

parties to the treaty - стороны, подписавшие договор

to be no party to smth. - не принимать участия в чем-л.

he is a worthy party in a conversation - он достойный собеседник

the parties concerned/interested/ involved parties - заинтересованные/вовлеченные стороны

PAY - n. - плата, выплата, зарплата; денежное содержание/ довольствие; расплата

an overdue pay - уплата/выплата не в срок, задержка платежа

a piece-rate pay - сдельная оплата (труда)

a 3% raise in pay - повышение зарплаты на 3%

a base pay/salary - базовая (без надбавок) заработная плата

to take home pay - реальная заработная плата

to be in the pay of smb. - быть на жаловании/в услужении у кого-л./ нанятым кем-л.

to be on the payroll (of smb.) - работать на кого-л., состоять на службе у кого-л., числиться в платежной ведомости

a paid leave/holiday - оплаченный отпуск

no pay, no play - любишь кататься, люби и саночки возить

pay - v. (paid) - платить, расплачиваться, возмещать; окупаться, быть выгодным

to pay cash/ready money - платить наличными

to pay in full - заплатить сполна

to pay by/in instal(l)ments - платить в рассрочку

to pay smb. off - рассчитаться, откупаться, давать взятку

to pay on accounts - платить в счет причитающейся суммы

to pay on delivery/COD (cash on delivery) - платить при доставке

to pay on demand - платить при предъявлении векселя/по требованию

a highly/badly paid job - высокооплачиваемая/ низкооплачиваемая работа

to pay one's passage - оплатить проезд

it will pay - это окупится

business that does not pay - невыгодное дело

it doesn't pay to argue with him - спорить с ним бесполезно

to pay smb. a visit - нанести визит кому-л.

to pay tribute to smb. - выразить благодарность кому-л., воздать должное кому-л.

to pay one's respect/homage to smb. - засвидетельствовать кому-л. свое почтение

to pay smb. in his own coin - отплатить кому-л. той же монетой

to pay (dearly) for one whistle - дорого заплатить за свою прихоть

PEACE - n. - мир, мирное время; спокойствие; порядок, тишина, покой

a just/universal/lasting, durable/ stable peace - справедливый/ всеобъемлющий/ длительный/ прочный мир

to be at peace - не воевать

to be at peace with oneself - успокоиться, быть в мире с самим собой

a brief spell of peace - небольшая мирная передышка

commitment to peace - приверженность миру

to make peace - заключить мир, мириться

to establish peace - установить мир

to push for peace - добиваться установления мира

to persuade smb. to accept the peace process - убедить кого-л. пойти на мирные переговоры

the peace process is at stake - на карту поставлен мирный процесс

peace enforcement - принуждение к миру

to revive/to halt, to stop the peace process - возродить/остановить мирный процесс

to rescue/to save the peace talks - спасти мирные переговоры

the road to peace - дорога/путь к миру

the land for peace principle - принцип "земля в обмен на мир"

to keep/to break the peace - соблюдать/ нарушать общественный порядок/спокойствие

peace of mind - душевный покой

to leave smb. in peace - оставить кого-л. в покое

may he rest in peace - мир праху его

peacekeeping - **n.** - поддержание/сохранение мира

UN peacekeeping force - силы ООН по поддержанию мира

peacekeeper - **n.** - страж мира; *(мн.ч.)* силы по поддержанию мира

peacemaker - **n.** - миротворец, примиритель

peacemaking - **n.** - миротворчество, установление мира

UN peacemaking forces - миротворческие силы ООН

PEANUT - **n.** - земляной орех, арахис; *(ам.)* маленький, незначительный человек

peanuts (fig.) - *(мн.ч.)* мелочь, копейки; незначительный доход, нечто незначительное

he is working for peanuts - он работает за гроши

peanut politics - *(ам.)* продажная политика, закулисные интриги, политиканство

a peanut politician - *(ам.)* мелкий продажный политикан

PENDULUM - **n.** - маятник

the swing of the pendulum - резкое изменение (общественного мнения)

the pendulum swung - положение изменилось

PERFORM - **v. (a task/duty/an obligation/the part of a host/an operation/an experiment/a play/a musical piece/a role)** - выполнять (задание/ долг/ обязательство/ роль хозяина); делать (операцию/опыт); представлять, играть (пьесу); исполнять (музыкальное произведение/роль)

to fail to perform one's part of the contract - не выполнить свои обязательства по договору/контракту

to perform prayers - читать молитвы, молиться

performance - **n.** - выполнение, исполнение; действие, поступок, поведение; представление, спектакль, выступление; киносеанс; игра, исполнение (роли); деятельность

first night (performance) - премьера

farewell performance - прощальное выступление

poor performance - плохая работа/игра

dismal economic performance - удручающее состояние экономики

the UN performance is inefficient - деятельность ООН неэффективна

PERSIST - **v.** **(in working at smth./in one's statement/in one's opinion/with one's policy)** - упорствовать, настойчиво продолжать (работу над чем-л.)/ упорно стоять (на своем)/ отстаивать (свое мнение)/проводить (свою политику)

the tendency still persists - эта тенденция все еще сохраняется

the recession will persist much longer - спад будет продолжаться значительно дольше

persistence - **n.** - упорство, настойчивость; выносливость, стойкость; постоянство, продолжение существования, инерция

PERSPECTIVE - **n.** - перспектива, вид (вдаль); виды на будущее; взгляд

a historical perspective - исторический аспект

a different perspective - иной взгляд на что-л.

a fresh perspective - новое видение/взгляд/перспектива/аспект

when seen through the perspective of years - рассматриваемый через призму лет/времени

to put the issue in a broad/new perspective - рассматривать вопрос в широком аспекте/в новом свете

to look through the wrong end of the perspective - неправильно оценить значение чего-л./что-л.

here is our correspondent, John P., with his perspective - слово нашему корреспонденту Джону Р., который изложит свой взгляд на события

PIE - **n.** - пирог, пирожок; *(ам.)* торт, сладкий пирог; *(ам.)* легкая добыча; политическая взятка

to have a finger in the pie - быть замешанным в чем-л., приложить руку к чему-л.

to have a finger in every pie - во все вмешиваться

to cut a pie - *(ам.)* вмешиваться во что-л.

it's a pie in the sky - журавль в небе, воздушные замки

to eat (the) humble pie - проглотить обиду, покориться, смириться, сносить оскорбления; прийти с повинной, унижаться

PIECEMEAL - **adj.** - сделанный по частям; частичный, постепенный

piecemeal action/information/ reforms - несогласованные, разрозненные действия/ отрывочные данные/ частичные реформы

to do smth. in a piecemeal manner - делать что-л. по частям/постепенно

piecemeal - **adv.** - по частям, раздробленно; постепенно; на куски, на части

to learn smth. piecemeal - изучать что-л. урывками

to tear smth. piecemeal - разорвать на мелкие кусочки

PLAY - n. - игра, забава; шутка; представление, пьеса, действие
play on words - игра слов, каламбур
in full play - в действии, в разгаре
out of play - в бездействии
to bring/to put/to call into play - приводить в действие
to come into play - начать действовать
the event got a big play - все газеты сообщали об этом событии, это событие получило большую "прессу"/широкий резонанс
fair play - честная игра, честность, справедливость
foul play - нечестная игра, обман
play - v. - играть, резвиться; разыграть; делать ход; прикидываться; демонстрировать; приводить в действие
to play ball with smb./to play catch with smb. - (ам.) вести себя честно, сотрудничать с кем-л.; задабривать
to play games with smb. - (ам.) обманывать кого-л., мошенничать
to play the dozens - (ам.) поносить/порочить родителей
to play it by ear - принимать решение на месте, действовать в зависимости от обстоятельств
to play jackal to smb. - выполнять за кого-л. черную работу
to play for time - пытаться выиграть время, тянуть время

to play down - преуменьшать, умалять; льстить, заигрывать; снижать требования

PLEDGE - n. - залог, заклад; знак, символ; обет, обещание, обязательство
to redeem a pledge - выкупить (что-л.) из заклада
to borrow on pledge - брать ссуду под залог
a pledge of fidelity/friendship - залог/обет верности/дружбы
to take/to sign the pledge - дать зарок
to make/to give secret pledges - давать тайные обязательства
under (the) pledge of secrecy - с обязательством сохранения тайны
in defiance of the most solemn pledges - несмотря на все торжественные обещания
to make good/to carry out campaign's pledges - выполнить предвыборные обещания
to name the pledge - предложить тост
a pledge-making conference - конференция по объявлению взносов
pledge - v. - закладывать, отдавать в залог; давать торжественное обещание, заверять; ручаться
to be pledged to do smth. - быть связанным обещанием сделать что-л.
to pledge smb. to secrecy - взять с кого-л. слово/подписку не разглашать тайну
to pledge one's support/allegiance - заверить в своей поддержке

to pledge one's word/one's honour - ручаться, давать слово

PLOT - n. - заговор, интрига; фабула, сюжет; (ам.) план, схема, чертеж, график

an assassination plot - заговор с целью убийства

far-reaching implications of the plot - далеко идущие последствия заговора

to hatch, to lay/to discover, to disclose, to expose/to defeat, to frustrate a plot - готовить, вынашивать, замышлять/ раскрывать, разоблачать/сорвать заговор

an intricately woven plot - хитро закрученная интрига

the unravelling of the plot - развертывание сюжета

plot - v. - организовывать заговор, плести интригу; замышлять; составлять план/график, делать схему

plotter - n. - заговорщик, интриган

PLOUGHSHARE - n. - (с/х) плужный лемех; (библ.) орало

to beat swords into ploughshares - перековать мечи на орала

PLUNGE - n. - ныряние, погружение; стремительное продвижение

to take the plunge - решиться, отважиться на решительный шаг, ринуться на встречу опасности

plunge - v. - нырять, погружать(ся); бросаться, ринуться, ввергать; пускаться (во что-л.); спускаться

to plunge a country into war - ввергнуть страну в войну

to plunge into debt - залезать в долги

POINT - n. - точка, отметка; место, пункт; момент (времени), вопрос; (спорт.) очко; уровень, стандарт; степень; суть, цель, намерение; характерная черта; намек; кончик, острие

decimal point - точка, отделяющая десятичную дробь от целого числа

three point two (3.2) - три целых и две десятых

a point of contact - точка соприкосновения

the point of destination/departure - место назначения/пункт отправления; исходная точка

the boiling/freezing point - точка кипения/замерзания

a point of drafting/substance/order - вопрос редакционного характера/по существу/ процедурный, по порядку ведения (собрания)

points on the agenda - вопросы на/в повестке дня

to rise to a point of order - просить слово по порядку ведения заседания

to raise a point of order - выступить по порядку ведения заседания

the point at issue - спорный вопрос

a sore point - больной вопрос

to agree to a point - быть в какой-то степени согласным, быть не совсем согласным

to get one's point across - четко, убедительно изложить суть (вопроса); донести (до слушателя) суть вопроса

to see the point - понять смысл/ суть

to miss the point - не видеть смысла, не понять что-л.

to come/to get to the point - дойти до главного/до существа вопроса

to be beside the point - не иметь отношения к чему-л.

that's not the point - не в этом дело/суть

a turning point - поворотный пункт, кризис (болезни)

to put smth. point-blank - говорить напрямик/без обиняков

<u>pointman</u> - **n.** - специальный уполномоченный

POLICY - **n.** - политика, линия поведения, курс; установка, стратегия; благоразумие; хитрость, ловкость, предусмотрительность

home, internal, domestic/ foreign, external policy – внутренняя/внешняя политика

a bellicose/ tough/ long-range/ wait-and-see/ give-and-take/ kid-glove/ big stick/ ostrich/ laissez-faire/ open-door/ scorched-earth (land)/ carrot and stick/ position-of-strength/ brink-of-war/ procrastination, dilatory/ arms-twisting/ let alone policy - политика воинственная/ жесткая, твердая/ долгосрочная/ выжидательная/ взаимных уступок/ осторожная, умеренная/"большой дубинки"/ основанная на самообмане/(государственного) невмешательства (в экономику)/ открытых дверей/ выжженной земли/кнута и пряника/с позиции силы/балансирования на грани войны/ проволочек/ выкручивания рук/ невмешательства

a policy of blackmail/appeasement/pin-pricks/ brinkmanship/ aggrandizement/surreder/ genocide/ intimidation/ violence/ alliances/peaceful coexistence/ non-interference/non-alignment - политика шантажа/ умиротворения/ булавочных уколов/ балансирования на грани войны/ захватническая/ капитулянтская/ геноцида/ запугивания/ насилия/ (сколачивания) блоков/ мирного сосуществования/ невмешательства/ неприсоединения

a harmful/ disastrous/ ruinous policy - пагубная политика

a monetary policy - монетарная политика

a reinnovation policy - политика нововведений/перемен

a policy of wage restraint, a wage-freeze policy - политика сдерживания роста заработной платы

a foreign policy making - разработка/ формирование внешней политики

a shift in the policy - изменение политического курса/подвижка в политике

to shape, to map out, to work out, to make/to formulate/to pursue, to carry on, to follow, to conduct/to embark on/to resort to/to distort/to adhere to/to be committed to/to advocate/to toughen a policy - формировать, вырабатывать/ формулировать/ проводить/ начать проводить/

прибегать к/ искажать/придерживаться/ быть приверженным/ отстаивать, защищать, быть сторонником/ужесточать политику

political - adj. - политический, связанный с политикой; государственный

a political divide/gamble/jockeying/warfare - политический раскол/ игра/ махинации/ средства ведения войны

a political figure - политический деятель

a political office/machinery/ offence, crime государственный пост/аппарат/преступление

politically - adv. - политически, с политической или государственной точки зрения; расчетливо

politics - n. - политика, политические события, жизнь, деятельность, взгляды, убеждения; *(ам.)* махинации, методы

to talk politics - рассуждать о политике

to take up/to go into politics - заняться политической деятельностью

to resort to reform politics - обратиться к политике реформ

ward/peanut politics - мелкое политиканство

lunar politics - вопросы, не имеющие практического значения; нереальная, оторванная от жизни политика

POLL - n. - список/регистрация избирателей; подсчет голосов, количество поданных голосов, результат голосования; голосование, баллотировка; опрос; избирательный пункт

to set a polling day - назначить день выборов

heavy/light, poor poll - высокий/низкий процент участия в выборах

public opinion poll - опрос общественного мнения

Gallup poll/polling - *(ам.)* социологический анкетный опрос населения по различным вопросам, проводимый институтом общественного мнения Гэллапа или по его принципам

to go to the polls - идти на выборы, голосовать

polls, a polling station - избирательный участок

a poll-taker, pollster - n. - лицо, производящее опрос общественного мнения

poll = poll tax *(Br.)* - подушный налог *(Бр.)*

POLLUTE - v. **(water/air)** - загрязнять (воду, воздух); осквернять; развращать

to pollute a temple - осквернять храм

pollution - n. - загрязнение (окружающей среды: воздуха, воды и т.п.); осквернение; развращение

pollution of the environment — загрязнение окружающей среды

pollution abatement - меры по предотвращению или уменьшению загрязнения окружающей среды

POSITION - n. - положение, местонахождение; поза; должность; состояние; возможность, способность; позиция, точка зрения

to have a very good position - быть очень удобно/хорошо расположенным

the initial position - начальное/исходное/нулевое положение

to have, to hold, to occupy/to get/ to lose/to abandon a position - занимать/ получать/ потерять место/оставить должность, пост

to abuse one's position - злоупотреблять своим положением

to cut a position - сократить должность

we are not in a position to judge - не нам судить (об этом)

irreconcilable positions - непримиримые позиции

from the position of strength - с позиции силы

to define one's position - определить свою позицию/свою точку зрения

to take up a definite position on a question - занять определенную позицию по какому-л. вопросу

Syn. posture, approach, stance, stand

POSITIVE - adj. (response/proof/order/promise/refusal/ information/help/ criticism) - утвердительный, положительный (ответ, реакция), определенное, совершенно ясное, несомненное (доказательство), точный (приказ), недвусмысленное (обещание), решительный, категорический (отказ), верные, достоверные (сведения), настоящая, конкретная (помощь), конструктивная (критика)

POST - n. - пост, должность, положение

a key post - ключевая должность/пост

to hold/to fill, to take a post - занимать/занять должность

to leave/ to quit/ to abandon one's post - уйти со своего поста

POWER - n. - сила, мощь; энергия, мощность; могущество, власть; возможность, способность; право, полномочие; держава

legislative/ executive/ judicial power - *(юр.)* законодательная/исполнительная/судебная власть

power vacuum - вакуум власти

transfer of power - переход/ передача власти

to push for power - добиваться власти

to surrender power - отдавать власть

power of attorney - доверенность

to furnish smb. with full power/ powers - предоставить кому-л. полную власть/полномочия

power generation/consumption - производство/потребление энергии

purchasing/ buying/ spending power - покупательная способность

a leading/ small/ nuclear/ maritime power - ведущая/ малая/ ядерная/ морская держава

constitutional/ large/ sweeping/ emergency powers - конституционные/ широкие/ обширные/ чрезвычайные полномочия

extension of powers - расширение полномочий

delegation of powers - передача полномочий

to chip up/to curb powers - ограничивать полномочия

PRECIPICE - n. - обрыв, пропасть; опасное/рискованное положение
to push the world to the brink of the precipice - подталкивать мир к краю пропасти
on the precipice/brink of war - на грани войны

PRE-EMPT - v. - приобретать/завладевать чем-л. прежде других; присваивать; упреждать
to pre-empt an idea - предвосхитить мысль
pre-emptive - adj. (strike/attack) - преимущественный (*особ.* право на покупку), упреждающий (удар, нападение)

PREJUDICE - n. - предвзятое мнение, предубеждение, предрассудок; вред, ущерб, причиненный (кому-л.) несправедливым решением суда; несправедливость
without prejudice - беспристрастно, без ущерба (для кого-л.)
prejudice - v. - создавать предубеждение/предвзятое мнение (у кого-л.); наносить ущерб
to prejudice smb. against smb. - восстанавливать/настраивать кого-л. против кого-л.
to prejudice smb's interests - ущемлять чьи-л. интересы
without prejudicing smb's rights - без ущерба для чьих-л. прав

PRESIDE - v. - председательствовать, осуществлять контроль/руководство
to preside over a meeting - вести заседание, быть председателем на заседании

presidency - n. - президентство, председательство
to assume the presidency - занять место президента или председательствующего
to campaign for (the) presidency - принимать участие в избирательной кампании по выборам президента
president - n. - председатель, президент; директор, глава ведомства/ учреждения; *(ам.)* ректор университета
to be sworn in as president - быть приведенным к присяге при вступлении в должность президента
president-elect - n. - *(ам.)* избранный, но еще не вступивший в должность президент

PRIMARILY - adv. - в первую очередь, главным образом, сначала
primary - n. - что-л. имеющее первостепенное значение; *(ам.)* первичные, предварительные выборы; голосование (сторонников какой-л. партии) для определения кандидатов на выборах
primary - adj. - первоначальный, самый ранний, первый; исходный; элементарный; основной, важнейший
(a) primary source/goods, products/education/ necessities/need/ concern - первоисточник/сырьевые материалы/начальное образование/предметы первой необходимости/насущная необходимость/первоочередная задача

PRIOR - adj. - прежний, предшествующий; более важный, первоочередной; предварительный, априорный

a prior obligation/ claim/ restraint - прежнее обязательство; преимущественное требование/ претензия; *(ам., юр.)* предварительный запрет

without prior warning - без предварительного предупреждения

priority - n. – приоритет; старшинство; первенство; преимущественное право; предшествование

of first, top, overriding, high, the highest/low priority (question, task) - первоочередной, неотложный, срочный/ несрочный (вопрос, задача)

to establish an order of priority - установить порядок/очередность

to define one's priorities - определить свои приоритеты

to attach/to give top priority to smth. - придавать первостепенное значение чему-л.

PROFILE - **n.** - профиль; краткий (биографический) очерк; результаты опроса, наблюдений

a low profile - сдержанная позиция; спокойный тон, отсутствие резкости/выпадов (в докладах, материалах и т.п.)

to keep a low profile - вести себя сдержанно

a high profile - резкая/непримиримая позиция

to adopt a high profile on an issue - занять непримиримую позицию по какому-л. вопросу

PROLIFERATE - **v.** - размножаться, разрастаться, распространяться; увеличивать; порождать

proliferation - n. - разрастание; количественный рост, распространение

non-proliferation of nuclear weapons - нераспространение ядерного оружия

PROMINENCE - **n.** - выдающееся/видное положение; известность; выделение чего-л.; выступ

to give prominence to smth. - сосредоточить внимание на чем-л., сделать упор/акцент на чем-л.

to gain prominence - завоевать/снискать известность

to come into/to rise to prominence - занять видное положение

prominent - adj. - выступающий, заметный, бросающийся в глаза; известный, выдающийся

to hold a prominent position - занимать видное положение

PROMOTE - **v.** - продвигать, повышать в чине или звании; способствовать, поддерживать, поощрять, содействовать

he was promoted to the rank of ambassador - ему присвоили ранг посла

to promote peace/disarmament/ better relations - содействовать миру/ разоружению/ улучшению отношений

promotion - n. - содействие (развитию), поощрение, поддержка; продвижение по службе, повышение в должности; реклама, рекламный материал

to get a promotion - получить повышение по службе

a promotion campaign - рекламная кампания

promotional - **adj.** - содействующий, стимулирующий, способствующий; рекламный

promotional sale - рекламная распродажа

PROSPECT - **n.** - вид, панорама, перспектива, проспект; *(мн.ч.)* виды, планы на будущее, надежда

grim/bleak prospects - мрачные, печальные перспективы

a prospect of success/recovery - надежда, шансы на успех/на выздоровление

to have a good prospect of doing smth. - иметь хорошую перспективу сделать что-л.

to open up prospects for smth. - создать/открыть перспективу/ возможности для чего-л.

PROTECTION - **n.** - защита, охрана, предохранение, ограждение, прикрытие; покровительство

diplomatic/legal protection - дипломатическая/правовая защита

protection of the environment/ environmental protection - защита/охрана окружающей среды

UN protection force - силы ООН по охране

PROXIMITY - **n.** - близость, соседство

in immediate proximity to... - в непосредственной близости к ...

proximity of positions - близость/сходство позиций

PUBLIC - **n.** - народ, публика

in public - открыто, публично на людях

the public - общественность

broad strata of the world public - широкие слои мировой общественности

public pressure - давление/требование общественности

public relations (PR) - связь с общественностью

public relations exercise - пропагандистский трюк/ уловка

public - **adj.** - общественный, народный, общенародный; общественного пользования, коммунальный; публичный, общедоступный; открытый, гласный; государственный, национальный

public opinion/figure, man/eye - общественное мнение/ деятель/ внимание

public image - репутация, мнение широкой публики (о ком-л.)

public ownership - общенародное достояние/ общественная собственность

public transport - общественный, городской транспорт

public service - коммунальное обслуживание/услуги

public facilities - коммунальные сооружения, оборудование и средства обслуживания, места общественного пользования (школы, больницы, спортплощадки и т.п.)

public utilities - коммунальные сооружения/ службы/ услуги (средства связи, городской транспорт и т.п.)

a public lecture - публичная лекция

a public meeting - открытое заседание

a public servant/officer - государственный служащий

public holidays - праздничные дни, официальные праздники

public health service - здравоохранение

publicity - n. - публичность, гласность, известность; реклама, рекламирование, пропаганда; рекламные материалы

without publicity - без огласки/рекламы

to seek publicity - добиваться гласности

to shun/to avoid publicity - избегать гласности/огласки/освещения в СМИ

to give publicity to.../to make public/to publish/to publicize - предать гласности

PUT - v. **(put, put)** - класть, ставить; вкладывать, помещать; излагать, выражать, формулировать; переводить (на другой язык)

to put smb. to expense - вводить кого-л. в расход

to put smth./smb. to the test - подвергать что-л./кого-л. испытанию; проверять что-л./кого-л.

to put smb. in a hole - поставить кого-л. в затруднительное положение

to put smth. in force - вводить что-л. в силу/ действие, проводить что-л. в жизнь

to put smth. down to inexperience/negligence - объяснить что-л. неопытностью/ халатностью

to put all one's eggs in one basket - рисковать всем/поставить все на карту

to put the best foot forward - показать себя с хорошей стороны/уметь что-л. делать

to put the lid on smth. - положить конец чему-л.

to put a spoke in smb's wheel/to put grit in the machine - вставлять палки в колеса

to put smth. across - убедительно объяснять/ растолковывать, довести мысль до кого-л.

to put off - откладывать

to put up with - терпеть, мириться, примириться

Q

QUALIFICATION - n. - ограничение; изменение, модификация; условие, оговорка; диплом, аттестат, удостоверение, степень; *(мн.ч.)* квалификация, подготовленность, годность; избирательный ценз; оценка

to assert smth. without any qualification - безоговорочно утверждать что-л.

to have necessary qualifications for the job - иметь необходимую квалификацию для работы

to be disclaimed one's qualifications - быть лишенным какого-л. звания, быть признанным непригодным к чему-л.

qualified - adj. (for a post, for an office/for that kind of work, etc.) - подходящий, имеющий необходимые данные, пригодный, годный (для какой-л. должности, для такого рода работы и т.п.); компетентный, квалифицированный; ограниченный

well qualified for one's position - вполне соответствующий занимаемой должности

unqualified staff - неквалифицированные сотрудники

a qualified welcome - сдержанный прием

a qualified majority - квалифицированное большинство (в 2/3)

qualify - v. - обучать для какой-л. цели/деятельности, подготавливать (кого-л.); готовиться стать специалистом, приобретать квалификацию, получать диплом/аттестат и т.п.; делать правомочным; умерять, уменьшать, ослаблять; оценивать, квалифицировать

to qualify oneself for one's life work - готовить себя к будущей деятельности

I am not qualified to judge - не мне судить

to qualify criticism - смягчить критику

QUALITY - n. - качество, сорт, свойство; уровень качества; *(мн.ч.)* характерная особенность

to upgrade the quality of incoming students - повышать требования к отбору студентов

to be up to quality - соответствовать требованиям

QUELL - v. - подавлять, уничтожать, сокрушать; успокаивать, ослаблять; смягчать

to quell opposition/violence/an attempt/one's passions - уничтожить оппозицию/насилие; сорвать попытку; умерить страсти

QUEST - n. - поиски; предмет поисков; дознание

in quest of smth. - в поисках кого-л./чего-л.

the quest for smth. - поиски чего-л.

quest - v. - искать, разыскивать

to quest about looking for smth. - ходить повсюду в поисках чего-л.

QUESTION - n. - вопрос, проблема; дело; сомнение, возражение

a major, main, principal/urgent, pressing, topical/ vital/ vexed/ acute/ unsettled, outstanding/ closed/ first priority/ leading question - главный/ неотложный, злободневный, актуальный/ жизненно важный, насущный/ спорный, дебатируемый/ острый/ нерешенный/ исчерпанный/ первостепенный, первоочередной/наводящий вопрос

interminable questions - бесконечные вопросы

this question is high on the agenda - это основной/ключевой вопрос в повестке дня

the question of ... is bound to come up - неизбежно встанет вопрос о ...

the question arose/came up - встал/возник вопрос

to raise/to open/to bring up a question - поднять вопрос

to touch upon/on a question - коснуться вопроса

to take up/to tackle a question - заняться вопросом

to treat/to solve, to resolve, to settle a question – рассматривать/решать вопрос

to come into question - стать предметом обсуждения

to go into the question - вникнуть в вопрос

to clear/to clarify a question – прояснить/внести ясность в вопрос

to deviate/to depart/to digress from a question; to avoid a question - уклониться/уйти от вопроса

to complicate/to entangle a question - усложнять/запутывать вопрос

to fire questions at smb./to bombard smb. with question - засыпать кого-л. вопросами

the question is that ... - вопрос состоит в том, что...; дело в том, что...

the point in question - данный/рассматриваемый вопрос

this is no longer in question - вопрос об этом больше не стоит, это более не вызывает сомнения

that is not the question - вопрос/дело не в этом

this is out of the question - об этом не может быть и речи, это исключено

to have nothing to do with the question/to be foreign to the question - не иметь отношения к вопросу

there is no question about it - в этом никто не сомневается

beyond the/out of the/without a question - вне всякого сомнения, безусловно

to make no question of smth. - не сомневаться в чем-л., вполне допускать что-л.

question - v. - спрашивать, расспрашивать; сомневаться, подвергать что-л. сомнению

to question intentions - усомниться в намерениях

the purpose is questioned - цель вызывает сомнение

questionnaire - n. - анкета, вопросник; опросный лист

QUIT - v. (quitted) (*Am.* quit) - оставлять, покидать, увольняться, уходить в отставку; бросать, кончать (занятие, дело и т.п.); избавляться

to quit the house/the place/one's office/the army/ one's post/ work/smoking/school - съехать с квартиры/оставить прежнее место/уйти со службы/демобилизоваться/ покинуть свой пост/ бросить работу/ курить/ школу

to quit oneself of fear - избавиться от страха

quits - adj. - в расчете, расплатившийся, расквитавшийся

to be quits with smb. - быть в расчете, расквитаться с кем-л., отплатить кому-л.

we are quits now - теперь мы квиты

to call it quits - кончать, прерывать какую-л. деятельность; прекратить попытки

QUIZ - n. - *(ам.)* контрольный опрос (в классе); устная или письменная проверка (без предварительной подготовки); серия вопросов, викторина

a quiz program/show - радиовикторина, телевикторина

quiz - **v.** - опрашивать, производить контрольный опрос (в классе); выспрашивать что-л. у кого-л.

QUOTA - **n.** - доля, часть, квота; минимальное число; *(ам.)* количество иммигрантов, которым разрешен въезд

to set import quotas on smth. - установить квоту на импорт чего-л.

inspection quota - *(дип.)* квота инспекций (в системе контроля над вооружением)

a quota immigrant - иммигрант, прибывающий в США в счет квоты своей страны

R

RACE - **n.** - состязание в беге, гонка, *(мн.ч.)* скачки, бега; забег, заезд; погоня, быстрое движение; предвыборная борьба

a cross-country race - бег по пересеченной местности; велокросс

an arms/armament(s) race - гонка вооружений

a race for power/for wealth/for presidency - борьба за власть; погоня за богатством; предвыборная борьба за пост президента

a presidential race *(Am.)* - президентская предвыборная кампания, борьба за пост президента

to enter/to run/to stay in/to drop out of/to win/to lose a race - вступить в борьбу (на выборах), принять участие в борьбе (за пост), не выходить из (предвыборной) борьбы, выйти из (предвыборной) борьбы; одержать победу, выиграть/ проиграть (в борьбе за пост)

RADIATION - **n.** - излучение, радиация, облучение

a radiation leak - утечка радиации

radiation detection - обнаружение/регистрация радиоактивного излучения

radiation dosimeter - радиационный дозиметр

to be exposed to radiation - подвергаться облучению

exposure to radiation - радиационное облучение

radiation damage - поражение радиоактивным излучением, радиационное поражение

radiation hazard - радиоактивная опасность

a radiation safety level – допустимая доза облучения

to surpass the level of radiation - превысить (допустимую) дозу облучения

to administer radiation - облучать

radiation intensity/ strength - мощность/ уровень радиоактивного излучения

radiator - **n.** - батарея (отопления), радиатор

RAMPANT - adj. (famine, crime, illiteracy, vegetation, inflation) - свирепствующий (голод), угрожающая (преступность, неграмотность), буйная, пышная (растительность), безудержная, галопирующая (инфляция)
superstition and ignorance were rampant in the land - в стране царило суеверие и невежество

RAPPROCHEMENT - n. - (дип.) сближение, улучшение отношений (особ. между государствами)

RATE - n. - норма, размер, ставка, тариф, такса, расценка; (фин.) курс, цена, оценка; скорость, темп; процент, доля, коэффициент, уровень, пропорция, степень; сорт, разряд, (ам.) отметка в школе
rate of birth - уровень рождаемости
the rates of wages per week - ставки недельной заработной платы
interest rate - процентная/учетная ставка
dollar/sterling rate - курс доллара/фунта стерлинга
an exchange rate - обменный курс валюты
a mortgage rate - процентная ставка по закладной
the rate of employment/unemployment - уровень занятости/безработицы
smb's approval rate - уровень оценки деятельности кого-л.
to live at a high rate - жить на широкую ногу
second-rate - adj. - второстепенный, посредственный

rate - v. - оценивать, производить оценку, исчислять; считать, рассматривать(ся); облагать местным налогом; ставить отметку (учащемуся); (ам.) (заслуженно) пользоваться чем-л./ иметь право на что-л.
to rate smb./smth. high - высоко ценить/оценивать кого-л./что-л.
he is rated as a distinguished scientist - он считается выдающимся ученым
she rates special privileges - она пользуется особыми привилегиями

rating - n. - оценка, определение стоимости; обложение налогом, сумма (местного) налога; (ам.) отметка (школьника); положение, класс, ранг; маркировка; производительность; рейтинг, индекс популярности
his rating jumped up to 10% - показатель его популярности подскочил до десятипроцентной отметки
financial rating - оценка финансового положения/финансовый рейтинг
priority rating - определение очередности

RAZOR - n. - бритва
a razor's blade - лезвие бритвы
a/the razor('s) edge - остриё бритвы/ножа, край пропасти, критическое положение
to be on the razor's edge - стоять на краю пропасти
razor sharp wit - острый ум

REASON - n. - причина, основание, мотив, соображение, обоснование; разум, интеллект, здравый рассудок

a sound reason - разумное основание/довод

a good reason - убедительная причина/веское основание

the reason behind - мотивировка/обоснование (предложения/действия)

for no reason at all - без всякой причины

for no other reason than (that I forgot) - по той простой причине, что (я забыл)

for reasons best known to him - по одному ему известным соображениям

for reasons of State - *(ирон.)* по государственным соображениям

for reasons beyond smb's control - по независящим от кого-л. обстоятельствам

for family reasons - по семейным обстоятельствам

not without a reason - не без основания

with good reason - с полным правом/основанием, совершенно обоснованно

to prove with reasons - доказывать аргументированно/ предоставить резонные обоснования

it is quite within reason to suggest - благоразумно предположить

in defiance of reason - вопреки здравому смыслу

to see no reason to do smth. - не видеть (никакой) необходимости делать что-л.

all the more reason for doing this - тем более следует сделать это

it stands to reason - разумеется, понятно, очевидно

reason - v. - размышлять, рассуждать, делать выводы; обсуждать, дебатировать; урезонивать; обосновывать, аргументировать

to reason from past experience - делать выводы из/обосновывать с учетом/исходить из опыта прошлого

to reason smb. into smth./into doing smth. - уговаривать/убеждать кого-л. сделать что-л.

to reason smb. out of smth./out of doing smth. - отговаривать кого-л. от чего-л./разубеждать кого-л. делать что-л.

a well reasoned speech - хорошо аргументированная речь

RECALL - n. - отзыв (депутата, посла и т.п.), призыв, вызов; воспоминание, память; отмена, аннулирование

letters of recall - *(дип.)* отзывные грамоты

to give an actor a recall - вызывать актера

a recall to real life - призыв вернуться к действительности

past/beyond recall - окончательно забытый/преданный забвению

recall - v. - отзывать (посла, депутата и т.п.), возвращать, вызывать; вспоминать, напомнить

to appoint and recall diplomatic representatives - назначать и отзывать дипломатических представителей

to recall to mind/to one's memory - воскрешать в памяти

let me recall - разрешите мне напомнить

as you may recall - как вы помните

to recall from circulation - изымать из обращения

until recalled - впредь до отмены

RECEIVE - **v.** - получать; встречать; воспринимать; принимать (гостей, посетителей), принимать на себя (удар и т.п.)

to receive a warm/cordial/ most hearty welcome - получить теплый/сердечный/радушный прием, быть тепло/сердечно/радушно принятым

to receive a red carpet treatment - быть принятым с наивысшими почестями

to receive sympathy from smb. - найти/встретить в ком-л. сочувствие

received - **adj.** - общепринятый, общепризнанный (о представлении, мнении)

the received version - вариант (текста и т.п.), считающийся наиболее правильным/принятая версия

Received Standard English - нормативный литературный английский язык

reception - **n.** - прием, принятие, получение; восприятие

to hold/to give a reception - устроить/дать прием

to give smb. a warm/ kind/ courteous/ unfriendly/ cold, chilly/ hostile reception - встретить кого-л. тепло/ приветливо/ учтиво/ недружелюбно/ холодно/ враждебно

receptive - **adj.** - восприимчивый

a receptive mind/listener - восприимчивый/ внимательный/ чуткий слушатель

receptive of beauty - тонко чувствующий красоту

RECESS - **n.** - перерыв в работе или в заседаниях; ниша; *(мн.ч.)* тайник; отход, отступление; *(ам.)* перемена (в школе)

a parliamentary recess - парламентские каникулы

to take a recess - объявлять перерыв

in the inmost/secret recesses of the soul/of the heart - в тайниках души/в глубине сердца

recess - **v.** - отодвигать назад; помещать в укромном месте; *(ам.)* делать перерыв

to recess for deliberations - удалиться на совещание

the session will recess at 5 p.m. - в 5 часов на сессии будет объявлен перерыв

recession - **n.** - удаление, уход, отступление (от чего-л.), отказ (от договора и т.п.), выход (из организации и т.п.); *(эк.)* спад, падение

economic recession - экономический спад

business recession - спад деловой активности

nagging recession - мучительный/неотступный спад

recession in demand - падение спроса

to be hit by recession - переживать спад

to come out of recession - выйти из (состояния) спада

RECIPROCAL - **adj. (affection/ concessions/reproaches/treaty/trade** agreement/privileges/measures) - взаимная, обоюдная (привязанность, уступки, упреки), заключенный на основе взаимности (договор, торговое соглашение), равные, одинаковые (привилегии), ответные (меры),

reciprocally - adv. - взаимно, обоюдно; на основе взаимности; соответственно, аналогично

reciprocate - v. (smb's feeling/ dislike/ hostility/ hatred/ favours/ good wishes/to smb's attacks) - отвечать взаимностью (на чье-л. чувство), разделять, чувствовать обоюдную (неприязнь), испытывать взаимную (вражду, ненависть), обмениваться (любезностями, добрыми пожеланиями), отплачивать, отвечать (на чье-л. нападение)

he reciprocated by wishing her a pleasant journey - в ответ он пожелал ей доброго пути

he drank my health and I reciprocated - мы обменялись тостами

RECOGNITION - n. - узнавание, опознание; сознание, осознание, одобрение; *(дип.)* признание (суверенитета страны, законности правительства); *(парл.)* предоставление слова; приветствие (при встрече)

to alter beyond/past recognition - изменить/измениться до неузнаваемости

to win/to receive/to meet with recognition from the public - завоевать/получить/найти признание народа

in recognition of your services - в знак признания ваших заслуг

to obtain general recognition - получить общее признание

to extend recognition to a state - признать какое-л. государство

to withhold recognition from a state - не признавать какое-л. государство

to deny recognition - не признавать/отказаться от признания (уже имеющегося); отказать в признании

de facto/de jure recognition - признание де-факто/де-юре

to give smb. a passing recognition - приветствовать кого-л. кивком головы

recognize - v. - узнавать, опознавать; сознавать, осознавать, видеть; выражать признание/ одобрение; ценить, отдавать должное; признавать (что-л., кого-л.); официально признавать (страну/ правительство и т.п.); приветствовать; *(парл.)* предоставлять слово

to recognize services/devotion/ loyalty - ценить услуги, преданность, верность

to be recognized - получить/заслужить признание; быть узнанным; получить слово

the gentleman is recognized for five minutes - вам предоставляется пять минут для выступления

RECONCILE - v. - мирить; улаживать, урегулировать; приводить в соответствие, согласовывать

to reconcile the feuding parties - примирить враждующие стороны to be reconciled to one's lot - смириться со своей судь-бой/участью

to reconcile two opposite arguments/two points of view - примирить/согласовать два противоположных соображения/две точки зрения

reconciliation - n. - примирение; улаживание (споров), урегулирование (разногласий и т.п.); согласованность, согласование

the absence of reconciliation between the theory and the practice of life - несоответствие/ несогласованность теории с жизненной практикой

RECORD - n. - запись, письменный след чего-л.; регистрация, учет; протокол (заседания, испытания и т.п.); факты, данные (о ком-л.), характеристика, репутация; достижения, результаты деятельности; рекорд; звукозапись

a keeper of records/a records keeper - архивариус, регистратор

the record of a patient - история болезни

the record of service - послужной список

the record of attendances - список, регистрация присутствующих

to make a record of smth. - записать что-л.

to keep a record of smth. - вести запись/учет, регистрацию чего-л.

to be on record - быть документально установленным/записанным

to place smth. on(the) record to state smth. for the record - заявить что-л.; делать заявление для печати/ для занесения в протокол/в официальные отчеты

off the record - не для печати, не для протокола, не подлежащий оглашению, неофициальный

the best on record - лучший из когда-л. известных

to have a good record - иметь хорошую репутацию

to have/to show a clean record - иметь безупречное прошлое, (юр.) не иметь судимости

to have a criminal record - иметь судимость

to keep the record straight - не допускать искажения (истины и т.п.)

to set the record straight - упорядочивать (факты и т.п.), вносить ясность

to break/to cut the record - побить рекорд

recorder - n. - самопишущий или регистрирующий прибор

a flight recorder - "черный ящик"

RECOVER - v. - получать обратно, возвращать себе, отвоевывать; восстанавливать, выздоравливать; наверстывать, возмещать, покрывать, взыскивать

to recover/territory, land from the sea/lost ground/ throne/ freedom sight/hearing/ balance/ reputation/ economy/ from sickness/from cold/from war/from defeat/from disaster/from recession/debts/ damages/costs - отвоевывать (территорию, сушу у моря), возвращать (себе) (утраченные позиции, трон, свободу); восстанавливать (зрение, слух, равновесие, репутацию; экономику); поправляться (после болезни); оправиться (после простуды/войны/поражения/несчастья/ экономического спада); взыскивать (долги), получать возмещение (убытков), возмещать (издержки)

recovery - n. (of lost property/ influence/ of a patient/ of health/ of economy/of damages) - возврат, возвращение (себе), получение вновь утраченного (имущества, влияния); выздоровление (больного), восстановление (здоровья, экономики), возмещение (ущерба, убытков)

the loss is past recovery - ущерб невозместим, безвозвратная потеря

RECUPERATE - v. - восстанавливать силы, оправиться (после болезни, утраты и т.п.)

to recuperate from shocks of frustration - приходить в себя после потрясения

recuperation - n. - восстановление сил, выздоровление, период выздоровления

REDUCE - v. (expenditure/ production/ staff/ taxes/ prices/ temperature/ pressure/ speed/ vitality/ the likelihood of war/ pain/ sight/ hearing/ weight) - снижать, уменьшать, сокращать (расходы, производство, штаты, налоги, цены, температуру, давление, скорость, жизнеспособность, опасность возникновения войны); ослабить (боль, зрение, слух); худеть; превращать, об-

ращать (во что-л.), доводить (до какого-л. состояния), вынуждать

to reduce to ashes/to dust - сжечь дотла/стереть в порошок

to reduce stress - снять стресс/ напряжение

to reduce to tears/despair/extremity/begging - довести до слез/ отчаяния/ крайности/ нищенства

to reduce to silence - заставить замолчать

reduction - n. (of staff/wages/ speed/ temperature/ demand/ prices) - снижение, сокращение, уменьшение (штатов/ заработной платы/ скорости/ температуры/ спроса/цен); скидка; приведение в какое-л. состояние

reduction to absurdity - доведение/низведение до нелепости

reduction(s) (of troops/forces/ arms budget) - сокращение (войск, вооруженных сил, бюджета на вооружение)

mutual and balanced force reduction (MBFR) - взаимное и сбалансированное сокращение вооруженных сил

specific reductions; substantial/ token/ total reduction - конкретные сокращения; существенное/ символическое/ общее (совокупное) сокращение

to make, to conduct/to implement reductions - проводить/ осуществлять сокращение(я)

REDUNDANCE - n., -cy - чрезмерность, избыточность, излишество, дублирование; избыток, излишек, нечто лишнее; *(эк.)* излишек рабочей силы (частичная безработица), сокращение штатов, увольнение

redundant - **adj.** - излишний, чрезмерный, лишний, обильный, пышный, изобилующий (чем-л.); растянутый, многословный (о стиле); *(эк.)* излишний, избыточный (о рабочей силе), сокращенный, уволенный; повторяющий что-л.; резервный

redundant population in the cities - излишек городского населения

to become redundant - стать лишним, ненужным, быть уволенным (по сокращению штата, из-за свертывания производства), стать безработным

huge weapons become redundant - громадное количество оружия становится ненужным

RE-ENGAGE - **v.** - *(воен.)* оставаться на сверхсрочной службе

a re-engaged man/re-enlistee - *(воен.)* сверхсрочник, военнослужащий сверхсрочной службы

RE-ENLIST - **v.** - поступать на сверхсрочную службу

REFER - **v.** - отсылать (к кому-л., чему-л.), направлять (за справкой, помощью и т.п.), адресовать (за указаниями); обращаться (за помощью); наводить справки; приписывать, относить на счет, относить (к эпохе, классу и т.п.); упоминать, говорить (о чем-л., ком-л.)

we refer you to ... - *(офиц.)* просим обратиться к ...

to refer to a footnote/to a map/to a dictionary/to a former employer - отсылать к примечанию, справиться по карте/по словарю, навести справки (о ком-л.) на предыдущем месте работы

the discovery of gunpowder is usually referred to China - принято считать, что порох был изобретен в Китае

referring to your letter - *(офиц.)* ссылаясь на ваше письмо/что касается вашего письма

in cases referred to above - в случаях, указанных выше

reference - **n.** - ссылка (на кого-л., что-л.), упоминание (о чем-л., ком-л.); сноска, справка; рекомендация, отзыв; круг полномочий/ ведения; компетенция; передача на рассмотрение; соотношение

to make a brief reference to smth. - кратко коснуться, упомянуть, сослаться на что-л.

in/with reference to ... - ссылаясь на/что касается ...

list of reference - список (процитированной) литературы

a reference room - зал справочной литературы

for reference/reference only - только для работы со справочной литературой в библиотеке

reference/terms of reference - круг полномочий/ведения

to have good references - иметь хорошие отзывы/рекомендации/ хорошую характеристику

REFORM - n. - реформа, преобразование; исправление, улучшение

sweeping reforms - широкие преобразования

to boost, to bolster/to promote, to foster/to hinder/to water down/to convert the market reform - поддерживать/способствовать/ мешать, препятствовать проведению/ размывать, ослаблять развитие/ изменять суть рыночных реформ

a reform school/reformatory - исправительное заведение, *(особ.)* для малолетних правонарушителей

reform - **v.** - улучшать, преобразовывать, реформировать; исправлять(ся), перевоспитывать

to reform the tax issue - реформировать систему налогов

to reform administration – улучшать/ реорганизовать управление

to reform juvenile offenders - перевоспитывать малолетних правонарушителей

REFRAIN - v. - сдерживать(ся), воздерживаться, удерживать

to refrain from doing smth. - воздерживаться от какого-л. поступка

he refrained his wrath - он обуздал свой гнев

REFUGE - n. - убежище, пристанище; утешение, спасение

to take refuge in some place/in smth. - укрываться где-л./найти спасение в чем-л.

to take refuge in lying - прибегать ко лжи

refugee - n. - беглец, беженец

UN High Commissioner for Refugees - Верховный комиссар ООН по делам беженцев

the flood/outflow/influx of refugees - поток беженцев

a refugee (re)settlement program - программа расселения беженцев

REIMBURSE - v. (for damage/expenses) - возмещать, покрывать, оплачивать, возвращать, компенсировать кому-л. (ущерб/ расходы)

reimbursement - n. - возмещение, оплата, покрытие

RELATION(s) - n. (close/stable/ fraternal/ strained/ friendly/ good-neighbourly/commercial) – отношение(я), зависимость, контакт; повествование, рассказ; родственник (-ца), связь(и); (тесные/прочные/братские/натянутые/ дружеские/ добрососедские отношения; торговые связи)

to enter into diplomatic relations - вступить в дипломатические отношения

to establish/to shape/to build/to maintain/to extend, to broaden/ to promote/to break off/to prejudice/to resume/to restore, to reestablish/to strengthen relations - устанавливать/ формировать/ строить/ поддерживать/ расширять/способствовать развитию/ прерывать/ наносить ущерб/возобновлять/ восстанавливать; укреплять отношения

to bear no relation to smth. - не иметь никого отношения к чему-л.

he is no relation (to smb.) - он не его/ее родственник/-ца

RELEASE - n. - освобождение, высвобождение; избавление, облегчение; опубликование; сообщение для печати; выпуск (новой продукции, фильма)

a release of hostages - освобождение заложников

a release from prison - освобождение из тюрьмы

a release from active duty - увольнение с действительной службы

to obtain the release on bail - добиться освобождения под залог

to grant a release from debt - освободить от уплаты долга

release - v. - освобождать, высвобождать; выпускать (что-л.); выпускать на волю; избавлять; демобилизовать

to release one's hold - выпустить из рук, утратить власть (над чем-л.)

to release a prisoner - выпускать/освобождать заключенного

his speech was released to the press - его речь была роздана журналистам для опубликования

to release the brake - отпустить тормоз

RELIEF - n. - облегчение, утешение; снижение, смягчение; контраст; помощь, пособие (по безработице); смена дежурных, сменный пилот, *(юр.)* освобождение (от ответственности, долга и т.п.)

a sense/a sigh of relief - чувство/вздох облегчения

to come to smb's relief - прийти к кому-л. на помощь

to provide relief for refugees - оказывать помощь беженцам

relief efforts/operation - усилия/операция по оказанию помощи

distribution of food relief - распределение продовольственной помощи

international relief columns/convoy - международный гуманитарный конвой

to deliver air-drop relief - сбрасывать (гуманитарную) помощь с самолета(ов)

relieve - v. - облегчать, ослаблять, успокаивать, утешать; оказывать помощь, выручать; сменять; освобождать (от чего-л.); вносить разнообразие

to relieve suffering - уменьшить страдания

to relieve tension/pain - снять напряжение/боль

to relieve smb's mind/soul - отвести душу/снять камень с души

to relieve from poverty - избавить от нищеты

to relieve smb. at 10 a.m. - сменить кого-л. в 10 часов утра

to relieve smb. of responsibility - освободить кого-л. от обязанностей/снять с кого-л. ответственность

to relieve the tedium - развеять скуку

RELINQUISH - v. - оставлять, бросать; сдавать; *(юр.)* отказываться (от права); ослаблять

to relinquish an idea/hope/a habit - бросить, оставить мысль/надежду/побороть привычку

to relinquish a territory/a position - уступать занимаемую территорию, сдавать позицию to **relinquish guns** - сложить оружие

to **relinquish one's hold over smth./smb.** - ослаблять свою власть над чем-л./кем-л.

REMOVAL - n. - перемещение, переезд; смещение с должности, устранение

a **forceful removal** - насильственное переселение

a **removal into a new house** - переезд в новый дом

removal of faults - устранение повреждений

remove - v. - передвигать, перемещать; снимать (шляпу и т.п.); отодвигать, убирать; смещать (с должности/поста); устранять, удалять

to **remove heavy artillery** - вывести/отвести тяжелую артиллерию

to **remove a base** - убрать базу

to **remove oneself** - удалиться

to **remove smb. from office** - снять кого-л. с поста

to **remove one's name from the list** - исключить свою фамилию из списка

to **remove obstacles** - устранять препятствия

to **remove all doubts** - снять все сомнения

RENDER - v. (homage/thanks/an account, a report/one's life/help/service/a musical piece/smth. into some language/a decision, a judgement/a verdict) - воздавать (дань уважения), платить (благодарностью), представлять/ делать (отчет), отдавать/жертвовать (жизнью), оказывать (помощь/ услугу), исполнять/ интерпретировать (произведение), переводить (на другой язык), выносить (решение/приговор); приводить в какое-л. состояние

to **render helpless/unnecessary** - делать беспомощным/ненужным

to **render active** - активизировать

rendered - adj. - оказанный; (ранее) представленный

for services/help rendered - за оказанные услуги/помощь

the account rendered - представленный (но не оплаченный) счет

rendering - n. (of a musical piece/service/ assistance/thanks) - перевод, вариант перевода; изложение, передача; исполнение (музыкального произведения), оказание (услуги/помощи), выражение (благодарности)

this translation fails to give a correct rendering of the original - этот перевод не соответствует оригиналу

RENOUNCE - v. - отказываться, не признавать, отвергать, отклонять, отрекаться

to **renounce a title/property/claims/an idea/the use of force** - отказаться от титула/собственности/претензий/ идеи/применения силы

to **renounce a treaty** - *(дип.)* денонсировать договор

to **renounce smb's authority** - не признавать чей-л. авторитет/полномочия

renunciation - **n.** - отказ (от права); отречение

renunciation of war - отказ от войны

REQUIRE - **v.** - требовать, приказывать; нуждаться (в чем-л.), испытывать необходимость (в чем-л.)

you are required to obey - от вас требуют повиновения, вам надо повиноваться

the court requires you to attend - суд требует вашего присутствия

as required by the UN resolution - как того требует резолюция ООН

as circumstances may require/as occasion shall require - если потребуют обстоятельства/в случае необходимости

if required - в случае необходимости

when required - когда будет нужно

requirement - **n.** - требование, необходимое условие; нужда, потребность

examination requirements - экзаменационные требования

daily requirements - повседневные нужды

to meet the requirements - удовлетворять требования/потребности

RESCIND - **v.** - отменять, брать обратно, аннулировать, объявлять недействительным; расторгать (контракт)

to rescind an agreement/a contract/a decision/a vote - аннулировать соглашение/контракт/ от-

менить решение/признать голосование недействительным

rescission - **n.** - аннулирование, отмена, расторжение

RESERVATION - **n.** - резервирование, сохранение; оговорка; предварительный заказ, заранее заказанное место; резервация

to make a reservation - забронировать (место и т.п.)

to express reservations - высказать оговорки/условия

to speak without reservations - говорить без недомолвок/напрямик

to accept smth. without reservations - принимать что-л. полностью/без оговорок

to answer without reservations - отвечать начистоту

to have reservations about the result - иметь сомнения/сомневаться относительно результата

RESHUFFLE - **n.** - перестановка; перегруппировка; передислокация

to announce a Cabinet reshuffle - объявить о перестановках в кабинете министров

reshuffle - **v.** - производить перестановку/передвижку; перегруппировать; производить передислокацию

RESIGN - **v.** - отказаться от должности, слагать с себя обязанности, уходить в отставку; отказываться (от права и т.п.); передавать (на чье-л. попечение); уступать, примиряться, подчиняться

to resign from the Cabinet - выйти из состава правительства

to resign a claim - отказаться от требования/от претензии

to resign children to smb's care - оставлять детей на чье-л. попечение

to resign oneself to one's fate - смириться с судьбой

resignation - **n.** - отказ от должности, уход с поста; отставка, уход в отставку или на пенсию; заявление об отставке; покорность, смирение

to hand/to offer/to send in one's resignation - подавать заявление об отставке или об уходе на пенсию

to accept one's fate with resignation - покорно смириться с судьбой

resigned - **adj.** - покорный, смирившийся; вышедший в отставку

the lately resigned prime minister - недавно вышедший в отставку премьер-министр

RESIST - **v.** - сопротивляться, противиться, противодействовать; не поддаваться, противостоять; воздерживаться (от чего-л.)

to resist the enemy/lawful authority/disease/old age/ temptation/a cigarette, laughter - оказывать сопротивление врагу/ законной власти; не поддаваться болезни/ старости/ искушению/ желанию покурить; сдерживать смех

resistance - **n.** - сопротивление, противодействие, сопротивляемость

resistance to weather - погодоустойчивость

to offer resistance - противостоять, оказывать сопротивление

to break down the resistance of the enemy - сломить сопротивление противника

to arouse resistance with/of the public - вызывать неприятие/ раздражение у народа

RESOLUTION - **n.** - решительность, решимость; твердость (характера); решение, твердое намерение; резолюция; разрешение (проблемы)

a joint resolution - совместная резолюция

a draft resolution - проект резолюции

a resolution on/in favour of ... - резолюция, постановление о/по (вопросу)/в пользу/в защиту/за ...

to present/to submit/to put forward/to forward a resolution - вносить резолюцию

to propose/to move a resolution - предлагать резолюцию

to table a resolution - предлагать, обсуждать, выносить, ставить на обсуждение/*(ам.)* отложить принятие, положить под сукно резолюцию

to adopt/to pass/to carry a resolution - принимать резолюцию/ выносить решение

to approve/to endorse a resolution - одобрять резолюцию

to abide by/to comply with a resolution - соблюдать резолюцию

to implement/to fulfil a resolution - выполнять резолюцию

to vote down/to defeat a resolution - отклонить резолюцию to reject a resolution - отвергнуть резолюцию

to push through/to railroad a resolution - протащить резолюцию

the resolution was defeated by 213 votes to 38 with 18 abstentions - резолюция была отклонена 213 голосами против 38 при 18 воздержавшихся

in defiance of the SC resolution - вопреки резолюции СБ

RESORT - n. - обращение (за помощью); прибежище; утешение, надежда, спасительное средство; посещаемое место (отдыха, прогулок), курорт

to make resort to smb./to smth. - обращаться к кому-л./прибегать к чему-л.

without resort to force/violence - не прибегая к силе/к насилию

in/as the last resort - как последнее средство

resort - v. (to) - прибегать/обращаться (к чему-л.); посещать, бывать (где-л.)

to resort to blows - пустить в ход кулаки

RESOURCE - n. - (мн.ч.) запасы, ресурсы, средства; возможность; способ; находчивость

mismanagement of human and material resources - неправильное управление/злоупотребление людскими и материальными ресурсами

to make the most of one's resources - до конца использовать свои возможности.

to be at the end of one's resources - исчерпать свои возможности

to draw upon one's own resources - обходиться своими (собственными) средствами/ ресурсами

a man of great/of no resource - изобретательный/ненаходчивый человек

resourcefulness - n. - находчивость, изобретательность

to display great resourcefulness - проявлять большую находчивость

RESPOND - v. - отвечать, делать что-л. в ответ, реагировать (на что-л.)

to respond with a blow - ответить ударом

to respond to kindness/a proposal - откликнуться на доброту/отозваться на предложение

response - n. - ответ, реакция, реагирование, отклик

in response to your inquiry - в ответ на ваш запрос

responses to the president's message - отклики на послание президента

the appeal met with a generous response - обращение нашло широкий отклик

to find a warm/world-wide response - найти теплый/всемирный отклик

a rapid-response force - силы быстрого реагирования

responsibility - n. - ответственность, обязанность, обязательство; надежность

a high sense of responsibility - высокое чувство ответственности

a post/a position of responsibility - ответственный пост

on one's own responsibility - под свою ответственность

to assume/to accept/to take responsibility - взять на себя ответственность/обязанность

to bear/to carry responsibility - нести ответственность

to claim responsibility for the explosion - взять на себя ответственность за взрыв

to decline all responsibility for smth. - не брать/снять с себя всякую ответственность за что-л.

the responsibility rests with the author - автор несет ответственность

to be relieved of responsibility - быть освобожденным от обязательства/обязанности/ ответственности

RESTRAIN - v. (production/activity/ power/trade/passion/ambition) - сдерживать, держать в узде; ограничивать (производство/деятельность/ власть/ торговлю); обуздывать (страсти/ честолюбие и т.п.)

to restrain smb. - сдерживать/ ограничивать кого-л.; лишать кого-л. свободы

restraint - **n.** - сдержанность; замкнутость, скованность; ограничение (торговли/ деятельности/ свободы действий и т.п.), лишение свободы; обуздание

the restraints of poverty - тиски бедности

to impose restraints - вводить ограничения

to exercise restraint - проявлять сдержанность

to speak without restraint - говорить свободно/не стесняясь

RESTRICT - v. - ограничивать, держать в определенных пределах; сводить к чему-л.

to restrict smb's freedom - ограничивать чью-л. свободу

to restrict one's speech to two points - ограничить выступление двумя вопросами

he is restricted to six cigarettes a day - ему разрешают курить только шесть сигарет в день

restricted - **adj.** - узкий, ограниченный; для узкого круга; конфиденциальный

restricted application - узкое/ограниченное применение

restricted area - запретная зона

restricted publication - издание с грифом "для служебного пользования"

restriction - **n.** - ограничение, ограниченность, связанность; отсутствие свободы действий

restrictions to fly in battle aircraft - ограничения на полеты в боевых самолетах

to place/to impose restrictions on smth. - вводить ограничения на что-л.

to lift restrictions - снимать ограничения

RESURGENCE - n. - возрождение, воскрешение

resurgence of militarism/ of (a) war spirit - возрождение милитаризма/духа войны

resurgent - **adj.** - возрождающийся, возродившийся; оживший; восставший, поднявшийся на борьбу

resurgent nationalism - возрождающийся/поднимающий голову национализм

RETALIATE - v. - мстить; предъявлять встречное обвинение; наносить ответный удар, дать отпор

to retaliate an insult - ответить оскорблением на оскорбление

to retaliate upon the enemy - нанести ответный удар врагу

a retaliating attack - ответное нападение

retaliation - **n.** - воздаяние, возмездие, ответный удар

fear of retaliation - страх перед возмездием

dire warning against retaliation - суровое предупреждение против принятия ответных мер

in retaliation for smth. - в ответ на что-л. (как отплата/возмездие)

RETIRE - v. - удаляться, уходить; ложиться спать; (воен.) отходить; оставлять должность, выходить на пенсию/в отставку

to retire from sight - исчезать из вида

to retire from the army - уходить в отставку

retired - **adj.** - удалившийся от дел, в отставке, на пенсии; уединенный, скрытный

retirement - **n.** - отставка, выход в отставку/на пенсию; уединение

REVENGE - n. - месть, мщение, отмщение, жажда мести, реванш

in/out of revenge - в отместку

to have/to take one's revenge upon smb. (for smth.) – отомстить кому-л. (за что-л.)

to feed one's revenge - лелеять мечту о мести/подогревать чувство мести

a revenge-seeker - реваншист

revenge - **v.** - мстить, отомстить

to revenge oneself upon smb. for smth. - отомстить кому-л. за что-л.

to revenge an injustice – отомстить за несправедливость

revengeful - **adj.** - мстительный, жаждущий мщения

REVIEW - n. - рассмотрение, обзор, обозрение, пересмотр; повторение пройденного материала; рецензия (критический обзор); периодическое издание/журнал; (воен.) парад, смотр

a review of a charter/a treaty - пересмотр устава; рассмотрение/обзор действия договора

a press review - обзор печати

a review of to-day's newspapers - обзор сегодняшних газет

a review of the UN activities - рассмотрение/обзор деятельности ООН

a weekly review - еженедельное издание/обзор

a period under review - рассматриваемый период времени, отчетный период

a review conference - конференция по рассмотрению действия (договора)

to come under review - рассматриваться, изучаться

review - **v.** - рассматривать, пересматривать, делать обзор в печати; повторять пройденный материал; быть рецензентом; принимать парад

to review the situation - анализировать положение, рассматривать положение вещей

to review for a newspaper - быть рецензентом в газете

REVITALIZATION - n. - оживление, возрождение; прилив новых сил/энергии

revitalize - **v.** - оживлять, воскрешать; вливать новые силы/энергию

to revitalize the formerly adopted resolution - вдохнуть жизнь в/вернуть к жизни ранее принятую резолюцию

REVIVAL - n. - возрождение, расцвет; возвращение к жизни, восстановление сил; пробуждение; возобновление (пьесы, фильма/договора и т.п.)

a revival of traditions/of Islamic fundamentalism - возрождение традиций/ исламского фундаментализма

a revival of the whole continent - пробуждение всего/ целого континента

revive - **v.** - возрождать(ся), воскресать, расцветать; оживлять, воскрешать, пробуждать(ся); возвращать(ся) к жизни; приходить в себя; восстанавливать(ся); реставрировать

to revive the process/an interest - возродить процесс/оживить интерес

to revive a play - возобновить постановку/пьесу

his spirits revived - он воспрянул духом

REWARD - n. - награда, вознаграждение; воздаяние; денежное вознаграждение; премия

a reward of valour/for service - награда за мужество/за службу/услуги

in reward for smth. - в награду за что-л.

a reward of fifty pounds - вознаграждение в размере пятидесяти фунтов

to offer a reward for smth. - предложить вознаграждение, вознаградить за что-л.

reward - **v.** - вознаграждать, воздавать должное; оплачивать; давать награду или денежное вознаграждение, платить (жалованье и т.п.)

to reward smb. for smth. - наградить кого-л. за что-л.

rewarding - **adj.** - вознаграждающий, полезный, стоящий, приносящий удовлетворение, благодатный

to find smth. rewarding - считать что-л. полезным/стоящим

RID - v. (rid, ridded) - освобождать, избавлять; очищать, расчищать

to rid oneself of debt - расплатиться с долгами

to rid smb. of fear - избавить кого-л. от страха

to rid mankind of nuclear weapons - избавить человечество от ядерного оружия

to get rid of smth./smb. - освободиться/отделаться/избавиться от чего-л./кого-л.

riddance - **n.** - избавление, устранение; очистка

good/happy riddance - счастливое избавление (от чего-л./ кого-л.)

good riddance! - слава богу, избавились/тем лучше

RIDE - n. - прогулка (на велосипеде, верхом на лошади, поездка на автобусе и т.п.), дорога/ аллея для верховой езды

a free ride - бесплатный проезд

to take smb. for a ride - провести кого-л., подшутить над кем-л.

ride - v. (rode, ridden) - ехать, ездить верхом; управлять, водить; гнать, катиться, катать(ся); обуревать; зависеть (от чего-л.)

their plans ride on his nomination - их планы зависят от выдвижения его кандидатуры/от его назначения

fear-ridden - охваченный страхом

bed-ridden - прикованный к постели

a police-ridden state - полицейское государство

RIGHT - n. - право, привилегия; право на использование чего-л.; правильность, правота, справедливость; (мн.ч.) порядок

right to work/education/self-determination, etc. - право на труд/образование/самоопределение и т.п.

by right or wrong - всеми правдами и неправдами

to be in the right - быть правым

to defend the right - защищать справедливость/правое дело

to do smb. right - отдавать кому-л. должное

as of right - как полагающийся по праву, как само собой разумеющийся

in one's own right - (юр.) в своем праве, сам по себе, независимо от других людей или обстоятельств

Marie Curie was a great scientist in her own right - Мария Кюри и сама была выдающимся ученым

legitimate/sovereign/civil/equal/inalienable, inherent rights - законные/ суверенные/ гражданские/равные/неотъемлемые права

human rights - права человека

rights and duties - права и обязанности

the right of legation - (дип.) право посольства/право посылать дипломатическое представительство

right to an independent state - право на создание независимого государства

to have/to enjoy/to protect/to promote, to foster/to secure/to monitor human rights - иметь/ пользоваться/ защищать/ способствовать соблюдению/ укреплять, обеспечивать/ наблюдать за соблюдением прав человека

to give/to ensure smb. the right - давать/ обеспечивать кому-л. право

to deprive smb. of/to deny smb. the right - лишать кого-л. права

to encroach upon the rights - посягать на права

infringement of the rights - нарушение прав

to bring/to put/to set to rights - приводить в порядок

RIOT - n. - мятеж, бунт, восстание; нарушение общественного порядка; необузданность, буйство

a riot call - *(ам.)* вызов подкрепления для подавления беспорядков

to quell the riot - подавить бунт

to indulge in a riot of emotion - предаваться разгулу чувств

to run a riot - буйствовать, переступать все границы/давать волю фантазии

in full riot - в полном разгаре

riot - v. - принимать участие в мятеже/бунте; бесчинствовать, нарушать общественную тишину и порядок

to riot in emotion - дать волю своим чувствам

to riot away one's inheritance - промотать свое наследство

rioter - n. - мятежник, бунтовщик, нарушитель общественного порядка

RIVAL - n. - соперник, конкурент; противник

without a rival - не имеющий соперников/себе равных; превосходный, непревзойденный, вне конкуренции

rival - adj. - соперничающий, конкурирующий

rival clans - соперничающие кланы/клики/племена/семейства

a rival decision - альтернативное решение

rival - v. - соперничать, конкурировать

rivalry - n. - соперничество, конкуренция

to defuse rivalry - ослабить соперничество

ROADBLOCK - n. - заграждение на дороге; засада; дорожный контрольно-пропускной пункт; помеха, препятствие

to set roadblocks - установить заграждения на дороге

to throw a roadblock - создавать препятствие

ROOT - n. - корень; основание; родоначальник, предок; род, давший много ответвлений; причина, источник; база; *(мн.ч.)* корни, связи

the root of the matter - суть дела, сущность вопроса

the root of the evil - корень зла

the root principle/cause/idea – основополагающий принцип/коренная причина/ исходная, первоначальная идея

at the root - в своей основе

to get at/to the root - добраться до сути (дела)

to strike at the root of smth. - подрывать саму основу чего-л.

to take/to strike root - пускать корни, укореняться, приживаться

civilization took root here - здесь появилась/зародилась цивилизация

to pull up one's roots - сняться с насиженного места, переменить местожительство/работу

to put down new roots - пустить корни на новом месте

to lay axe to root - выкорчевывать

grassroots - n. - простые люди, широкие массы; основа и источник

grassroots - **adj.** - стихийный, возникший в народе; низовой, массовый

grassroots movement - стихийное движение

grassroots democracy - народовластие

at grassroots level - на низовом уровне, на уровне широких масс

root - **v.** - пускать корни, укореняться; сажать; внедрять(ся); приковывать, пригвождать

war is rooted in economic causes - в основе войн лежат экономические причины

to root out subversive elements - ликвидировать/искоренять подрывные элементы

to root out/to root up/to uproot trees - выкорчевывать деревья

RUN - **n.** - бег, пробег; короткая поездка; рейс, маршрут; разбег (самолета); отрезок времени; полоса; ход, работа; показ (фильма и т.п.); тираж

on the run - на ходу, в движении/в бегах

a run to Paris - кратковременная поездка в Париж

a day's run - день пути

a run of success/of good luck/of ill luck - полоса успеха/удачи/невезения

a long run of power - долгое пребывание у власти

a run of three thousand (copies) - тираж в три тысячи экземпляров

a run on rubber/on the book, etc. - спрос на резину/на книгу и т.п.

a run on the bank - *(комм.)* наплыв в банк требований о воз-

вращении вкладов/ массовое изъятие вкладов из банка

to give smb. a (free) run of one's house/books, etc. - разрешить кому-л. распоряжаться/пользоваться своим домом/своими книгами и т.п.

the first run of the film - премьера кинофильма/выход кинофильма на экран

to give smb./to let smb. have a good run for his money - *(бр., ирон.)* предоставить кому-л. все удовольствия на свете; заставить кого-л. побегать/поволноваться; *(ам., разг.)* стоить крови; дать прикурить

in the long run - в конечном счете/итоге

run-off - **n.** - отбросы, отходы (промышленности)

run-off - **n.** = **run off election** - решающий исход борьбы; последний тур выборов с участием двух ведущих кандидатов (не получивших абсолютного большинства)

run-off primary - решающий исход борьбы на предварительных выборах

RUN - **v.** **(ran, run)** - бегать; гнать; спасаться бегством; следовать (о транспорте); лететь, идти (о времени); распространяться; быть действительным на определенный срок; течь; гласить; руководить (учреждением), вести (дело), управлять (автомобилем и т.п.), действовать (о машине и т.п.), проводить (соревнования и т.п.); демонстрировать (фильм и т.п.); подвергаться (опасности/риску); опубликовать; баллотироваться (на пост), выставлять (кандидатуру)

he ran himself out of breath - у него перехватило дыхание от бега

to run smb. breathless/off smb's logs/off smb's feet - загнать кого-л. до изнеможения

to run for it - искать спасения в бегстве

to run off the rails - сойти с рельсов/сбиться с пути (праведного)

buses run every three minutes - автобусы ходят с интервалом в три минуты

time runs/flies - время бежит/летит

news runs like wildfire/like lightning - новости распространяются с молниеносной быстротой

the story runs that ... - в рассказе/в книге говорится ...

to run a factory - управлять фабрикой

to run the external affairs of the state - руководить внешней политикой государства

to run a washing machine - пользоваться стиральной машиной

to run errands - выполнять поручения

the book ran into six editions - книга выдержала шесть изданий

to run counter to smth. - противоречить, идти вразрез с чем-л.

the film runs at 8 - показ фильма начинается в 8 часов

to run a risk - подвергаться опасности/рисковать

to run low - истощаться (о запасах)

to run out of smth. - истощать запасы чего-л.

time is running out/short - время подходит к концу

to be/to feel run down - сильно уставать/испытывать сильное переутомление

to run in an election - баллотироваться на выборах

to run for parliament - баллотироваться в парламент

a front-runner for top nomination - первый претендент/лидирующий кандидат на пост президента

runaway - adj. - убежавший, беглый; доставшийся без труда; неудержимый, быстро растущий, вышедший из-под контроля

a runaway train - потерявший управление/сошедший с рельсов поезд

a runaway victory - легкая победа

a runaway inflation - безудержная инфляция

S

SACRED - adj. (duty, memory, songs, writing, book, procession, service, promise, person) - святая (обязанность), священная (память о чем-л.), духовные (песнопения), священное (Писание, Библия), религиозная (процессия, богослужение), нерушимое, торжественное (обещание); неприкосновенная (личность); святой

sacrifice - n. - жертва; жертвоприношение, пожертвование; *(комм.)* убыток

noble/ heroic/ useless/ needless sacrifice - благородная/ героическая/ бесполезная/ ненужная жертва

to make a sacrifice - приносить жертву, идти на лишения

to fall a sacrifice to smth. - пасть жертвой чего-л.

at the cost of heavy sacrifice - ценой больших жертв

sacrifice prices - убыточные цены

sacrifice - v. - приносить жертву, жертвовать

SAFE - adj. (speed/partner/ guess/ arrival/ driver/ policy/ man) - безопасная, не представляющая опасности (скорость), надежный (партнер), верное, безошибочное (предположение), благополучное (прибытие), осторожный (водитель, политика), осмотрительный (человек)

a safe haven - безопасный район

safe and sound - живой и невредимый

to be/to keep on the safe side - на всякий случай, для бо́льшей верности

safeguard - n. - гарантия; мера предосторожности; *(воен.)* конвой, охрана

adequate safeguards - адекватные/ достаточные гарантии

safeguard - v. - гарантировать; охранять, предохранять; обеспечивать

to safeguard smb's interests, rights - охранять чьи-л. интересы/права

safety - n. - безопасность, охрана; невредимость, сохранность; гарантия

safety first/above all - безопасность прежде всего; "соблюдайте осторожность"

marginal safety - допустимый предел, обеспечивающий безопасность; слабая безопасность

safety for/of life and property - неприкосновенность личности и собственности

safety arrangements and precautions - охрана труда/техника безопасности; меры безопасности и предосторожности

to play for safety - играть наверняка, делать что-л., не подвергая себя опасности

SANCTION - n. - санкция, ратификация, утверждение; поддержка, согласие, одобрение, разрешение

wide-ranging/punitive, vindicatory sanctions – широкомасштабные/карательные санкции

a tacit/moral/legal sanction - молчаливое/ моральное/ юридическое одобрение

an official sanction - официальное утверждение/разрешение

to apply/to put in place, to impose/ to re-impose/ to keep/to ease, to relax/to lift, to remove sanctions - применять/вводить/ вводить вновь/сохранять/ослаблять/ снимать санкции

to give/to grant sanctions to smth. - утверждать что-л., давать санкцию на что-л.

to obtain the sanction of the proper authorities - получить санкцию соответствующих органов

<u>sanction</u> - v. - санкционировать, ратифицировать, утверждать; одобрять, разрешать

SAY - n. - высказывание, мнение, авторитет, влияние

it is now my say - теперь слово за мной, моя очередь говорить

to say one's say - высказывать все, что думаешь

to have a say on smth. - высказывать свое мнение о чем-л.

to have a say in the matter - иметь влияние в каком-л. деле

I have no say in the matter - не я решаю этот вопрос

to have the (final) say - *(ам.)* иметь право принимать окончательное решение

<u>say</u> - v. (said, said) - говорить, сказать, утверждать, сообщить; гласить, говориться; считать, полагать; свидетельствовать

that is to say (i.e. = id est = that is) - иначе говоря, то есть

SCALE - n. - масштаб, размер, охват, размах; шкала; гамма; уровень, ступень (развития)

on a large/ small/ world-wide scale - в большом/малом/мировом масштабе

to live on a grand scale - жить на широкую ногу

a vast/ unprecedented/ tremendous scale of smth. - широкий/небывалый/огромный размах чего-л.

the scale of wages/ pensions/ taxation - шкала заработной платы/пенсий/налогообложения

to be high/low in the scale of development - стоять на высокой/ низкой ступени развития

the scale of destruction - размер/масштаб разрушений

<u>scale</u> - v. - изображать в масштабе, иметь общий масштаб; вычислять размах чего-л., регулировать объем чего-л.

to scale up wages/armaments/ production - повышать зарплату, наращивать вооружения, расширять производство

to scale down prices/taxes/ imports - постепенно снижать цены/налоги; сокращать импорт

SCOPE - n. - пределы, рамки, границы (возможностей/понимания/ знаний); масштаб, размах; сфера, поле (деятельности); возможность (для чего-л.), простор (для действий)

the scope for investment - возможности для капиталовложений

the scope of smb's knowledge/interests - широта чьих-л. знаний/интересов

a mind of wide/limited scope - большой/ограниченный ум

to lie beyond smb's scope - выходить за пределы чьих-л. познаний/ возможностей/ компетенции

to be outside/beyond smb's scope of authority - быть не в чьей-л. власти/компетенции

to have full/free scope to act - иметь полную свободу действий

SCORE - n. - счет, долг, задолженность; *(спорт.)* счет, количество набранных очков; причина, основание; два десятка, *(мн.ч.)* множество

to run up a score (at some shop) – задолжать (в магазине, в лавке)

to reckon a score - подсчитать (долги)

to pay/to settle a score - расплачиваться/платить долги

to pay (off)/to settle/to wipe off a score - рассчитаться, свести счеты с кем-л.

to quit scores - расквитаться с кем-л.

an even/tied score - *(спорт.)* ничейный счет

a close score - *(спорт.)* счет при незначительном преимуществе одной стороны

an easy score - легкая победа

to keep (the) score - вести счет

on that score - по этой причине

to have no doubts on that score - не иметь никаких сомнений на этот счет

scores of people - множество людей

score - **v.** - выигрывать, получать преимущество, набирать очки; вести счет, одержать победу; делать зарубки/пометы; *(ам.)* ставить отметки на экзамене; критиковать

to score out - вычеркивать

to score severely - резко критиковать

SCRAP - **n.** - кусочек, клочок, обрывок; мизерное количество; *(мн.ч.)* остатки, объедки; вырезки (из газет, книг); металлический лом

a mere scrap of paper - клочок бумаги; пустое обещание

to catch scraps of conversation - услышать обрывки разговора

to pick up scraps of knowledge - набраться отрывочных знаний

a scrap of hope - проблеск надежды

to collect scraps - собрать газетные вырезки

scrap - **v.** - сдавать/превращать в лом, выбрасывать за негодностью, *(воен.)* снять с вооружения

to scrap old programs - отказаться от старых программ

scrap arms! - оружию нет!

SCRATCH - **n.** - царапина, царапанье, скрип; каракуля; фальшивый чек

up to scratch - на должной высоте, в полной готовности

to bring smb. (up) to the scratch - *(спорт.)* вызвать на старт, заставить кого-л. решиться на борьбу, подготовить кого-л. к сдаче экзамена

to be brave till it comes to the scratch - быть храбрым, пока не дошло до дела/храбрым на словах

to start from scratch - начинать на голом месте, не иметь никакой помощи/ преимущества, начать с нуля

scratchpad - **n.** - блокнот

scratch paper - бумага для черновиков

scratch - **v.** - царапать(ся); скрипеть, чиркать; вычеркивать; отказываться от чего-л.

to scratch an engagement - отменить встречу

to scratch one's head over smth. - ломать голову над чем-л.

to scratch one's way – пробиться, преуспеть (с трудом)

scratch my back and I will scratch yours - услуга за услугу/ты - мне, я - тебе

to scratch along - сводить концы с концами

SECEDE - v. **(from a union/a party/ church)** - выходить (из союза); откалываться (от партии); отпадать, отделяться (от церкви)

to secede from a military bloc - выйти из военного блока

secession - n. **(from an association/ a federation/ a party/ a church)** - выход (из ассоциации, федерации); раскол (в партии), отделение (от церкви); *(собир.)* сепаратисты, раскольники

secessionist - n. - сепаратист, раскольник, отступник

SECURE - v. **(peace/ measures/ rights)** - обеспечивать, надежно защищать, охранять; гарантировать (мир/меры/права); закреплять, запирать; приобретать, хранить в надежном месте

to secure a high government position - добиться назначения на высокий государственный пост

security - n. - безопасность, органы безопасности; секретность; уверенность (в будущем), защита, охрана, гарантия

tough/tight, high-profile security - жесткие/надежные меры безопасности

to maintain/to consolidate/to enhance/to ensure/to safe-guard/to guarantee/ to diminish/ to infringe on/ to undermine security - поддерживать, сохранять/укреплять/ упрочивать/ обеспечивать/ защищать/ гарантировать/ наносить ущерб/посягать на/ подрывать безопасность

to endanger public security - угрожать общественной безопасности

security classification - гриф секретности

confidence and security building measures - меры укрепления доверия и безопасности

building of dependable security - создание надежной безопасности

national security considerations - соображения национальной безопасности

the principle of undiminished security (for each side) - принцип ненанесения ущерба безопасности (какой-л. из сторон)

SELFSUFFICIENCY - n. - независимость, самостоятельность; *(эк.)* самообеспеченность, самодостаточность, опора на собственные силы

goal of selfsufficiency - цель – самообеспеченность/ экономическая независимость

selfsufficient - adj. - независимый, самостоятельный, *(эк.)* экономически самостоятельный

selfsufficing - adj. - независимый, не нуждающийся в помощи или совете; самостоятельный; самонадеянный, самоуверенный

a selfsufficing space suit - скафандр космонавта с автономной системой жизнеобеспечения

SELL - n. - *(разг.)* умение торговать; обман, надувательство; предательство

hard sell - навязывание товара/настойчивое рекламирование

soft sell - тонкое/ненавязчивое рекламирование; популяризация товара

sell - v. (sold) - продавать(ся), торговать; содействовать продаже; *(ам.)* рекламировать; уламывать; обманывать

agreement to sell - *(комм.)* соглашение о продаже

to sell for a song/for nothing - отдать почти даром

to sell at best - *(бирж.)* продавать по наиболее выгодной цене/по наилучшему курсу

to sell on credit/for cash - продавать в кредит/за наличные

to sell wholesale/retail - продавать оптом/в розницу

to sell badly, hard, heavily/well, easily, readily - иметь плохой/хороший сбыт

to sell like hot cakes/like wildfire - быть нарасхват

goods made to sell - ходовой товар

to sell the free-enterprise system - пропагандировать/рекламировать систему свободного предпринимательства

to sell space - представлять (за плату) место на страницах газеты/ журнала (для объявлений и т.п.)

comics sell newspapers - комиксы обеспечивают спрос на газеты

to sell time - *(ам.)* предоставлять (за плату) возможность выступить по радио или телевидению в определенное время

to sell oneself and one's ideas - заниматься саморекламой, уметь подать себя и свои идеи

the idea will sell - эта мысль будет подхвачена/будет воспринята положительно

to sell one's saddle - *(ам.)* впасть в нищету/дойти до ручки

to sell smb. down the river - *(ам., ист.)* продать на Юг рабов/продать в рабство/предать кого-л./отдать в руки врагов

SEMBLANCE - n. - подобие, сходство; (внешний) вид; видимость

a feeble semblance of smth. - слабое подобие чего-л.

to create a semblance of order - создавать видимость порядка

to put on a semblance of anger/of gaiety - притворяться сердитым/веселым

SENIOR - adj. - старший (об отце, об учениках в школе, о старшем по возрасту/положению); старейший; пожилой, человек пенсионного возраста

John Smith S. - Джон Смит старший (отец)

the senior partner - глава фирмы

senior pupils - ученики старших классов

a senior student - студент старших курсов

a senior citizen - гражданин старшего поколения, пенсионер

a senior high school - *(ам.)* полная средняя школа (включает 10-12 классы)

seniority - n. - старшинство; превосходство (в положении, ранге); трудовой стаж, выслуга лет

in order of seniority - в порядке старшинства

seniority benefits - вознаграждение за выслугу лет

seniority pay - надбавка к зарплате за выслугу лет

SENSE - n. - чувство, ощущение, восприятие; *(мн.ч.)* сознание, рассудок, разум; значение

a sense of togetherness/belonging - соборность, чувство принадлежности/общности

in one's right senses - в здравом уме

to lose/to take leave of/to be out of one's senses - сойти с ума

to recover/to regain one's senses - прийти в себя/в сознание

to come to one's senses - образумиться, прийти в себя

to bring smb. to one's senses - образумить кого-л.

sense, common sense - здравый смысл

to talk sense - говорить разумно

to make sense - иметь смысл

a strict/ literal/ archaic sense - точное/ буквальное/ устаревшее значение

<u>**sensitive**</u> **- adj.** - чувствительный, впечатлительный, восприимчивый; *(полит.)* секретный

sensitive in terms of security - секретный с точки зрения безопасности

sensitive nature - ранимая природа; секретный/ щекотливый характер (чего-л.)

SERVICE - n. - услужение, работа, служба; учреждение; сфера услуг; военная служба, род войск; сервис; богослужение

to have ten years of service - иметь десятилетний стаж работы

to be in the civil service - быть на гражданской/государственной службе

foreign service - дипломатическая служба

to institute a new air service - ввести новую линию воздушного сообщения

to be called up for active service - быть призванным на действительную военную службу

to do one's military service - проходить военную службу

to be in the service - служить (в армии)

fit for service - годен к военной службе

to quit the service; to be dismissed/discharged from the service - увольняться; быть уволенным с военной службы

the three services - the army, the navy, the aviation - три рода войск - сухопутные войска, военно-морской флот и военно-воздушные силы

to do great services to one's country - иметь большие заслуги перед страной

for outstanding public service - за выдающиеся заслуги на государственной службе

community services - бытовое обслуживание/услуги

service charge - (до)плата за обслуживание

to have seen service - быть в долгом употреблении, износиться

to pay lip service to - признавать, поддерживать только на словах (а не на деле), лицемерить

service - **v.** - обслуживать; производить осмотр; заправлять (горючим)

SESSION - **n.** (closing/closed, private, secret/formal, official/unofficial/ plenary/ extraordinary/ emergency/ special/regular) - сессия, заседание, совещание, встреча (заключительная/ закрытая/официальная/ неофициальная/ пленарная/ чрезвычайная/ экстренная/ специальная/ очередная)

to hold/to adjourn/to attend/to conclude/to open/ to close, to wind up/to prolong/to resume/to cancel, to call off a session - проводить/откладывать, прерывать, заканчиваться (в ООН)/присутствовать (на)/завершать/ открывать/ закрывать/продлевать (работу)/ возобновлять/ отменять заседание/сессию

to be in session - заседать

to meet in special session - собраться на специальную сессию

to go into closed session - проводить закрытое заседание

SET - **adj.** (eyes/face/wage, price/ rules/program, purpose/arrangements/expression, etc.,) - неподвижные (глаза), застывшее (выражение лица), твердо установленный (оклад, цена), постоянно действующие (правила), неизменная (программа, цель), незыблемые (договоренности, меры), шаблонное, устойчивое (выражение)

of set purpose - с умыслом

on set purpose - нарочно, намеренно

at set hours - в установленные часы

all set - *(шутл.)* в полной боевой готовности

all set to do smth. - горящий желанием/готовый сделать что-л.

set - **v.** (set) - ставить, помещать, класть; располагать(ся); подготавливать; устанавливать, назначать

to set a great deal/little on smth. - придавать чему-л. большое/небольшое значение

to set smb./smth. at naught - ни во что не ставить, презирать кого-л./что-л.

to set smb. on the right/wrong track - направить кого-л. по правильному/ложному пути

to set a target/a deadline/a limit/ (a) boundary/the pace - наметить цель/установить окончательный срок/предел/ границу/ задать темп

to set a precedent - создавать прецедент

to set a date/time/a price - назначить, определить дату/время/ цену

to set forth one's opinion at length - подробно излагать/разъяснять свою точку зрения

setback - **n.** (in development/ prices/the state of a patient) - задержка (развития), препятствие, *(эк.)* регресс/спад, понижение (цен)/неудача; рецидив (болезни); *(воен.)* отход, отступление

to have/to endure/to bear/to suffer a setback - потерпеть неудачу

a political setback for smb. - чье-л. политическое поражение

SETTLE - **v.** - решать, договариваться, заключать сделку; прийти к соглашению; улаживать, разрешать, урегулировать; закончить дело; уплатить долг; поселиться

to settle a question once and for all - решить вопрос раз и навсегда

to settle the price/the terms - договариваться о цене/об условиях

to settle an argument/a quarrel/differences - улаживать спор/ссору/разногласия

to settle somewhere - поселиться где-л.

settlement - **n.** - поселение; урегулирование, соглашение; расчет, уплата

an all-embracing, overall, comprehensive/ final, ultimate/ lasting/ durable/ equitable/ separate/ rapid/ negotiated settlement – всеобъемлющее/ окончательное/ длительное/ прочное/ равноправное/ сепаратное/ быстрое урегулирование; урегулирование путем переговоров

SHAKE - **n.** - встряска, толчок, удар; лихорадка; потрясение; коктейль

to give smb. the shakes - нагнать страху на кого-л.

in a shake/in half a shake/in a couple of shakes/in the shake of a hand - в мгновение ока, моментально

shake - **v. (shook, shaken)** - трясти(сь), сотрясать(ся), дрожать; пожимать (руку); качать(ся), волновать; взбалтывать; *(ам.)*

избавляться (от кого-л.); поколебать

to be shaken by (with, at) smth. - быть потрясенным чем-л.

to shake oneself free of all responsibility - снять с себя всякую ответственность

to shake smb's faith - подорвать чью-л. веру

shake up - **n.** - встряска; коренная реорганизация (структуры, кадров); *(ам.)* перемещение должностных лиц

a governmental shake-up/ a shake-up in the government – перестановки в правительстве

shake up - **v.** - тряхнуть, взбудоражить, шокировать; радикально реорганизовать (структуру, кадры)

SHAPE - **n.** - форма, очертание; порядок; вид, образ, облик; фигура

to be in the best/good/fair/bad shape - быть в наилучшем/хорошем/приличном/плохом состоянии/форме

the plan is taking shape - план уже начинает складываться/ вырисовываться

in no shape/form - никоим образом, ни под каким видом, ни в коем случае

a political shape (in a country) - расстановка политических сил, политическая ситуация (в стране)

shape - **v.** - придавать форму; делать, создавать; приводить в порядок; принимать форму/вид, формироваться, приспосабливать to shape a plan/a foreign policy course - разработать план/внешнеполитический курс

the way things/events are shaping - оборот, который принимают дела/события; как складываются дела

SHARE - n. - доля, часть, удел; участие, роль; акция, пай

one's share of the expenses - чья-л. доля расходов

to bear one's share of responsibility - нести свою долю ответственности

to hold shares in a company - иметь акции какой-л. компании

shares fall, drop/rise, go up - акции падают/поднимаются в цене

share - v. (grief/sorrow/opinion/ likes and dislikes/hardships/ one's lot/ power/ responsibility/ limelight/ expenditure/ technology) - распределять; участвовать (в чем-л.), иметь долю или часть, делить, разделять (горе/печаль/мнение/вкусы/ трудности/судьбу/власть/ ответственность/популярность/ расходы); совместно использовать (технологию)

to share and share alike - участвовать на равных

to share in a firm - быть пайщиком фирмы

shared aims - общие/совместные цели

SHATTER - v. - разбить(ся) вдребезги, расколоть(ся); расстраивать, расшатывать, разрушать, подрывать; рассеивать, развеивать

shattered power/confidence/illusions/hopes for smth. – подорванная мощь/доверие/ утраченные иллюзии/ надежды на что-л.

SHIFT - n. - перемещение, перестановка, перенос; перемена, смена, изменение, сдвиг; уловка, средство

a population shift - миграция; переселение населения

to work in shifts - работать посменно

shifts and changes of life - превратности жизни

a shift of meaning - (лингв.) изменение, сдвиг значения

nothing but shifts and excuses - ничего кроме уверток и отговорок

to try every shift available - испытать все возможные средства

to make shift - делать усилие, стараться; ухитряться, обойтись (чем-л.); добиваться, преодолевать трудности

to make shift with small means - обходиться небольшими средствами

a shift in the military balance - изменение/сдвиг военного равновесия

shift - v. - перемещать(ся), передвигать(ся), перекладывать; менять(ся); изменять(ся); прибегать к уловкам

to shift one's ground - изменить свою позицию

to shift the blame/the responsibility on to smb. - переложить вину/ ответственность на кого-л.

to shift the fault from oneself - снять с себя вину

to shift for a living - изворачиваться, чтобы заработать на жизнь

SHORTAGE - n. - нехватка, недостаток, дефицит, недостача

to combat shortage of smth. - бороться с нехваткой чего-л.

shortcoming - n. - недостаток, несовершенство; изъян, слабое место; проступок, небрежность; нехватка

a short cut - n. - короткий прямой путь; экономный, рациональный способ/метод достижения (чего-л.)

to take/to make a short cut - выбрать самый короткий путь, действовать без проволочек, использовать наиболее рациональный метод

it's a short cut from "Who is Who" to who is that? - от известности до забвения - один шаг

short-dated - adj. - краткосрочный

short end - (разг.) невыгодное, неблагоприятное положение

shortfall - n. - дефицит, недостача, нехватка

shorthand - n. - недовыпуск продукции; стенография

to write/to make notes in shorthand - стенографировать

shorthander - n. (a shorthand writer) - стенографист, -ка

shorthanded - adj. - испытывающий недостаток в рабочей силе/в кадрах; неукомплектованный

short-lived - adj. - недолговечный, мимолетный, преходящий, призрачный

shortly - adv. - вскоре

short of - prep. phr. - за исключением, исключая, кроме, если не; не доходя, не достигнув

threats of every action short of war - угроза применения любых мер, кроме военных

no way to solve the problem short of negotiations - нет иного пути решения проблемы, кроме переговоров

she stared at him short of crying - она уставилась на него, чуть не плача

to be/to fall short of smth. - не хватать, не достигать, не оправдывать

it fell short of our expectations - это не оправдало наших ожиданий

shortsighted - adj. - близорукий; недальновидный

a shortsighted politician/leader/policy - недальновидный/непрозорливый политик/ лидер; политика

SHOW - n. - показ, демонстрация; выставка; зрелище, спектакль, представление; киносеанс; картина; видимость

a show of force - демонстрация/проявление силы

to put up a good show - хорошо поставить спектакль, добиваться хороших результатов

to steal the show - затмить кого-л./ оказаться в центре внимания

to have/to bear/to carry a show of respectability - сохранять внешнюю респектабельность to run/to boss/to manage the (whole) show - (всем) заправлять

to vote by (a) show of hand(s) - голосовать поднятием руки

show - v. (showed, shown) - показывать(ся), появляться; указывать; выставлять (для обозрения); изображать; выявлять, обнаруживать

to show smb. a thing or two - объяснить кому-л. что к чему

to show smb. to/into/over/round a place - провожать, провести кого-л. куда-л./ сопровождать кого-л. (во время осмотра)

to show smb. one's heels - дать стрекоча, улепетывать (от кого-л.)

to show one's hand/one's cards - раскрыть свои карты/планы

showdown - n. - раскрытие карт, открытое заявление, откровенное признание; открытая проверка; проба сил

showdown of facts - обнародование/раскрытие всех фактов

to force a showdown - заставить кого-л. раскрыть свои карты/рассказать о своих планах

showdown of strength - демонстрация силы

showdown of views/of opinions - открытая борьба взглядов/мнений/откровенный обмен взглядами/мнениями

if it comes to a showdown - если уж быть откровенным, если говорить начистоту

a political showdown - политическое противоборство

shrink - v. (shrank, shrunk; shrunk, shrunken) - садиться, давать усадку; сжиматься, съеживаться, уменьшаться; сжимать; усыхать, исчезать

to shrink up to nothing - уменьшаться до предела

to shrink out of sight - исчезать из вида

the income/the gold reserve/ military forces shrink - доходы/золотой запас/вооруженные силы сокращаются

geography/atlas shrinks - расстояния сокращаются

SIT - v. (sat) - сидеть, сажать, усаживать; заседать; бездействовать; вмещать

the committee is sitting on the question of procedure - сейчас комиссия обсуждает процедурные вопросы

the hall sits (five hundred people) - этот зал вмещает/рассчитан на (пятьсот человек)

to sit on plans - отложить какие-то планы в долгий ящик

to sit on a report - скрыть от общественности/засекретить доклад

to sit on one's hands - воздерживаться от аплодисментов/от выражения одобрения; бездействовать

to sit on the fence/on the rail - выжидать; занимать нейтральную/ выжидательную позицию

to sit pretty - ловко устроиться; быть в выгодном/выигрышном положении

to sit fat - быть у власти; пользоваться влиянием, командовать

to sit back - расслабляться; бездельничать; не шевельнуть и пальцем

to sit in - присматривать за ребенком в отсутствие родителей; участвовать в сидячей забастовке/демонстрации

to sit in for smb. - заменять/подменять (кого-л.)

sit-down - **n.** - сидячая забастовка, демонстрация; короткое совещание

SITUATION - **n.** - ситуация, обстановка, положение, состояние; место (работа, служба), местоположение, расположение

a favourable/ explosive/ tense, strained/ grave/ dire/ worsening, deteriorating/ aggravated situation - благоприятная/ взрывоопасная/ напряженная/ серьезная/ ужасная/ ухудшающаяся/ обострившаяся ситуация/ положение

aggravation of the international situation - обострение международного положения

to shape/to fix/to deal with/to put up with/to monitor/to remedy/to improve/to defuse the situation - формировать, создавать/поправлять/иметь дело с/ мириться с/следить, наблюдать за/исправлять/ улучшать/ разблокировать ситуацию

a situation arises/develops - ситуация складывается/развивается

to know how the situation stands - знать, как обстоят дела

SKIRMISH - **n.** - столкновение, перестрелка

border skirmishes - пограничные столкновения/перестрелки

a skirmish of wits - борьба умов

skirmish - **v.** - сражаться, схватиться, завязать перестрелку

skirmishing - **n.** - перестрелка

SLASH - **n.** - хлесткий, резкий удар; разрез; урезывание

slash in retail prices - резкое снижение розничных цен

slash - **v.** - порезать, глубоко ранить; хлестать, бить; бичевать; резко критиковать; разрезать; резко сокращать, урезывать

to slash at smb. - подвергать кого-л. безжалостной критике

to slash the budget/funds/arsenals - резко сокращать бюджет/денежные средства/арсеналы

slashing - **adj.** - суровый, беспощадный, резкий; стремительный, сокрушительный

slashing criticism - беспощадная критика

SLAUGHTER - **n.** - забой, убой (скота); (массовое) убийство, резня, бойня, кровопролитие; избиение

fratricidal/indiscriminate/wholesale slaughter - братоубийственная бойня, огульная/массовая расправа/ резня

the slaughter of the innocents - *(библ.)* избиение младенцев

slaughter - **v.** - забивать, резать (скот); совершать массовое убийство/ кровопролитие; *(ам.)* продавать себе в убыток

slaughterer - **n.** - мясник (на бойне), живодер; виновник или участник массовых убийств/кровопролития; палач

SLEEVE - **n.** - рукав, втулка, гильза, муфта

to have smth. in/up one's sleeve - иметь что-л. про запас/на всякий случай/что-л. на уме to laugh up/in one's sleeve - смеяться украдкой/исподтишка

to wear one's heart on one's sleeve - не уметь скрывать своих чувств, не отличаться сдержанностью

SLIP - n. - скольжение, сползание; ошибка, промах

a slip of the pen/of the tongue - описка; обмолвка, оговорка

slip - v. - скользить; пропустить; двигаться незаметно, вкрадываться; ускользать; поскользнуться; ошибиться

time slips along/past - время летит

to slip over a subject - обойти какой-л. вопрос молчанием

to let a chance/an opportunity slip - упустить удобный случай/ благоприятную возможность

he slips now and then in his grammar - он иногда делает грамматические ошибки

things seem to slip (away) from me – кажется, я многое стал забывать

to slip from one's lips/from one's tongue - сорваться с языка

prices have slipped lately - цены недавно упали/понизились

SOLUTION - n. - решение, разрешение (проблемы и т.п.); раствор

to find a solution to the problem - найти решение вопроса

solve - v. (a problem, a puzzle, a dispute, a mystery) - решать (проблему, задачу, головоломку); урегулировать (спор), раскрыть (тайну)

SOPHISTICATE - n. - человек, умудренный опытом; проницательный человек; человек с изысканным вкусом; сноб; критически мыслящая личность

sophisticated - adj. (manners, taste, person, technology, weapons) - лишенные простоты, естественности (манеры), изощренный, искушенный, утонченный (вкус); умудренный опытом (человек); сложная, усложненная, самая современная (техника, оружие)

SPACE - n. - протяженность, площадь, пространство, пределы; космос; промежуток времени; место в газете; время для выступления по телевидению; (полиграф.) пробел

the newspaper gives much space to the news - газета отводит много места/уделяет много внимания этой новости

within the space of ten years - на протяжении десяти лет

violation of air space - нарушение воздушного пространства

space exploration/research - исследование космоса

conquest of space - покорение космоса

a joint space flight/trip - совместный космический полет

a manned spaceship - пилотируемый космический корабль

a (space) shuttle - космический корабль многоразового использования

to launch into space - запустить в космос

Ad hoc committee on peaceful uses of outer space (the UN) - Специальный комитет по использованию космического пространства в мирных целях (ООН)

NASA (the National Aeronautics and Space Administration) (the US) - НАСА (Национальное управление по аэронавтике и исследованию космического пространства) (США)

spaceborn - **adj.** - запущенный в космос

SPECIFIC(s) - **n.** - специальное, специфическое средство; *(мн.ч.)* детали, подробности, конкретика

to provide specifics - представить подробности

specific - **adj.** - особый, специальный, конкретный, характерный, точный

specific duties - *(эк.)* специфическая пошлина (с веса, длины, объема, а не со стоимости)

specific powers - *(ам.юр.)* "определенные полномочия", полномочия, предоставленные правительству конституцией США

specific proposals/criticisms - конкретные предложения/критические замечания

a specific distinction/symptom - характерное отличие/симптом

specifically - **adv.** - особенно; а именно; конкретно

SPLIT - **n.** - раскалывание, расщепление, трещина; разрыв, раскол; отколовшаяся фракция/группа и т.п.

a split in a party - партийный раскол

(at) full split - на всех парах

split - **adj.** - разбитый, расколотый, расщепленный, разделенный

a split family child - ребенок разведенных родителей

to take a split vacation - использовать отпуск частями

a split second decision - мгновенное решение; решение, принятое в мгновение ока

split - **v. (split)** - расщеплять(ся), раскалывать(ся), откалывать(ся); разбивать(ся); *(разг.)* ссориться, расходиться во мнениях, вызывать раскол

to split the fleet - разделить (на части) флот

to split one's forces - распылять силы

to split commissions/gains/ profits/cost/work - делить, распределять комиссионные/выручку/доходы/ расходы/работу

to split on/over the question (of smth.) - разойтись во мнениях/по вопросу (о чем-л.)

to split on a small point of detail - спорить по пустякам

to split a political party - вызывать раскол в политической партии

to split one's vote/one's ticket - голосовать одновременно за кандидатов разных партий

to split hairs - спорить о мелочах, быть педантичным, придирчивым (в споре)

to split one's sides - надрываться от хохота

SPONSOR - **n.** - поручитель, спонсор, устроитель, инициатор; автор проекта/резолюции; государство, предложившее проект резолюции

to be a sponsor to/of a programme - финансировать передачу по радио/телевидению в рекламных целях

to be/to stand sponsor for smb. - ручаться за кого-л.; брать кого-л. на поруки; быть чьим-л. спонсором

sponsor - v. - ручаться, финансировать мероприятие/организацию/ радио или телепередачу и т.п.; устраивать, организовывать; предлагать/вносить (проект резолюции); выдвигать (кандидатуру)

a resolution sponsored by seven member states - резолюция, предложенная семью государствами-членами

UN sponsored peace-talks - мирные переговоры под эгидой ООН

sponsorship - n. - поручительство, финансирование, поддержка

SPRING - v. (**sprang, sprung**) - скакать, прыгать; бросать(ся), вскакивать; появляться, подниматься

to spring to one's feet - вскочить на ноги

dangers and difficulties spring up - возникают опасности и трудности

to spring into fame - внезапно прославиться

to spring from smth. - проистекать из (чего-л.)

SPUR - n. - шпора; пришпоривание; понукание; *(мн.ч.)* *(ист.)* шпоры (символ рыцарского достоинства), признание, награда, слава, (доброе) имя; стимул, побуждение

to put/to set spurs to smb. - подгонять, поторапливать кого-л.

to win one's spurs - завоевать признание

under the spur of poverty/ curiosity - подстегиваемый бедностью/любопытством

on the spur of the moment - мгновенно, тут же; экспромтом

spur - v. (**employment, economic development**) - пришпоривать, побуждать, стимулировать (создание рабочих мест, экономическое развитие), подстрекать

SQUABBLE - n. - перебранка, перепалка; ссора, спор из-за пустяка

squabble - v. - пререкаться, вздорить, ссориться из-за пустяков

SQUANDER - n. - расточительство, мотовство

squander - v. (**money, savings/reserves/one's fortune, inheritance/time, energy, strength/ health, talent**) - растрачивать (деньги, сбережения), разбазаривать (запасы), проматывать (состояние, наследство), попусту тратить (время, энергию, силы), (безрассудно) губить (здоровье, талант), скитаться

squanderer - n. - мот, расточитель

STAGE - n. - сцена, эстрада, театр; арена; поприще, место действия

to hold the stage - не сходить со сцены (о пьесе), быть в центре внимания

to set the stage - подготовить почву

the stage of politics - политическое поприще

stage - v. (a play, an opera/a show/a demonstration/an accident) - ставить (пьесу, оперу), устраивать (представление), осуществлять показ чего-л., организовывать (демонстрацию), инсценировать (несчастный случай)

STAGE - n. - фаза, период, стадия, ступень, этап; ступень ракеты

a stage of development - стадия развития

at this stage/at a later stage - на этом этапе, в настоящее время, сейчас/на поздней стадии, позже

by easy stages - не торопясь, не спеша, постепенно, мало-помалу

STAGNANT - adj. - стоячий, застойный; вялый, инертный, косный

stagnant trade/ area/ state of business/existence - вялая торговля, неразвивающийся район, застой в деловой активности, тупое существование

stagnation - n. - застой, загнивание; косность; (эк.) застой, стагнация

to fall into stagnation - прийти к застою/к стагнации

STAKE - n. - ставка, заклад; (мн.ч.) приз (на состязаниях); доля, часть (в прибыли и т.п.); заинтересованность в каком-л. деле

to play for immense, high/low stakes - играть по-крупному, рисковать всем/играть без риска

to be at stake - быть поставленным на карту/быть в опасности/находиться под угрозой

to lay down/to set smth. at stake - поставить что-л. на карту/поставить что-л. под угрозу; рисковать

to have a stake in smth. - быть кровно заинтересованным в чем-л.

what is at stake? - что поставлено на карту? каков риск?

to have much at stake - рисковать многим

to place a stake on smth. - делать ставку на что-л.

stake - v. - делать ставку; биться об заклад, держать пари; давать задаток

to stake very high - вести большую игру, играть по-крупному

to stake one's reputation on smb. - ручаться своим добрым именем за кого-л.

STAMPEDE - n. - панический страх, овладевший стадом/табуном; паническое бегство; внезапное, стихийное, массовое движение; (ам., полит.) массовый переход на сторону нового кандидата

stampede - v. - бросаться врассыпную, бежать в панике; обращать в паническое бегство, вызывать панику; брать приступом; вынуждать (угрозами); (ам., полит.) перетянуть на свою сторону большинство делегатов (предвыборного съезда)

the convention was stampeded to R. for Vice-President - делегаты съезда неожиданно поддержали кандидатуру Р. на пост вице-президента

STAND - n. - стойка, подставка, ларек, киоск, эстрада; *(мн.ч.)* трибуна (на стадионе и т.п.), зрители на трибунах, *(ам., юр.)* место для свидетелей в суде; позиция, точка зрения; остановка

to play to the stands - играть на зрителя

to take the stand - давать показания

to take a definite stand on some question - занять четкую позицию в каком-л. вопросе

to take a stand for independence - отстаивать независимость

to take a stand for/against a proposal - высказаться за/против предложения

to put smb. at a stand - поставить в тупик/смутить, привести кого-л. в недоумение

stand-off - n. - отталкивание, холодный прием; нейтрализация, сведение на нет; *(спорт.)* ничья; тупик; мертвая точка, противостояние

to be locked in a nuclear stand-off - зайти в тупик ядерного противостояния

to end a stand-off - положить конец противостоянию/выйти из тупика

stand - v. (stood) - стоять, быть расположенным, занимать положение; ставить, помещать; стоять на месте, простаивать, быть устойчивым; выдерживать, выносить; *(юр.)* оставаться в силе; придерживаться определенной точки зрения, настаивать (на чем-л.); быть написанным; иметь определенное количество стоячих мест; иметь в перспективе; быть кандидатом (от какого-л. округа)

to stand to one's promise - сдерживать свое обещание

to stand to one's colours - быть верным своим принципам

to stand to it that ... - твердо настаивать на том, что ...

to stand the test of time - выдержать проверку временем

to stand trial - предстать перед судом

not to stand criticism - не выносить критику

the resolution will stand - решение останется в силе

the bus stands thirty people - в автобусе 30 стоячих мест

how does he stand on this question? - какова его точка зрения/позиция по этому вопросу?

to copy (a passage) as it stands/as is - переписать (отрывок) слово в слово/как есть

to stand a chance - иметь шанс(ы) (на успех и т.п.)

to stand for re-election - повторно баллотироваться

to stand as a Labour candidate - быть кандидатом от лейбористов

to stand down - уступить, снять свою кандидатуру

to stand in for smb. - заменять кого-л.

to stand out - выделяться

all stand to gain - в выигрыше останутся все

it stands to reason - это разумно/обоснованно

to stand head and shoulders above smb. - намного превосходить кого-л.

to stand by the president/the agreement/the decision - быть верным президенту/придерживаться соглашения/ поддерживать решение

to stand by and watch - быть сторонним наблюдателем

to stand by to do smth. - быть готовым сделать что-л.

standing - n. - положение, ранг, репутация, длительность

standing - adj. - постоянный, непрерывный; стационарный

a standing committee/body (the UN) - постоянный комитет/ орган (ООН)

standstill - n. - остановка, пауза; бездействие, застой; тупик; (воен.) затишье, прекращение боевых действий (see "deadlock" for synonyms)

to bring to a standstill - останавливать

to come to a standstill - останавливаться, заходить в тупик

to be at a standstill - бездействовать, стоять на мертвой точке

STATE - n. - состояние, положение; возбужденное/напряженное состояние, общественное положение

a state of decay/ depression/ shock/combat alert/ war/health/ excitement - состояние упадка/ депрессии/шока/боевой готовности/ войны/здоровья/ возбуждения

a state of siege/emergency/mind - осадное/чрезвычайное положение; душевное состояние

imposition of the state of emergency - введение чрезвычайного положения

an actual state of affairs/things - фактическое/реальное положение дел

persons of every state of life - люди разного звания/общественного положения

state apartments/visit/entry/ occasion - парадные покои, официальный визит, торжественное появление/случай

STATE - v. - излагать, заявлять; формулировать; констатировать, утверждать; устанавливать

to state one's case/one's point of view - излагать свой вопрос, дело/свою точку зрения

statement - n. - высказывание, изложение, заявление, утверждение, декларация, констатация; (юр.) показание; ведомость

a joint/ outrageous/ strongly worded statement - совместное/ возмутительное/ категоричное заявление

a bank (monthly) statement - (ежемесячный) банковский отчет (направляемый клиенту)

to make/to issue a statement - сделать/опубликовать заявление

STATE - n. - государство, государственная власть; штат

states parties (to a treaty) - государства-участники (договора)

heads of state and government - главы государств и правительств

a delinquent state - (дип.) государство-правонарушитель

state - adj. - государственный; относящийся к штату

state/public/civil service - государственная служба

statesman - n. (*pl.*-men) - государственный деятель/муж; политический деятель, политик

statesmanlike - adj. - подобающий государственному деятелю, государственный

a statesmanlike approach - государственный подход

statesmanship - n. = (statescraft) - искусство управления государством; государственная мудрость; политическая прозорливость; государственный ум; талант государственного деятеля

a man of great statesmanship - человек большой государственной мудрости/ прозорливости

STATUS - n. - общественное положение; престиж, общественное признание; *(юр.)* статус, гражданское состояние

a professional status - профессиональный статус

rise in status - продвижение по социальной лестнице

status seeking - стремление создать себе общественное положение, честолюбие

to urge for/to remove, to withdraw the most favoured nation trade status - настоятельно добиваться/лишить страну статуса наибольшего благоприятствования в торговле

STRENGTH - n. - сила, источник силы, прочность; эффективность, интенсивность, крепость; численность, численный состав; стабильность (цен)

to recover/to regain strength - восстановить силы

strength of words - сила убеждения

strengths and weaknesses - сильные и слабые стороны

numerical strength - численность

military strength - численность вооруженных сил

in, at/under, below full strength - в полном/ неполном составе

strengthen - v. - усиливать(ся), укреплять(ся), делать более сильным/ крепким/прочным

to strengthen one's health/an opinion/ties of friendship/smb's hands/security precautions - укреплять здоровье/подкреплять мнение/крепить узы дружбы/поддержать кого-л./ усилить меры обеспечения безопасности

strong - adj. - сильный, здоровый, крепкий; прочный; могущественный, мощный; веский, убежденный; энергичный; обладающий определенной численностью

a strong party/mind/memory - крупная, многочисленная партия/большой, здравый ум/хорошая память

a ten thousand strong force - силы численностью в десять тысяч человек

STRIKE - n. - удар, воздушный налет; неожиданная удача; *(ам.)* недостаток, помеха; открытие месторождения

to counter a strike - *(воен.)* отражать удар/наносить ответный удар

strike, lucky strike - неожиданная удача

a lucky strike in politics - политическая победа (на выборах) his racial background was a strike against him - его расовая принадлежность была для него помехой

strike - v. (struck; struck, stricken) - ударять(ся), бить; стукаться, попадать; нападать; поражать, сражать; открыть месторождение; направляться; углубляться (в тему); достигать; вычеркивать

to strike smb. a violent blow - нанести кому-л. сильный/жестокий удар

to strike back - нанести ответный удар

to strike smb. dead - поразить кого-л. насмерть

to strike oil/gold - открыть/найти месторождение нефти, золота; заключить выгодную сделку, преуспеть

to strike into/out of one's subject - углубляться/отходить от своего предмета/своей темы

to strike a paragraph - вычеркнуть абзац

an idea struck me - мне пришла в голову мысль

to strike the right/a false/an optimistic/a warning note - взять верный/ неправильный/ оптимистический/ настораживающий тон

to strike a bargain - заключать выгодную сделку

a famine-stricken population - голодающее население

STRIKE - n. - забастовка, стачка, коллективный отказ, бойкот

a general/short-term, lightning/ sympathy, solidarity/sit down, sit-in/ token/ wild-cat/hunger/ slowdown strike - всеобщая/ кратковременная/забастовка солидарности/ сидячая/ символическая/стихийная/ голодная забастовка; забастовка путем замедления темпов работы

to go on strike - начать/ объявлять забастовку

to be on strike - бастовать

Syn. to walk out/to down tools

to suppress/to call off/to suspend the strike - подавить/отменить/ приостановить забастовку

strike - v. - бастовать, объявлять забастовку

to strike for higher pay - объявлять забастовку с целью добиться повышения зарплаты

striker - n. - забастовщик

strikebreaker - n. – штрейкбрехер

SUBMISSION - n. - подчинение, покорность, повиновение, смирение; передача на рассмотрение

with all due submission - с глубоким уважением

the submission of one's passport for inspection - предъявление паспорта для проверки/контроля

submissive - adj. - покорный, смиренный, послушный

submit - v. - подчиняться, покоряться; подвергать; представлять на рассмотрение, *(юр.)* предлагать свою точку зрения, заявлять, утверждать

to submit to terms - подчиняться/принимать условия

to submit smb. to examination/ interrogation - подвергнуть кого-л. освидетельствованию, проверке/ допросу

to submit a draft agreement/ resolution - внести проект соглашения/резолюции

SUBSIST - **v.** - жить, существовать; кормиться (чем-л.)

to subsist by begging/pilfering - жить попрошайничеством/мелким жульничеством, воровством

subsistence - **n.** - существование, жизнь, живучесть; средства существования

reduced/comfortable subsistence - скудные средства существования/хорошее обеспечение

subsistence minimum/level – прожиточный минимум

subsistence wages - заработная плата, достаточная только, чтобы не умереть с голоду

subsistence allowance - аванс (в счет заработной платы); командировочные деньги

SUBSTANCE - **n.** - вещество; сущность, истинный смысл; *(юр.)* имущество, состояние

in substance - в сущности, по сути, на деле, по существу

an argument of little substance - не очень веский аргумент

substantial - **adj.** - прочный, крепкий, солидный; питательный; существенный, важный; состоятельный, основной; существующий

substantiate - **v.** - обосновывать; придавать форму/твердость

an unsubstantiated report - необоснованный/ничем не подкрепленный доклад; неподтвержденное сообщение

substantive - **adj.** - существующий; существенный; прочный,

основательный, постоянный; самостоятельный

substantive issues - вопросы, связанные с существом дела (в отличие от процедурных), вопросы по существу

a substantive question/a matter of substance - *(дип.)* вопрос существа

substantive articles of the treaty - основные статьи договора

SUBSTITUTE - **n.** - заменитель, замена

substitute - **v.** (for) - заменять, подменять, использовать вместо чего-л.

to substitute copies for the original manuscripts - заменить подлинные рукописи копиями

substitution - **n.** - замена (чего-л. чем-л.); подмена, замещение

substitution of equal for unequal treaties - замена неравноправных договоров равноправными

SUPPLY - **n.** - *(мн.ч.)* запас(ы), припасы, провиант; ресурсы; принадлежности, товары; снабжение, поставка; ассигнование на расходы правительства (Великобритания); (денежное) содержание; *(эк.)* предложение

fresh/inexhaustible supply – свежий/неисчерпаемый запас

to be in short supply - быть дефицитом

a large supply of goods - широкие поставки товаров

supply and demand - спрос и предложение

SURVIVAL - **n.** - выживание; долговечность (чего-л.)

global survival - сохранение жизни на земле

common survival - сохранение жизни для всех, общее выживание

a survival of times - пережиток прошлого

survive - **v.** - выжить, пережить (современников, славу и т.п.)

the custom still survives - этот обычай еще существует/сохранился

survivor - **n.** - оставшийся в живых; единственный оставшийся в живых наследник

SUSPEND - **v.** - вешать, подвешивать; приостанавливать; (временно) отстранять

to suspend sanctions/payments/ court proceedings - приостановить действие санкций/платежи/судебное разбирательство

suspension - **n.** - приостановка, временное прекращение, временная отставка

suspension of nuclear tests - временное прекращение ядерных испытаний

SUSTAIN - **v.** - подпирать, поддерживать; оказывать поддержку; придавать силы; испытывать, претерпевать; подтверждать, подкреплять

to sustain a conversation/ argument/ efforts/ life/ defeat/ losses - поддерживать разговор/ спор/ усилия/жизнь; потерпеть поражение/понести убытки, потери

the court sustained his claim - суд решил (дело) в его пользу

sustainable development - устойчивое развитие

SWING - **n.** - качание, колебание; поворот, изменение; размах, взмах; амплитуда качания; ритмичное движение; качели; ход, развитие; свобода действий; поездка; *(комм., разг.)* колебание курсов или курса на бирже

the swing of the pendulum - качание маятника; взлеты и падения, чередование успехов и неудач, *(полит.)* чередование стоящих у власти партий

in full swing - в полном разгаре, полным ходом

a sudden swing of public opinion - внезапное резкое изменение общественного мнения

swing (round the circle) - *(ам.)* предвыборная поездка по стране (кандидата в президенты)

swing - **v.** - качать, колебать(ся); размахивать; вертеть(ся); висеть; склонять на свою сторону

to swing an election - победить на выборах

swing-back - **n.** - *(полит.)* отказ от прежней позиции; отступление, отход

T

TAB - **n.** - вешалка, петелька; нашивка, *(воен.)* петлица; *(ам., разг.)* учет, долг

to keep tab(s) on smth./smb. - вести учет чего-л./присматривать за кем-л./чем-л.

to pay the tab - оплатить расходы

TACKLE - n. - принадлежности; инструмент, прибор; оборудование, снасти

tackle - v. - хватать, останавливать; иметь дело с кем-л., пытаться переубедить кого-л.; энергично браться за что-л., заниматься чем-л.; решать что-л.

to tackle a job/an issue/ difficulties/a crisis/a conflict - браться за работу/рассматривать, решать вопрос/справиться с трудностями/урегулировать кризис, конфликт

TAKE - v. (took, taken) - брать, хватать; захватывать, овладевать, завоевывать, присваивать; пользоваться; принимать; понимать

to take the lead/the blame upon oneself/ charge of smth./the consequences/ office/ service - взять на себя лидерство/ вину/руководство чем-л./ отвечать за последствия/вступать в должность/поступать на службу

to take a strong stand - решительно настаивать на своем; занять твердую позицию

to take smb. into the secret/into one's confidence - посвятить кого-л. в тайну; довериться кому-л.

to take to the street/to high sea - выйти на улицы города (на демонстрацию)/в открытое море

to take to bad habits/to the bottle/to drinking/to drink - пристраститься к дурным привычкам/к вину; запить

to take a liking, a fancy/a dislike to smb. - полюбить/невзлюбить кого-л.

to take to smb. - испытывать симпатии к кому-л.

to take to literature/music - заняться литературой/музыкой

to take on (some) responsibility - брать на себя обязанность/ ответственность

to take after smb. (after one's father) - походить на кого-л., пойти в кого-л. (в отца)

to take pains to do smth. - стараться сделать что-л.

to take heed - обращать внимание, замечать; быть осторожным

to take a vote on smth. - решать что-л. голосованием, голосовать по какому-л. вопросу

to take the floor - выступать/ брать слово

to take smth./smb. for granted - считать что-л. само собой разумеющимся, принимать кого-л., что-л. как должное; принимать что-л. на веру

take it or leave it - на ваше усмотрение, как хотите, так или иначе

to take a turn for the better/for the worse - изменяться к лучшему/к худшему

to take to one's heels - пуститься на утек

to take a back seat - отойти на задний план, занимать скромное положение

to take smth. with a grain of salt - относиться к чему-л. скептически/критически

to take some heat off - снять напряжение

to take over - занимать пост, брать на себя управление/ контроль над чем-л.

TALK - n. - разговор, беседа; лекция; болтовня, слухи, толки; предмет толков, *(мн.ч.)* переговоры

bilateral/tripartite/ quadripartite/multilateral talks – двусторонние/трехсторонние/ четырехсторонние/ многосторонние переговоры

high-level/top-level, the highest level, summit talks - переговоры на высоком/высшем уровне

stalled/protracted talks - затянувшиеся переговоры

to have, to hold/to speed up/to resume/to interrupt/to impede/to torpedo/to delay, to drag out/to break, to disrupt, to wreck talks - вести/ ускорять/ возобновлять/ прерывать/ препятствовать/ мешать/ затягивать/ срывать переговоры

breakdown of talks - срыв переговоров

the talks ranged very widely - переговоры охватывали весьма широкий круг вопросов

breakthrough in the talks - коренной поворот/сдвиг/прорыв в переговорах

talk - v. - разговаривать, беседовать, общаться, болтать; распускать слухи

to talk (cold) turkey - разговаривать по-деловому, говорить начистоту

to talk against time - говорить с целью выиграть время; стараться соблюсти регламент

to talk shop - говорить на узкопрофессиональные темы

to talk through one's hat/one's neck - говорить вздор

to talk smb's head off/to talk smb. to death - заговорить кого-л. до потери сознания/до смерти

TANGIBLE - n. - осязаемый факт, реальность; *(мн.ч.)* материальные ценности, имущество, блага

tangible - adj. (contribution/ result/advantage/reasons/proofs/accomplishments/difference) - осязаемый, материальный, реальный, вещественный, ощутимый (вклад/результат/преимущество/ причины/ доказательства, достижения, различие)

TARGET - n. - мишень, цель, объект, предмет (насмешек, критики); задание; плановая или контрольная цифра; целевой показатель

a major target - главная цель

a target of/for criticism - мишень для критики, объект критики

to make smb. an easy target - сделать кого-л. (всеобщим) посмешищем/уязвимым

to hit/to realize the target - выполнить план, добиться намеченного результата

to beat/to exceed/to outstrip/to smash the target - перевыполнить план, сделать больше намеченного

to fire/to shoot at a target - стрелять по цели

to strike/to hit the target - поразить/попасть в цель

off the target - мимо цели

to be on target - быть на правильном пути (к цели)

target - v. - *(ам., воен.)* пристреливать; делать кого-л. мишенью (насмешек, критики); намечать, планировать

TAX - **n.** - налог, сбор; пошлина; бремя
national/local taxes - государственные/местные налоги
an income/poll/single/ inheritance, succession/profits/ corporation/purchase tax - подоходный/подушный/единый земельный налог/налог на наследство/на прибыль/на корпорацию/ торговая пошлина
VAT (value added tax) - НДС (налог на добавленную стоимость)
tax free - не облагаемый налогом/без налога
tax revenue(s) - поступления в казну от налогов
tax rates - налоговые ставки
a tax payer - налогоплательщик
a tax fraud - налоговое мошенничество
to impose/to levy a tax on smb., smth. - облагать кого-л., что-л. налогом
to collect taxes - взимать налоги, собирать пошлину
to abolish taxes - отменять налоги
tax - **v.** - облагать налогом; устанавливать размер (штрафа, издержек, убытков); брать плату
to be heavily taxed - нести тяжелое налоговое бремя
taxation - **n.** - налогообложение
to exempt from taxation - освобождать от налогообложения
tax-exempt - **adj.** - не подлежащий налогообложению, освобожденный от уплаты налогов

TELE/TELEVISION - **n.** **(TV)** - телевидение, телевизор, телевизионная передача, *(прил.)* телевизионный
TV announcer, newscaster, newsreader - диктор, ведущий программы новостей на телевидении
a live TV show - телевизионная передача в прямом эфире
telecasting - **n.** - телевещание
telecast - **v.** **(telecast)** - передавать по телевидению

TEMPT - **v.** - уговаривать, склонять, подбивать, соблазнять, искушать
to tempt smb. into a trap - заманивать кого-л. в ловушку
to tempt fate/fortune/providence - искушать судьбу
temptation - **n.** - соблазн, искушение, обольщение
to yield to temptation - не устоять перед соблазном/ искушением
tempting - **adj.** - искушающий, соблазнительный, заманчивый

TENSE - **adj.** **(moment, anxiety, voice, situation)** - натянутый, напряженный (момент, волнение, голос, ситуация)
tension - **n.** - напряжение, напряженность, трения, конфликт; натянутость, неловкость; *(мед.)* давление; *(эл.)* напряжение
to increase/to heighten, to build up/to aggravate/to create tension - увеличивать/нагнетать/ усиливать/ создавать напряженность
to relax/to weaken/to reduce/to ease/to lessen/to slacken/to defuse tension - ослаблять/снижать напряженность

relaxation/weakening/reduction/ easing/lessening of tension - ослабление/разрядка напряженности

aggravation/removal of tension - обострение/устранение напряженности

a hotbed of tension - очаг напряженности

tensions among people - нелады; напряженность, натянутость в отношениях, конфликт

TERM - n. - период, срок, время, продолжительность; семестр; термин, выражение; предел; *(мн.ч.)* условия, отношения

a term of office/service/imprisonment/lease/notice - срок полномочий/ службы/заключения/ аренды/ предупреждения (об увольнении)

the term is renewable - срок может быть продлен

terms of payment/of an agreement/of a treaty/of surrender/of delivery - условия оплаты/соглашения/ договора/ капитуляции/ поставки

harsh terms - жесткие условия

on equal/ (un)acceptable/ beneficial terms - на равных/(не)приемлемых/ выгодных условиях

on the terms of - согласно условиям, на условиях

on friendly/good terms - в дружеских/хороших отношениях

to bring to/to come to terms/to make terms with smb. on smth. - вынудить примириться/ согласиться; прийти к соглашению, договориться с кем-л. о чем-л.

to speak in set/ clear/ vague/ strong/general terms - высказываться определенно/ясно/туманно/ резко/в общих чертах

a long/short/medium term contract - долгосрочный/краткосрочный/среднесрочный контракт

in terms of ... - говоря языком, в смысле, в переводе на ...; в том, что касается ...

to think in terms of - мыслить категориями

in terms of money - с корыстной точки зрения

terminate - v. - завершить(ся), положить конец; заканчивать(ся); ограничивать, ставить предел

to terminate a controversy/a contract/ hostilities - положить конец спору/ расторгать контракт/прекращать военные действия

to terminate in smth. - заканчиваться чем-л./приводить к чему-л.

termination - n. - завершение, прекращение, конец; заключение, исход, результат

to bring smth. to a termination, to put a termination to smth. - довести что-л. до конца, завершить что-л.

termination of an agreement/of a lease/of a dispute/ of a line - истечение срока действия соглашения/аренды/исход спора/ конец линии, конечная станция

TEST - n. - испытание, проба; мерило, пробный камень, критерий; контрольная работа; исследование, опыт nuclear tests in the atmosphere, in outer space and under water - ядерные испытания в атмосфере, в космическом пространстве и под водой

to resume/to carry out, to conduct, to make/to discontinue, to end, to stop/to ban tests - возобновить/проводить/прекратить/ запретить испытания

partial/total/comprehensive nuclear test ban - частичное/всеобщее/всеобъемлющее запрещение ядерных испытаний

threshold underground nuclear test ban - пороговое запрещение подземных испытаний ядерного оружия (выше определенного предела мощности)

test sites - испытательные полигоны

to submit/to put/to bring smb., smth. to the test - подвергать кого-л., что-л. проверке/испытанию

to stand/to bear the test of time - выдержать испытание временем

test - v. - подвергать испытанию, проверять, опробовать; тестировать, экзаменовать

TESTIFY - v. - давать показания, свидетельствовать, показывать; торжественно заявлять, проявлять (напр. озабоченность)

to testify against/on behalf of smb. - давать (свидетельские) показания против/в защиту кого-л.

she will be called upon to testify - она будет вызвана (в суд) в качестве свидетеля/для дачи показаний

to testify in Congress - давать показания в конгрессе США

testimony - n. - показания свидетеля, доказательство; признак, данные; утверждение, (торжественное) заявление, клятвенное признание

testimony for the prosecution/ for the defence - показания свидетеля обвинения/свидетеля защиты

in testimony of one's respect/ affection - в знак уважения/любви

THINK - v. (thought) - думать, размышлять, мыслить; полагать, считать, иметь мнение; воображать

to think better of smth. - передумать, переменить мнение о чем-л.

to think twice - хорошо обдумать что-л./подумать о чем-л.

to think big - (сл.) иметь честолюбивые планы, далеко метить

not to think much of smth./smb. - быть плохого/невысокого мнения о чем-л./ком-л.

to think smb. of little account - не ценить кого-л./относиться с пренебрежением

THRASH (out) - phr.v. (a subject, conclusions, an agreement) - обстоятельно обсуждать, прорабатывать, вентилировать (вопрос, выводы, соглашение)

thrash (over) - phr.v. (the evidence) - бесконечно обсуждать, вновь и вновь возвращаться (к свидетельским показаниям)

THREAD - n. - нитка, нить; связующая линия, связь

the thread of a story/of an argument/of thoughts) - нить рассказа/аргументации, ход рассуждений/мыслей

to lose the thread of a story - потерять нить повествования

to resume/to take up/to pick up the thread of a conversation - возобновлять (прерванный) разговор

to gather up the threads - резюмировать/подытоживать тему

the threads of humour/satire - проблески юмора/сатиры

to hang by/on a thread - висеть на волоске

THREAT - n. - угроза, грозное предзнаменование, опасность

an idle threat - пустая угроза

a threat of force - угроза силой/применения силы

threats and counter threats - взаимные угрозы

to create/to pose a threat to smth., smb. - создавать/представлять угрозу чему-л., кому-л.

to remove the threat - устранять угрозу

threaten - v. (peace, smb's work) - угрожать (миру, чьей-л. работе), грозить; представлять опасность

(see "menace" for synonyms)

to threaten smb. with punishment/revenge - угрожать кому-л. наказанием/местью

the situation threatens to go out of control/to become dangerous – ситуация грозит выйти из-под контроля/чревата опасностью

THRESHOLD - n. - порог; преддверие, канун, начало; пороговая величина, предел

on the threshold of a revolution/of war/of a discovery - на пороге революции, на грани войны, накануне открытия

above/below the threshold - выше/ниже порога/пороговой величины

TICKET - n. - билет, ярлык, квитанция, номерок, талон; карточка, удостоверение; уведомление о штрафе за нарушение правил уличного движения или парковки; *(ам.)* список кандидатов на выборах; *(разг.)* принципы, программа политической партии

a through/a one way/a two way, a round trip, a return ticket - билет прямого сообщения/в одну сторону/в оба конца

a ticket of admission/an entrance ticket - входной билет

a price ticket/tag - ценник/бирка с ценой

a parking ticket - уведомление о штрафе за стоянку в неположенном месте или за превышение времени стоянки

a general ticket - *(ам.)* общий список (кандидатов на выборах)

a split/mixed ticket - *(ам.)* избирательный бюллетень с кандидатами из списков разных партий

a national ticket - *(ам.)* список кандидатов на пост президента и вице-президента

to vote a democratic ticket/the straight ticket - голосовать за кандидатов от демократической партии/за весь список, за список в целом

to be ahead/behind one's ticket - получить наибольшее/наименьшее количество голосов по списку своей партии

TIDE - **n.** - морской прилив и отлив; период времени между приливом и отливом; *(мн.ч.)* потоки; волна, течение, направление; ход дел

high/low, ebb tide - прилив, полная вода; что-л. нарастающее; отлив, малая вода

to stem the tide - противодействовать, приостанавливать, преодолевать

to turn the tide of history/events - повернуть ход истории/событий

the tide turns - события принимают иной оборот

to work double tides - работать день и ночь/не покладая рук

tide - **v.** - плыть, нести по течению, смывать

TIE - **n.** - бечевка, шнур; узел; петля; галстук; *(мн.ч.)* узы, связь; равное число голосов (избирателей)

ties of friendship/ marriage/ blood/family/patriotism/ moral duty - узы дружбы; брачные/ кровные/семейные узы; патриотический долг, моральные обязательства

a man free from bonds and ties - человек, не связанный никакими обязательствами

the old school tie - солидарность, дух товарищества, снобизм

a black/white tie - *(дип.)* смокинг; *(дип.)* фрак

tie - **v.** - связывать, привязывать, перевязывать, шнуровать; стеснять свободу; обязывать, обременять; сравнять счет

to be tied to/for time - быть связанным/ограниченным временем

to be tied up - быть очень занятым

the two parties/the teams tied - обе партии получили равное число голосов; команды сыграли вничью

to tie oneself in(to) knots - запутаться в трудностях

to tie smb's tongue - заставить кого-л. замолчать

TIGHT - **n.** - трудное, тяжелое положение

to get in a tight - попасть в трудное положение

tight - **adj.** - тугой, крепкий, плотный, непроницаемый, тесный; трудный; жесткий, строгий; скупой; *(спорт.)* равный

a tight shoe/coat/fit/schedule/ security/match/bargain - тесный ботинок/пальто/тесный, облегающий покрой/ плотное расписание, график/строгие меры безопасности/ состязание равных, *(ам.)* сделка с небольшими шансами нажиться

money is tight - денег не хватает

to sit/to sleep tight - сидеть тихо/спать крепко

to be tight - быть навеселе

tighten - **v.** - сжимать(ся), натягивать; укреплять, усиливать(ся); затягивать

to tighten screws - затянуть болты, *(перен.)* завинчивать гайки to **tighten the bonds of friendship/economic links** - крепить узы дружбы/экономические связи

to **tighten restrictions** - усиливать/умножать/ужесточать ограничения

to **tighten one's grip over smth.** - ужесточить контроль над/ за чем-л.

repressive measures tightened - репрессии стали более суровыми

to **tighten one's belt (to survive)** - потуже затянуть пояс/ремень (чтобы выжить)

TIME(s) - n. - время, период времени; час; момент, срок; времена, эпоха; возраст, век; случай, интервал; тайм; *(муз.)* темп; раз

on time - в срок, вовремя

in time for dinner - успеть к обеду

with time; in good time - с течением времени; со временем

in due time - в свое время

against time - в пределах установленного времени, с целью выиграть время

ahead of time - раньше срока

at one time - однажды, некогда, ранее; одновременно

at the same time - в то же самое время, одновременно; тем не менее, однако

at times/from time to time - время от времени

behind the times - старомодный, старый, отсталый

for the time being - пока, до поры до времени; в настоящее время

at no time - никогда

in no time - молниеносно

many a time/time after time/ time and again - вновь и вновь, часто

on one's own time - в свое свободное время

to **take one's time** - не торопиться, не спешить

it takes time - это требует времени

to the end of time - до скончания века

to **bear/to stand the test of time** - выдерживать испытание временем

mean time - среднее (солнечное) время

countdown time - время обратного отсчета

running time (of a film) - время демонстрации (фильма)

idle time - простой, перерыв в работе, свободное время

time is up - время закончилось, срок истек

to **tell time (*Am.*)** - (ам.) определять время по часам, сказать сколько времени

to **fix/to appoint the time (of)** - назначить время

not to have much of a time - неважно провести время

to **have the time of one's life** - переживать лучшую пору своей жизни, отлично провести время

to **waste/to squander/to idle away/to trifle away one's time** - даром/попусту терять время

to **make up for lost time** - наверстать упущенное

to **buy time** - выигрывать/тянуть время

to **mark time** - топтаться на месте

to be hard pressed for time - совершенно не иметь времени

for lack of time - за отсутствием времени

at leisure time, in one's spare time - в свободное время

from time immemorial - с незапамятных времен, испокон веков

in times to come - в будущем, в грядущие времена

to keep abreast of/with the times - идти в ногу со временем, не отставать от жизни

the time is out of joint (Shakespeare) - распалась связь времен (Шекспир)

a full/part time worker - рабочий, занятый полный/неполный рабочий день

to be paid by time/by the hour - получать сдельно, работать на условиях почасовой оплаты

five times running - пять раз подряд

the time of day - положение дел/вещей, последние сведения/данные

ill-timed - adj. - плохо рассчитанный по времени, несвоевременный, неуместный

time-consuming - adj. - трудоемкий, требующий много времени, связанный с пустой тратой времени

timing - n. - выбор времени

timeless - adj. - вечный, безвременный

timeless art - искусство, неподвластное времени

time-limit - n. - предельный срок, ограничение во времени, регламент

timely - adj./adv. - своевременный, своевременно, вовремя, заблаговременно

time-server - n. - приспособленец, оппортунист

timespan - n. - отрезок времени, промежуток

times sign - знак умножения - (×)

TIP - n. - (разг.) чаевые, небольшой (денежный) подарок, дополнительная плата; полезная подсказка или идея

to give smb. a tip - давать кому-л. "на чай"

tip - v. - давать "на чай"; выдать (что-л. кому-л.); давать совет, информацию, навести на след

to tip off smb. - предупредить, предоставить (кому-л.) секретную, конфиденциальную информацию

TOLERABLE - adj. - терпимый, допустимый, сносный, довольно хороший

to enjoy a tolerable amount of freedom - пользоваться достаточной свободой

tolerance - n. - терпимость, способность переносить/выдерживать что-л.

tolerant - adj. (of/to, toward smth.) - терпимый, относящийся терпимо; способный выдержать, выдерживающий (что-л.)

tolerate - v. (smb's presence/impudence) - терпеть, выносить; быть терпимым к чему-л.; терпимо относиться; допускать, дозволять; выдерживать, переносить чье-л. присутствие/чью-л. наглость

not to tolerate interference in one's affairs - не допускать вмешательства в свои дела

TOLL - n. - пошлина, сбор, дань, (дополнительная) плата (за услуги); право взимания пошлины; плата за провоз груза/проезд по дороге

a heavy toll - тяжелая дань; большие жертвы, *(воен.)* большие потери

death toll - количество жертв

rent takes a heavy toll of/on smb's income - арендная плата съедает значительную часть дохода

a toll bridge - мост с платным проездом

a toll call - платный телефонный разговор

a toll-free call/road - бесплатный телефонный разговор/проезд

toll - v. - взимать в качестве платы, облагать пошлиной

TOUCH - n. - прикосновение, касание; осязание, чуткость; общение, связь, контакт; штрих, черточка, деталь; оттенок

touch is the fifth of our senses - осязание - наше пятое чувство

to get/to keep/to be in touch with smb. - связаться/поддерживать связь/контакт с кем-л., быть в курсе дел

to be out of/to lose touch with smb. - потерять связь/не общаться с кем-л.

to drift out of touch - уйти от дел, быть не в курсе дел; утратить представление о действительном положении дел

the touch of a master/a genius - рука большого художника/печать гения

the latest touch - последний крик моды

a touch of irony/bitterness/mockery - оттенок иронии/горечи/насмешки

last/finishing touches - последние штрих(и)

a near touch - опасное/рискованное положение

touch - v. - касаться, трогать, притрагиваться; граничить; достигать; идти в сравнение; иметь отношение; волновать

to touch on/upon a problem - коснуться/ затронуть проблему

to touch land, to touch down - приземляться

to touch smb. to the quick/to the raw - задеть кого-л. за живое

to touch bottom - дойти до предельно низкого уровня (о ценах); опуститься; добраться до сути дела

our hopes touched bottom - надежда в нас едва теплилась

touch wood! - постучите по дереву! не сглазьте!

touch-and-go - n. - быстрый переход от одного к другому; быстрая перемена тем (в разговоре и т.п.); рискованное/опасное дело/положение

it was touch-and-go with him - он отделался легким испугом, он был на волосок от смерти, он чудом избежал трагедии/беды

touch-and-go - v. - выиграть один шанс из тысячи

touchstone - n. - пробный камень; критерий

TOUGH - adj. (stand, sanctions, course, man, soldier, spirit, boycott, law, resistance, language, job) - твердая, жесткая (позиция, санкции, курс); крепкий, крутой (человек), стойкий, выносливый (солдат), упрямый, неуступчивый (характер), строгий (бойкот), суровый (закон), упорное (сопротивление), трудный (язык), тяжелая (работа)

to get tough with smb. - круто/жестко себя повести по отношению к кому-л.

a tough nut to crack - трудная задача

tough luck - незадача/невезенье

TRACK - n. - след, остаток, признак; курс, путь, образ жизни; карьера; дорога, тропинка, дорожка (фонограммы)

to follow in smb's tracks - следовать/идти следом за кем-л.

to throw smb. off one's track - сбить кого-л. со следа/с толку/с курса

to be on the track (of) - преследовать, напасть на след, идти по пути

to cover up one's tracks - заметать следы

to go off the track/to wander from the track - быть на ложном пути, сбиться с пути; отклоняться от темы

not to leave the beaten track - не проявлять инициативы, не сходить с проторенного пути

to keep track of events - следить, быть в курсе событий

TRADE - n. - занятие, ремесло, профессия; отрасль торговли/ производства/промышленности; торговля; сделка, обмен

to put smb. to a trade - учить кого-л. ремеслу

fair trade - справедливые условия торговли

illicit/wholesale/retail trade - незаконная/ оптовая/ розничная торговля

to be in/to go into/to do a lot of/ to carry on, to engage in the trade of smth. - заниматься/заняться торговлей/много торговать/вести торговлю чем-л.

an even trade - равноценный обмен/сделка

the WTO (the World Trade Organization) - ВТО (Всемирная торговая организация)

trade - adj. - торговый, промышленный, экономический, профессиональный

a trade fair - торговая ярмарка

trade - v. - торговать, обменивать; продавать (свои политические убеждения и т.п.); извлекать выгоду

to trade on one's father's fair name - спекулировать добрым именем своего отца

to trade in - отдавать старую вещь (автомобиль и т.п.) в счет покупки новой

TRAFFIC - n. - движение, сообщение, транспорт; перевозки, грузооборот; количество перевезенного груза/пассажиров; торговля, торговый оборот; поток (информационного) обмена

heavy/ restricted/ through/ passenger/ freight/maritime traffic – интенсивное/ ограниченное движение; прямое сообщение;

пассажирский/грузовой транспорт; морское судоходство

beware of traffic - берегись автомобиля!

traffic in drugs, drug trafficking - торговля наркотиками, оборот наркотиков

traffic - adj. - дорожный, транспортный

traffic lane - полоса (движения), дорожная полоса

traffic circle/roundabout - *(дор.)* кольцевая транспортная развязка

traffic regulations - правила дорожного движения

traffic bottleneck, congestion, jam, hold up/gridlock - скопление транспорта, затор, "пробка"/ полная приостановка

TRANSFER - n. - перенос, перемещение, перевод (по службе); передача (технологии, информации); перевод (денежных сумм); *(ам.)* пересадка, пункт пересадки, пересадочный билет; перевозка (грузов)

an (easy) transfer to military use - возможность использования в военных целях

transfer passengers - транзитные пассажиры

transfer - v. (technology, information, land, right, money) - переносить, перемещать, перевозить, переводить (на другую работу), переводиться, передавать (технологию, информацию, землю, право, деньги); делать пересадку, преобразовывать

TRANSPARENCY - n. - прозрачность, транспарентность

to address the issue of the transparency of the EC - рассмотреть вопрос транспарентности (прозрачности) деятельности СЕ

transparent - adj. - прозрачный, просвечивающий; очевидный, явный, откровенный; ясный, понятный, транспарентный

TRAP - n. - капкан, западня, ловушка; обман

to set/to lay a trap (for smb.) - поставить ловушку, расставить сети (для кого-л.)

to be caught in/to fall into/to walk into a trap - попасть в ловушку/западню

to be up to all sorts of trap - ловчить, норовить обмануть

trap - v. - ставить капкан, ловушку, ловить капканом/ силком; заманивать в ловушку, устраивать западню, обманывать

to trap smb. into smth. - вовлекать кого-л. во что-л.

TREACHEROUS - adj. (action, glance, smile, intrigues, branch, ice) - предательский, вероломный (поступок), коварный (взгляд, улыбка, интрига), ненадежный (сук, лед)

treacherous weather/memory - неустойчивая погода; плохая, ненадежная память

treachery - n. - вероломство, предательство, измена

this is little short of treachery - это почти измена/это граничит с изменой

TREASON, HIGH TREASON - n. - измена, государственная измена; особо тяжкое преступление

TREAT - v. - обращаться, обходиться; относиться; рассматривать, трактовать; лечить, обрабатывать; угощать

to treat smb. white (*Am.*) - *(ам.)* честно/справедливо относиться к кому-л.

to treat the subject thoroughly - рассматривать тему/ предмет подробно/ детально

to treat the wound - лечить/ обрабатывать рану

to treat smb. to smth. - угостить кого-л. чем-л.

treatment - n. - обращение, обхождение; трактовка, обсуждение; исследование, освещение; лечение, уход, обработка

kind/ethical/ outrageous/cruel/ hard/rough treatment of smb. - мягкое/этичное/возмутительное/ жестокое/жесткое, грубое обращение с кем-л.

most favoured nation treatment - *(эк.)* режим наибольшего благоприятствования

to accord favourable treatment - предоставить благоприятный режим

to undergo/to undertake/to be under treatment - проходить курс лечения

TREATY - n. - договор, соглашение

a binding/ a peace/ a non-aggression/ a nuclear test ban/ a comprehensive test ban/ a partial test ban treaty/ a treaty on non-proliferation of nuclear weapons/ on non-use of force in international relations - обязывающий/ мирный договор/ договор о ненападении/ запрещении испытаний ядерного оружия/ всеобъемлющем запрещении ядерных испытаний/ частичном запрещении ядерных испытаний/ нераспространении ядерного оружия/ неприменении силы в международных отношениях

to submit a treaty (for consideration)/ to negotiate/ to work out, to draw up/ to approve/to conclude/ to initial/ to sign/ to ratify/ to depose/ to implement (the terms of/ to observe, to comply with/ to infringe upon, to violate/ to denounce/ to cancel, to nullify, to annul a treaty - представить договор (на рассмотрение)/ вести переговоры по договору/ выработать/ одобрить/ заключить/ парафировать/ подписать/ ратифицировать/ сдать на хранение/ выполнять (условия)/ соблюдать/ нарушать/ денонсировать/ аннулировать договор

submission of/ negotiating of/ working out of, drawing up of/ approval of/ conclusion of/ initialling of/ signing of/ ratification of/ deposition of/ implementation of/ observation of a treaty, compliance with/ infringement of/ violation of/ denunciation of/ cancellation of, nullification of, abrogation of, annulment of a treaty - передача на рассмотрение/ проведение переговоров по/ разработка, составление/ одобрение/ заключение/ парафирование/ подписание/ ратификация/ сдача на хранение/ выполнение/ соблюдение/ посягательство на/ нарушение/ денонсация/ аннулирование договора

instruments of ratification - ратификационные документы

a depository of a treaty - страна депозитарий

TRIAL - n. - испытание; проба; переживание; попытка; судебное разбирательство, суд

a trial of strength - проба, испытание сил(ы)

to proceed by trial and error - действовать методом проб и ошибок

to give smb. a trial - взять кого-л. на испытание/ на испытательный срок

the hour of trial - час испытаний

to bring up smb. for/to trial, to put smb. to/on trial - привлекать кого-л. к суду

to stand trial - находиться под судом

trial - adj. (flight, period, contest, employee, judge, lawyer, testimony) - пробный (полет), испытательный, проверочный (срок), контрольные, отборочные (соревнования), принятый на работу на испытательный срок (служащий); участвующий в рассмотрении дела (судья/ защитник в суде), заслушиваемые в суде (свидетельские показания)

TRIBUTE - n. - дань, должное, честь; пай, доля

to pay a tribute to smb. - платить дань кому-л., отдавать должное

to pay a tribute of love/respect/ admiration - отдавать дань любви/уважения/восхищения

as a/in tribute to the memory of the dead - в память умерших/ павших

to pay a last tribute to smb. - отдать кому-л. последний долг/последние почести

TRIGGER - n. - защелка, спусковой крючок; фактор, играющий роль пускового механизма; стимул

to release/to let go/to pull the trigger - спустить курок, пустить в ход, привести в движение

violent movies are potential triggers for juvenile delinquency - фильмы со сценами насилия могут подтолкнуть несовершеннолетних к совершению преступлений

easy on the trigger - вспыльчивый, легко возбудимый

quick on the trigger - импульсивный, вспыльчивый, быстро реагирующий

trigger - v. -off (war, a political storm, disturbances, explosion) - спускать курок, приводить в действие спусковой механизм или взрыватель; инициировать, дать начало (чему-л.), побуждать; провоцировать, вызывать (войну, политическую бурю, беспорядки, взрыв)

TROUBLE - n. - беспокойство, волнение; тревога; неприятность, беда, горе, напасть; затруднение; хлопоты, усилие; помеха; изъян

to cause/to make trouble for smb. - причинять кому-л. неприятности

to get into trouble - попасть в беду

to get smb. out of trouble - вызволить кого-л. из беды

there will be trouble - скандала/неприятностей не миновать

to take the trouble (to do smth.), to go to the trouble (of doing smth.) - взять на себя труд (сделать что-л.)

to spare no trouble to gain one's ends - не жалеть усилий для достижения своей цели

I don't like putting you to so much trouble - мне не хотелось бы так затруднять вас

I don't want to be any trouble to you - я не хочу причинять вам беспокойство

the principal trouble with the book - главный недостаток книги

trouble spots - районы беспорядков

heart trouble - болезнь сердца

to ask/to call for trouble - вести себя неосторожно/напрашиваться на неприятности

trouble - v. - тревожить(ся), волновать(ся), расстраивать(ся); беспокоить, мучить, причинять боль/страдания; затруднять, надоедать

I won't trouble you with (the) details - не буду утомлять вас/надоедать вам подробностями

may I trouble you for a dictionary? - могу я попросить у вас словарь?

don't trouble yourself to do it - не берите на себя труд делать это

troubled families - неблагополучные семьи

troublemaker - n. - нарушитель спокойствия/порядка, смутьян

troubleshooter - n. - эксперт по разрешению конфликтов, посредник; аварийный монтер

TRUCE - n. - перемирие, передышка, временное соглашение; затишье

the flag of truce - белый флаг

to call/to declare a truce - объявить перемирие

truce takes effect - соглашение о перемирии вступает в силу

to break/to violate truce - нарушать перемирие

TRUMP - n. - козырь, козырная карта

to have all the trumps in one's hand - иметь все преимущества, быть в выигрышном положении, быть хозяином положения, иметь все козыри на руках

to put smb. to one's trumps - заставить кого-л. прибегнуть к последнему средству/ поставить кого-л. в затруднительное положение

to turn up trumps - (неожиданно) окончиться благополучно

a trump card - козырь, козырная карта

to play one's (trump) card - выкладывать козырь, пустить в ход верное или последнее средство

to trump up - phr.v. - выдумать, сфабриковать, хитрить, ловчить

to trump up an excuse/a charge - придумать отговорку/предлог, сфабриковать обвинение

TRUST - n. - доверие, вера; ответственное положение; надежда; (комм.) кредит; (эк.) трест, концерн to have/to put/to repose one's trust in smb./smth. - доверять кому-л., чему-л.

to inspire trust - внушать доверие

to gain/to win smb's trust - завоевать чье-л. доверие

to take smth. on trust - принимать что-л. на веру

to fulfil one's trust - исполнить свой долг

breach of trust - обманные действия, (юр.) нарушение доверия, обман

to hold a position of great trust - занимать ответственный пост

to be smb's sole trust - быть чьей-л. единственной надеждой

to sell on trust - торговать в кредит

TURN - n. - оборот, поворот; виток; очередь; очередной номер программы; короткая прогулка, поездка; короткий период деятельности; смена; склад (ума, характера); способность, дар

no left/right turn - запрещен левый/правый поворот

a turn of history - поворот, поворотный пункт в истории

at the turn of the century - на пороге нового столетия

the turn of the seasons - смена времен года

the turn of affairs/events - оборот дел/поворот событий

a turn for affairs - деловая жилка

the turns of fortune - превратности судьбы

a turn for the worse/for the better - изменение к худшему/к лучшему

to take turns - делать что-л. по очереди

short turns - короткие номера/сценки

a turn of speech - оборот речи

a serious/optimistic turn of mind - серьезный/ оптимистический склад ума

to give smb. quite a turn - сильно испугать/взволновать кого-л.

the turn of the tide - смена приливов и отливов; перемена, изменение хода событий

to talk/to speak out of turn - выступать вне очереди; сказать не к месту, говорить необдуманно

to do smb. a good/bad turn - оказать кому-л. добрую/плохую, медвежью услугу

turn - v. - поворачивать(ся), вращать, опрокидывать, загибать; направлять(ся); отклонять, изменять(ся)

not to know which way to turn - не знать, куда идти/податься/как поступить

to turn one's efforts to smth. more important - направлять свои усилия на что-л. более важное

to turn to smb. for help/support/advice/information - обращаться к кому-л. за помощью/ поддержкой/советом/ справкой

to turn the corner - поворачивать за угол; выйти из затруднительного или опасного положения

to turn the course of history - изменить ход истории

to turn the enemy - обратить неприятеля в бегство

to turn smth. to advantage - обратить что-л. на пользу, использовать что-л. с выгодой
to turn to painting/music - заняться живописью/музыкой
to turn the other cheek - *(библ.)*
подставить другую ланиту (ще-
ку), не противиться злу, не отвечать обидчику
to turn one's coat - изменить
своим принципам, перейти в
другую партию, "сменить шку-
ру"
to turn a deaf ear to smb./to
turn a blind eye to smth. - отка-
зать(ся) выслушать кого-л./за-
крывать глаза на что-л.
to turn one's back on history -
забыть уроки истории
to turn traitor - стать предате-
лем
to turn the trick - добиться желаемого результата (хитростью)
turnabout - n. - поворот, изменение позиции/взглядов; переход на другую сторону; изменение
turn around - phr.v. (the system)
- полностью изменить/обновить
(государственную) систему;
(ам.) изменить к лучшему
turnout - n. - сбор, публика, яв-
ка; экипировка; *(эк.)* выпуск
a large, heavy/small, light turnout - большое/малое количество
избирателей, принявших участие в выборах

U

UNANIMITY - n. - единодушие
with unanimity - единодушно, с
общего согласия

unanimity of views - единство
взглядов
unanimous - adj. (opinion, vote)
- единодушное, единогласное
(мнение, голосование)
unanimously - adv. - единодушно, единогласно

UNATTENDED - adj. (guest, children, wound, meeting, customer) - несопровождаемый (гость),
оставленные без ухода/без при-
смотра (дети), необработанная
(рана), непосещаемое (собрание), оставленный без внимания
(покупатель)
not unattended by danger
(sport, experiment) - небезопасный (спорт, эксперимент)
the accident was unattended by
any loss of life - несчастный
случай не сопровождался чело-
веческими жертвами

UNAVAILABLE - adj. - не имею-
щийся в наличии/в распоряжении
he was unavailable for com-
ments - его комментарии получить не удалось
he is unavailable at the moment
- он занят, он не может подойти
к телефону, его нет на месте

UNAVAILING - adj. (efforts, work) -
бесполезный, напрасный, тщет-
ный; бесполезные (усилия/ра-
бота)

UNDER - pref. (undersecretary;
underclerk; underdog; under-
age; undercharge; undergradu-
ate; underline; underpin; under-
score; underdo; undergo; un-
deremployment; understudy;
underweight; underway) – ука-

зывает на более низкое положение: подчиненность, малую важность, недостаточность, неполноту (заместитель министра; младший клерк; побежденная, слабая сторона, неудачник; *(прил.)* несовершеннолетний; слишком низкая цена; студент последнего курса; подчеркивать; подкреплять; делать ударение на чем-л., подчеркивать; недоделывать, недожаривать; подвергаться; неполная занятость; дублер, молодой актер; недовес; в процессе разработки, реализации)

the economic underdog - зависящий от кого-л. в экономическом плане

UNEMPLOYMENT - n. - безработица

disguised/hidden unemployment - скрытая безработица

unemployment rate - уровень безработицы

unemployment dwindles - безработица постепенно сокращается, постепенно уменьшается количество безработных

UNFOLD - v. - развертывать(ся), расстилать; распускаться, раскрывать(ся), развиваться

as the story unfolds - по ходу рассказа

to unfold plans - раскрывать планы

to wait for the events to unfold - ждать развития событий

UNIFICATION - n. - объединение, унификация

<u>**unified**</u> **- adj.** - единый, объединенный

a unified command - объединенное командование

a unified approach - единый подход

<u>**unify**</u> **- v. (reports, records)** - объединять, унифицировать (сообщения, отчеты)

UNION - n. - соединение, слияние, объединение, союз; эмблема, символизирующая объединение (на государственном флаге)

a union in name only - формальный союз

the European Union - Европейский Союз

the Customs Union - таможенный союз

Union Flag/Union Jack - государственный флаг Соединенного Королевства Великобритании и Северной Ирландии, *(разг.)* Юнион Джек

the President's State of the Union Address - послание президента США конгрессу о положении в стране

a happy union - счастливый (брачный) союз

UNRAVEL - v. - распутывать (нитки), распутываться; разгадывать (тайну)

UNREST - n. - беспокойство, волнение(я); беспорядки

campus unrest - студенческие волнения

UNRESTRAINED - adj. (arms race, laughter, praise) - неумеренная, необузданная, безудержная (гонка вооружений); несдержанный, непринужденный, естественный (смех); неограниченная, безмерная (похвала)

UNSELFISHNESS - n. - бескорыстность, бескорыстие

UNSOCIABLE - adj. (nature, behaviour) - необщительный, нелюдимый, замкнутый (характер, поведение)

UNSWERVING - adj. - стабильный, непоколебимый, не отклоняющийся от прямого пути
unswerving loyalty/desire for peace - непоколебимая верность/непреклонное стремление к миру
to pursue an unswerving course - не сбиваться с курса, непоколебимо следовать по пути

UNTIRING - adj. (fighter/efforts/ energy) - неутомимый (борец), неустанные/неослабные (усилия/ энергия)

UNWILLING - adj. - нежелающий, несклонный, нерасположенный, сделанный неохотно, невольный
he aroused our unwilling admiration - мы невольно стали им восхищаться, он вызвал наше невольное восхищение
unwillingness - n. - нежелание, несклонность
unwillingness to participate in the elections - нежелание участвовать в выборах

UPCOMING - adj. (year/visit, arrival/project/ work/person) - наступающий (год), предстоящий (визит, приезд); развивающийся, продвигающийся (проект, работа), подающий надежды, многообещающий, идущий в гору (человек)

UPDATE - n. - модернизация, доведение до уровня современности, обновление (данных); последний уточненный вариант, новейшая информация
CNN news update - самые свежие новости Си-Эн-Эн
update - v. - модернизировать, доводить до современного уровня; обновлять
to update the UN - перестроить работу ООН в соответствии с требованием времени
updating - n. - обновление, актуализация; корректировка
updating of armaments - обновление/модернизация вооружений
updated - adj. /up-to-date - adj. (methods, technology) - современные, новейшие, идущие в ногу со временем (методы, технология)
up to date - adv. - до сих пор, до настоящего времени

UPGRADE - n. - подъем, повышение
on the upgrade - на подъеме
prices are on the upgrade - цены все время растут
upgrade - adv. - вверх, в гору
upgrade - v. - переводить на более высокооплачиваемую работу, продвигать по службе; повышать качество; (воен.) модернизировать, реконструировать
the consulate was upgraded into an embassy - консульство было преобразовано в посольство
upgrading - n. - модернизация, повышение качества

UPHEAVAL - n. - сдвиг, переворот; смещение пластов

a political upheaval - политический переворот

UPHOLD - v. (upheld) - поддерживать; утверждать, подтверждать, одобрять; поднимать
to uphold a decision/conduct - поддерживать/ утверждать решение; одобрять поведение

UPROOT - v. - корчевать, вырывать с корнем; насильно выселять с места жительства, менять место жительства/образ жизни; искоренять, истреблять
to uproot customs/habits - искоренять обычаи/привычки

UPSET - n. - опрокидывание, падение; беспорядок; крушение (планов); ссора, размолвка; недомогание; расстройство, огорчение, потрясение; неожиданное поражение (в соревнованиях, на выборах)
a bit of an upset with smb. - небольшая размолвка с кем-л.
a political upset - политическая дестабилизация
upset - v. - опрокидывать(ся), расстраивать, нарушáть (порядок); *(полит.)* подрывать, дестабилизировать; выводить из душевного равновесия, огорчать; расстраиваться (о здоровье, желудке); наносить поражение (в соревнованиях, на выборах)
to upset smb's plans/the government/the military strategic equilibrium/the ecological balance - расстраивать чьи-л. планы/наносить поражение правительству/нарушить военно-стратегическое равновесие/ экологический баланс

upset - adj. - опрокинутый; расстроенный, встревоженный
to be upset about smth. - быть расстроенным чем-л.

UPSURGE - n. (of fighting/of violence) - быстрое повышение, подъем, нарастание (борьбы, насилия)
upsurge of anger/indignation - взрыв гнева/негодования
upsurgence - n. - *см.* "upsurge"-n.
upsurge - v. - повышаться, подниматься

URGE - n. - побуждение, побудительный мотив, стремление, порыв
an urge to travel - стремление/тяга к странствиям
to feel the urge of ambition - иметь честолюбивые устремления/побуждения
urge - v. - понуждать, гнать, подгонять, побуждать, заставлять, подстрекать; убеждать, настаивать, настоятельно просить, уговаривать; выдвигать, продвигать
to urge that he (should) take steps - настаивать на том, чтобы он принял меры/на принятии мер
to urge a settlement/a demand/a cause - настаивать на урегулировании/требовании; проталкивать дело
urgence - n. = **urgency** - n. - поспешность, спешка, срочность, безотлагательность; крайняя необходимость; настойчивость
a matter of great urgency - срочное дело

in case of urgency - в крайнем случае

to yield to smb's urgencies - уступить чьим-л. неотступным просьбам

urgent - adj. (question/business/order/request) - срочный, неотложный (вопрос, дело, заказ), настоятельная (просьба); крайне необходимый, настойчивый, упорный

to be in urgent need of help - крайне нуждаться в помощи

USE - n. - употребление, использование, применение; цель, назначение; польза, толк

in daily use - в обиходе

it's no use doing smth. - нет смысла/бесполезно что-л. делать

what's the use? - какой смысл/толк?

to make (extensive/wide) use of smth. - (широко) использовать что-л.

to bring into use potential reserves - начать использовать скрытые/потенциальные резервы

use is second nature - привычка - вторая натура

use - v. - употреблять, пользоваться, применять; прибегать к чему-л.; потреблять, расходовать

to use force - применять силу

to use nuclear energy for peaceful purposes - использовать ядерную/атомную энергию в мирных целях

to use one's position for one's personal benefit - использовать служебное положение в личных целях

to use the services of an agent - прибегнуть к/пользоваться услугами агента

to use to advantage - использовать с выгодой/с пользой

USHER - n. - швейцар, привратник; билетер, церемониймейстер

usher - v. - вводить, провожать, сопровождать

to usher smb. to some place/seat - провести, сопроводить кого-л. до места

to usher in a new era/an age of peace - возвещать начало новой эры/эры мира

UTILITY - n. - полезность, практичность, выгодность; полезная вещь; приспособление

of no utility - бесполезный

public utilities = utilities - муниципальные коммунальные предприятия/услуги/службы

utilities payment - плата за коммунальные услуги (за электричество, газ, воду и т.п.)

utility - adj. (man/room) - вспомогательный (подсобный рабочий, запасной игрок; подсобка); экономически выгодный, рентабельный; дешевый, невысокого качества; утилитарный, практичный; второстепенный

utilize - v. - использовать, утилизировать

UTMOST - n. - наибольшее, наивысшее, верх (чего-л.)

the utmost of reliability - верх надежности

to do one's utmost - делать все возможное

at the utmost - самое большее, в крайнем случае

to the utmost - предельно, максимально

utmost - adj. - крайний, предельный

with (the) utmost pleasure - с величайшим удовольствием

to be of utmost importance that... - крайне важно, чтобы ...

V

VALID - adj. (law, treaty) - действительный, имеющий силу, действующий (закон, договор); веский, обоснованный, действенный, эффективный

valid in law/valid ballots/ reason/ argument/ proof/ criticism - имеющий законную силу/действительные бюллетени/ веское основание/убедительный довод/ доказательство/ критика

a visa/a passport/a treaty is valid (invalid) - виза/ паспорт/ договор действителен (недействителен)

validate - v. - признавать действительным, утверждать/ратифицировать, (юр.) придавать юридическую силу, подкреплять

to validate a passport - легализовать паспорт

validity - n. - действительность, юридическая сила; срок действия; вескость, обоснованность; верность, правильность, пригодность

VALUABLE - adj. (diamond/friendship/advice, discovery) - ценный, дорогой (бриллиант), высоко ценимая (дружба), чрезвычайно полезный, важный (совет, открытие)

a valuable citizen - (ам.) добропорядочный (полезный для общества) человек

valuable to the community - общественно полезный

valuation - n. - оценка, определение стоимости/ценности

assessed valuation - оценочная стоимость

customs valuation - таможенная оценка

to take smb. at smb's valuation - некритически относиться к кому-л./верить на слово кому-л.

value - n. - ценность, важность, полезность, (мн.ч.) ценности; смысл; (эк.) стоимость, цена; величина

to set a high/low value on smth. - высоко/низко ценить что-л., придавать большое/ не придавать большого значения чему-л.

to know the value of time - ценить время

to have nothing of value to say - не сказать ничего существенного/полезного/ценного

moral/artistic/cultural values - моральные/ художественные/ культурные ценности

to promote cultural values - способствовать сохранению и обогащению культурных ценностей

a sense of values - моральные критерии, представление о добре и зле

to take/to accept smth. at its face value - принимать что-л. за чистую монету, понимать буквально

to get good value for one's money - удачно/недорого купить что-л.

a value letter/parcel - ценное письмо/посылка

declared value - объявленная/ заявленная *(напр. в таможенной декларации)* стоимость

in terms of value - в стоимостном выражении

value-added tax (VAT) - *(фин.)* налог на добавленную стоимость (НДС)

the value of a dollar fluctuates - покупательная способность доллара колеблется

exchange value - меновая стоимость

value - v. - ценить, оценивать, давать оценку; определять значение/полезность

to value smb's friendship - ценить, дорожить чьей-л. дружбой

to value smth. above rubies – ценить что-л. дороже золота

Syn. **to estimate (the cost)/to assess (the situation)/to appraise (the work)/to appreciate (smb's kindness/ help)** - *Син.* оценить стоимость/ ситуацию/ работу/ ценить чью-л. доброту/помощь

VANITY - n. - тщеславие; суета, суетность; тщета

wounded vanity - уязвленное тщеславие, оскорбленное самолюбие

to feed smb's vanity - льстить кому-л., угодничать перед кем-л.

a vanity publisher/ vanity press - издательство, выпускающее книги на средства авторов

VANQUISH - v. - побеждать, покорять, завоевывать; преодолевать, подавлять (чувство)

to vanquish an enemy/an opponent in a debate/a country/ temptation - разбить врага/ одолеть оппонента в споре/ покорить страну/ устоять перед искушением

VANTAGE - n. - преимущество, выгода, выгодное положение

to have/to hold/to take/to catch smb. at a (the) vantage - иметь преимущество перед кем-л.

a vantage ground - выгодное положение/удобное место

a vantage point - выгодное положение, выигрышная позиция/точка зрения

VENTURE - n. - рискованное, смелое предприятие, рискованная попытка, опасная затея, авантюра; спекуляция, коммерческое предприятие; *(эк.)* дело, фирма

to run the venture - рисковать, идти на риск

to make a desperate venture to do smth. - предпринимать отчаянную попытку сделать что-л.

a joint venture - *(эк.)* совместное предприятие; смешанное предприятие (с участием иностранного и местного капитала)

at a venture - наудачу, наугад

VERBATIM - n. - стенограмма, стенографический отчет; дословная передача

verbatim - adj. - дословный (о передаче, переводе), стенографический

a **verbatim report** - стенограмма, стенографический отчет

a **verbatim reporter** - составитель (краткого) стенографического отчета

verbatim - adv. - дословно, слово в слово, стенографически

this is **verbatim** what he said - это слово в слово то, что он сказал

to take down **verbatim** - стенографировать

VERGE - n. - край, грань, предел(ы), круг; бордюр, обочина (дороги)

to be on the **verge** of precipice/rashness/manhood - быть на краю (пропасти)/на грани (безрассудства)/на пороге (зрелости)

to be on the **verge** of tears - едва сдерживать слезы

to go beyond the **verge** of constitutional powers/ power - выйти за пределы конституционных полномочий/власти

verge - v. (on, upon) - граничить (с чем-л.), примыкать (к чему-л.), приближаться (к чему-л.); переходить (во что-л.)

to be **verging** towards bankruptcy - стоять на пороге банкротства

VERIFIABLE - adj. - поддающийся проверке, контролю; могущий быть подтвержденным, доказанным; неголословный

verifiable agreements/ limitations/ arrangements - поддающиеся проверке соглашения/ ограничения/меры

verification - n. - проверка, осуществление проверки/контроля; подтверждение, установление подлинности (чего-л.); подтверждение обоснованности, правильности

to be subject to **verification** - подлежащий проверке

verification of the destruction or limitation of arms - контроль за уничтожением или ограничением вооружений

verification through on-site inspections - проверка с помощью инспекций на местах

verification of compliance with the agreement/ with the obligations - контроль за соблюдением соглашения/ за выполнением обязательств

to carry out/to impede **verification** - осуществлять/затруднять осуществление проверки/ контроля

verify - v. - проверять, контролировать, выверять; подтверждать, устанавливать подлинность чего-л.; удостоверять

to **verify** details - уточнить подробности

VESTED - adj. - обоснованный, законный, принадлежащий по праву

vested rights/interests - безусловные, признанные, законные права; закрепленные законом имущественные права, капиталовложения/ заинтересованные круги

VESTIGE - n. - след, остаток

vestiges of war - наследие войны

not a vestige of truth - ни слова правды

VETO - n. - вето, право вето
to put/to place/to set a veto on/upon smth. - налагать вето на что-л.
to have/to exercise, to use the power/the right of veto - иметь/использовать право вето
to sustain/to eliminate, to annul the right of veto – оставить в силе/ упразднить право вето
to override the veto - преодолевать вето
veto - v. - налагать вето (на что-л.); запрещать, налагать запрет; отвергать
to veto a bill/a draft resolution - налагать вето на законопроект/на проект резолюции
to veto smb. - отвергнуть кого-л. (чью-л. кандидатуру)

VICTIM - n. (victims of war/a victim of an accident/ of circumstances/of malice/of hatred) - жертва, жертва обмана, простак (жертвы войны, жертва несчастного случая/ обстоятельств/ недоброжелательства/ ненависти)
the victim of his own folly – жертва собственной глупости
to fall victim to smth. - пасть жертвой чего-л.
to raise funds for AIDS victims - собирать средства для жертв СПИДа
victimize - v. - делать своей жертвой, мучить, изводить; обманывать, обирать; подвергать преследованиям

VICTORIOUS - adj. - победоносный, победивший, победный
victorious palms - лавры победителя
to be/to come out victorious - победить, одержать победу
victorious against obstacles/ difficulties - победивший/преодолевший препятствия/трудности
victoriously - adv. - победно, победоносно; тоном победителя
victory - n. - победа
to have/to get/to gain/to score/to win a/the victory - одержать победу, победить
a narrow victory - победа с небольшим перевесом голосов
a landslide victory - блестящая победа, победа с огромным перевесом голосов; разгром противника

VIEW - n. - вид, пейзаж, панорама; изображение; видимость, поле зрения; взгляд, мнение; оценка, суждение, представление; цель, намерение, план, предположение, замысел; перспектива; осмотр, обозрение
in view - на виду, в пределах видимости
to fade from view - постепенно исчезать/скрываться из вида
from the bird's view of smth. - вид с высоты птичьего полета/поверхностный, неглубокий взгляд/представление о чем-л.
at first view/sight/glance - с первого взгляда
to be on view - быть на обозрении/быть выставленным для всеобщего обозрения
in my view/my view is ... - по-моему/на мой взгляд

a point of view/a viewpoint - точка зрения

to hold/to share/to state/to exchange views on smth. - придерживаться/ разделять/ излагать, высказывать/ обмениваться взглядами/ мнениями о чем-л.

to take a favourable/different/ clear view of smth. - положительно оценить что-л./придерживаться иного мнения/составить четкое представление о чем-л.

similarity/proximity/unanimity; identity; complete unity of views - сходство/ близость/ полное единство взглядов

talks disclosed full/total identity of views - переговоры продемонстрировали полное единство взглядов

to confirm/to affirm/to reaffirm full identity of views - подтвердить/(вновь) подтвердить полное единство взглядов

to keep/to have smth. in view - иметь что-л. в виду, рассчитывать на что-л.

he has nothing particular in view - у него нет никаких конкретных планов, он не имеет в виду ничего конкретного

in view of smth. - ввиду чего-л./ принимая во внимание/учитывая что-л.

with this in view - с этой целью

view - v. - осматривать, оценивать, судить; изучать, рассматривать; смотреть, просматривать (кинофильм и т.п.)

to view the future with misgiving - с тревогой смотреть в будущее

to view all sides of a question - рассматривать все аспекты вопроса

he views the matter in a different light - он рассматривает это в ином свете/он смотрит на это иначе

the proposal is viewed unfavourably - предложение получило отрицательную/ неблагоприятную оценку

VIGOUR - n. - сила, мощь, мощность, бодрость, живость, энергия; решительность, энергичность (действий)

full of vigour - живой, энергичный

the vigour of an argument - сила аргумента/убедительность

vigorous - adj. (man/mind/measures/protest) - здоровый, сильный, энергичный (человек), живой (ум), решительные (меры, протесты)

VIOLATE - v. (the law/a treaty/an oath/feelings/(the) peace) - нарушать, попирать (закон), нарушать (договор), преступить (присягу), осквернять, оскорблять (чувства), нарушать (порядок, спокойствие), тревожить (покой); применять насилие

violation - n. (of an agreement/ discipline/feelings) - нарушение (соглашения, дисциплины); осквернение, оскорбление (чувств)

VIOLENCE - n. - насилие, принуждение; оскорбление (*особ.* действием); сила, неистовство, ярость, ожесточенность

ethnic violence - насилие на этнической почве

teen violence - подростковое насилие/ насилие, совершенное подростками

a growing wave/a new flare/outburst of violence - растущая волна/ новая вспышка насилия

to die of violence - умереть насильственной смертью

to incite/to provoke/to resort to violence - подстрекать/провоцировать/прибегать к насилию

<u>violent</u> - adj. (efforts/uprising/ storm/blow/pain/ death/speech/ person/language/scene) - отчаянные (усилия), яростное (восстание), сильный (шторм), жестокий (удар), острая (боль), насильственная (смерть), страстная (речь), вспыльчивый (человек), несдержанность (в выражениях), бурная (сцена)/сцена жестокости

VISA - **n.** - виза, пометка на документе

an entry/exit/transit visa - въездная/ выездная/ транзитная виза

to apply for a visa - обратиться за визой

to grant a visa - выдать визу

to put a visa on a passport - поставить визу в паспорте

the visa is valid/invalid - виза действительна/ недействительна

the visa expires ... - срок действия визы истекает ...

the relaxation of visa regulation – ослабление визового режима

VISION - **n.** - зрение, видение, зрительное восприятие; проницательность, прозорливость, дальновидность, предвидение; мечта, образ, представление

a man of vision - дальновидный человек

visions of power/wealth/fame - мечты о могуществе/богатстве/ славе

to have a clear vision of the future - ясно представлять себе будущее

a vision of the world - видение мира

VISIT - **n.** - визит, посещение

a goodwill/ social/ working/ return, reply/ courtesy/ on-going, current/ approaching/ forthcoming, coming/ yearly/ ill-timed/ welcome/ unwelcome/ prolonged/ untimely/ scheduled visit - визит доброй воли/ светский (дружественный)/ рабочий/ ответный/ вежливости/ нынешний/ приближающийся/ предстоящий/ ежегодный/плохо приуроченный по времени/ радушный/ нежеланный/ продленный/ несвоевременный/ запланированный

to pay/to make a visit to ... - нанести визит

to return a visit/to pay a return visit - нанести ответный визит

to arrive in N. for a visit - прибыть с визитом в Н.

to be/to stay in N. on a visit - находиться в Н. с визитом

to cancel a visit - отменять визит

to cut a visit short/to break/to interrupt a visit - прервать визит

arrangements for and timing of the visit - вопросы организации и сроки визита

visit - **v.** - навещать, заходить к кому-л., посещать, гостить

visiting - **n.** - посещение

visiting hours/days - приемные часы/дни

to be on visiting terms with smb. - поддерживать дружеские отношения/знакомство с кем-л.

VOICE - **n.** - голос, звук; мнение

the voice of duty/conscience/reason/blood - голос долга/совести/разума/зов крови

to have a voice in smth. - иметь право выразить свое мнение, оказать влияние

to raise one's voice against smth. - высказаться против чего-л.

with one voice - единогласно, единодушно

voice - **v. (one's desire/support/opinion/protest/ solidarity)** - выражать словами, высказывать (желание/ поддержку/ мнение/ протест/солидарность)

VOLUNTARILY - **adv.** - добровольно, по своему (собственному) желанию/ выбору; произвольно

voluntary - **adj. (contribution/confession/ enlistment/ discipline/ manslaughter/ work)** - добровольные (взносы/ признание/ зачисление на военную службу); имеющий свободу выбора; сознательная (дисциплина), умышленное (убийство); неоплачиваемая, общественная (работа)

on a voluntary basis - на добровольных началах

VOTE - **n.** - голосование, баллотировка; голос, право голоса; количество поданных голосов; решение (принятое голосованием)

Syn. voting, poll

a secret/open/rollcall vote, vote by rollcall/by proxy/by (a) show of hand(s) - тайное/открытое/поименное голосование/голосование по доверенности/поднятием руки

an inconclusive/unanimous vote - безрезультатное/единогласное голосование

the vote, suffrage - право голоса, избирательное право

to be entitled to vote - иметь право голоса

a decisive/casting vote - решающий голос

an affirmative vote - голос "за"

to win by an overwhelming majority of votes - одержать победу подавляющим большинством голосов

to cast one's vote for smb. - отдать голос за кого-л.

to take a vote - проводить голосование, голосовать

to abstain from voting - воздержаться при голосовании

to put smth. to a vote/to a popular vote - поставить что-л. на голосование/на всенародное голосование

vote of confidence/of no confidence/ of censure; a nonconfidence vote - вотум доверия/ недоверия

to pass a vote of confidence in the government/to give the government a vote of confidence - выразить вотум доверия правительству

vote - v. - голосовать
Syn. poll
to vote for/in favour of/against smb./smth. - голосовать за/против кого-л./чего-л.
to vote by secret ballot - избирать тайным голосованием
to vote on an issue - голосовать по какому-л. вопросу
to outvote - победить по числу голосов
outvoted - adj. - проигравший при голосовании

VULNERABILITY - n. - уязвимость, ранимость
vulnerable - adj. - уязвимый, ранимый
a vulnerable spot - уязвимое/ слабое место
vulnerable to smth. - не защищенный от чего-л., уязвимый для чего-л.

W

WAGE(s) - n. - заработная плата (рабочих)
to raise/ to increase/ to boost wages - повышать/увеличивать зарплату
wage increase/higher wages - повышение зарплаты
to keep wages abreast of the cost of living - повышать заработную плату в зависимости от роста стоимости жизни
to cut/to reduce/to slash wages - снижать/ уменьшать/ сокращать зарплату

wage cuts/cuts in wages - сокращение зарплаты
wage restraint - ограничение зарплаты
wage freeze - замораживание зарплаты
dismissal wage - выходное пособие
wage labour - наемный труд

WAIVE - v. - *(юр.)* отказываться (от права); допускать отклонение (от чего-л.); уклоняться, избегать; откладывать; отметать, отвергать
to waive immunity/a rank/an objection/a demand/ formalities/ discussion - отказаться от иммунитета/ранга; снимать возражения; не настаивать на требовании; допускать несоблюдение формальностей; отказаться/ уклоняться от обсуждения
let's waive this question until later - давайте отложим обсуждение этого вопроса на более позднее время
waiver - n. - *(юр.)* отказ (от права, претензий, иска); документ об отказе; изъятие (из правила, закона и т.п.)

WAKE - n. - кильватер, след
in the wake of ... - в кильватере, по пятам, по следам; в результате, вслед за ...
in the wake of smb's policy - в фарватере чьей-л. политики
wars bring misery in their wake - войны влекут за собой страдания
in the wake of flooding or drought - вследствие наводнения или засухи

WALK - n. - ходьба, прогулка пешком, шаг; походка; обычный маршрут; жизненный путь, сфера деятельности; выход космонавта в открытый космос; дорожка

the station is an hour('s)/a short walk from my house - до станции от моего дома час ходьбы/совсем недалеко пешком

people from all walks of life - представители всех слоев общества/ всех профессий

walkout - n. - забастовка, стачка; дезертирство; демонстративный уход (с заседания и т.п.); выход из организации; *(ам.)* покупатель, ушедший без покупки

walk - v. - ходить, гулять; выводить на прогулку, сопровождать; делать обход, появляться; бродить

to walk by/after rules - действовать по/руководствоваться правилами

to walk into smb./smth. - наброситься на кого-л.; яростно критиковать кого-л.; неосторожно натолкнуться на что-л.

to walk on a tight rope/thin ice - ходить по тонкому льду

to walk on air - ликовать

to walk in golden/silver slippers - купаться в золоте

to walk out - бастовать, уйти в знак протеста

to walk out on smb. - оставить, бросить кого-л.

WANT - n. недостаток, нехватка, отсутствие (чего-л.), потребность, необходимость; нужда, бедность

for want of smth. - из-за недостатка, из-за отсутствия, из-за нехватки, за неимением чего-л.

want of common sense/judgement/appetite/wind - отсутствие здравого смысла, легкомыслие необдуманность/ отсутствие аппетита/безветрие

to be in want of smth. - нуждаться, испытывать потребность в чем-л.

to be reduced to/to fall into want - впасть в нищету

to supply smb's wants - удовлетворять чьи-л. запросы

want - v. - хотеть, желать; испытывать потребность/недостаток; нуждаться; требовать; вызывать кого-л.; быть нужным/ необходимым; требоваться; разыскивать

help wanted - нуждаться в помощи/работнике

you are wanted on the phone - вас к телефону

to be wanted by the police - разыскиваться полицией, быть в розыске

WAR - n. - война, боевые действия; борьба; вражда, антагонизм

a covert/ predatory/ protracted war - тайная/захватническая/затяжная война

war of words - словесная перепалка

at war - в состоянии войны

to make war on disease - вести борьбу с болезнями

the tug of war - перетягивание каната, схватка

war games/exercises - военные игры, маневры

War Power Resolution - резолюция военных полномочий (президента США на 2 месяца, после чего необходимо получить согласие конгресса)

an outbreak of war - начало/возникновение войны

to be on the brink of war - быть на грани войны

aftermath of war - последствия войны

legacy of war - наследие войны

ordeals of war - тяжелые испытания военных лет

war weary citizens - измученные войной люди

afflicted by (the) war - пострадавшие от войны

to refrain from/to avert, to prevent/to drag into/to plunge into/ to launch, to start/to wage/to unleash/ to drift into/to eliminate/to end, to halt, to stop/to outlaw/to rule out - воздерживаться от/предотвращать/ втягивать в/ ввергнуть в, вовлекать в/ начинать/ вести/ развязывать/ постепенно сползать к (состоянию войны)/ устранять, исключать/ прекращать/ запрещать (поставить войну вне закона)/ исключить войну

war broke out/erupted - разразилась война

to accelerate preparations for war - усиливать приготовление к войне

to prevent a return to cold war times - предотвратить возврат к временам холодной войны

to turn the clock back to the times of the cold war - повернуть часы назад к временам холодной войны

post cold war dangers - опасности периода после окончания холодной войны

a hotbed/a seat of war - очаг войны

a scourge of war - бедствия войны

an instigator of war/a warmonger - поджигатель войны

warfare - n. - война, военные действия

chemical/conventional means of warfare - химические/обычные средства ведения войны

offensive warfare - наступательные боевые действия

ABC warfare (Atomic, Bacteriological and Chemical warfare) - война с применением оружия массового поражения

warrior - n. - воин, боец, воитель

cold warriors - сторонники холодной войны

WASH - v. - мыть(ся), стирать(ся), смывать; выдерживать критику/ испытание; омывать

to wash away one's guilt - искупить свою вину

this explanation just won't wash - это объяснение никуда не годится/неубедительно

it won't wash with me - я не очень верю этому

washed by the Atlantic - омываемый Атлантическим океаном

to be washed out (after an illness) - обессилеть (после болезни)

to wash out a suggestion/a plan - отмахнуться от предложения, отказаться от плана

to wash one's dirty linen in public - выносить сор из избы

to be awash with/a feeling/ideas - быть переполненным (чувством)/ охваченным/ одержимым (идеями)

washout - **n.** - промывка, ополаскивание; отмена, аннулирование; провал (на экзаменах), неудача; неудачник, провалившийся ученик

WASTE - **n.** - ненужная или излишняя трата, расточительство; потери, убыль, отходы; износ; пустынное пространство

waste of time/energy - напрасная/пустая трата времени/сил

waste - **v. (money/time/words, breath/country/ resources)** - расточать попусту/напрасно тратить (деньги), терять (время), бросать слова на ветер, разорять (страну), истощать (ресурсы)

to be wasted on/upon smb. - остаться непонятым/непризнанным, не произвести впечатления на кого-л.

my joke was wasted on him - моя шутка до него не дошла

all advice will be wasted on him - давать ему советы бесполезно

wasted - **adj. (land, health, efforts)** - опустошенная (земля); подорванное/растраченное (здоровье), растраченные, непроизводительно используемые (усилия); *(ам., сл.)* привыкший к наркотикам

waste - **adj.** - пустынный, невозделанный, непроизводительный; ненужный, бракованный

waste/wasted life - бесплодно прожитая жизнь

WATCH - **n.** - пристальное наблюдение, надзор, присмотр, вахта; стража, дозор, часы (наручные)

to keep watch over smth./smb. - наблюдать/ следить/ сторожить что-л., кого-л.

to be on watch - нести вахту/дозор

watch and ward - строгое наблюдение, неусыпная бдительность

watch - **v.** - наблюдать, следить, сторожить; быть настороже; дежурить

to watch the development of events very closely - пристально следить за развитием событий

watch out - осторожно!

to watch one's step - ступать осторожно, действовать осмотрительно

WATER - **n.** - вода, *(мн.ч.)* воды, водное пространство, море, океан, водоем

a diamond/an artist of the first water - бриллиант чистой воды/выдающийся художник, талант первой величины

in deep water(s) - в беде, в трудном/опасном положении

to keep one's head above water - держаться на поверхности, не испытывать затруднений

to spend money like water - сорить деньгами

to throw the baby out with the bath water - выплеснуть вместе с водой ребенка

a lot of water has passed/flowed/ gone under the bridge - много воды утекло

like water off a duck's back - как с гуся вода

to fish in troubled waters - ловить рыбу в мутной воде

it doesn't hold water - это не выдерживает никакой критики/неубедительно

water - v. - поливать, мочить, разбавлять (водой), ослаблять, смягчать; поить, орошать

the statement is watered down - в заявлении сглажены острые углы

to water down a proposal - размыть предложение

WAY - n. - путь, дорога, маршрут; направление; расстояние; образ действий, способ, характерная черта

to get under way - начать осуществляться, пускать в ход

to make one's way in life/in the world - пробить себе дорогу в жизни, преуспеть

to alter/to change one's way of life/living - изменить (свой) образ жизни

the good old ways - доброе старое время

she is in a family way - она ждет ребенка

he is in the business way - он занимается коммерцией

to say a few words by way of introduction - сказать несколько слов в качестве вступления

to go out of one's way to do smth. - прилагать все усилия, чтобы сделать что-л.

to have/to get it one's own way - добиться своего, настоять на своем

to pave the way for smth. - проложить путь, подготовить почву, создать условия для чего-л.

to pay one's way - жить по средствам, выполнять свои обязательства

way - adv. - далеко, на значительном расстоянии

way back - давно

friends from way back - давние друзья

way back in the nineties - еще в девяностые годы

WEAPON(S) - оружие, вооружение, боевые средства, боезаряд, орудие

nuclear/conventional/defensive/ offensive/ sophisticated/all-purpose/directed-energy/moth-balled/lethal, fatal, death-dealing weapons - ядерное/ обычное/ оборонительное/ наступательное/ самое совершенное/универсальное/лучевое/резервное (находящееся на консервации)/ смертоносное оружие/ вооружение

weapons of mass destruction/mass extermination/ mass annihilation - оружие массового поражения

destructive power of weapons - поражающая сила; мощь оружия/вооружений

weapons of war/warfare - средства ведения войны

proliferation/spread of nuclear weapons - распространение ядерного оружия

non-spread/non-proliferation of nuclear weapons - нераспространение ядерного оружия

to manufacture, to produce/to possess/to obtain/to gain access to/to deploy/to stockpile/to reduce/to limit/to ban, to prohibit

nuclear weapons - производить/обладать/получать, приобретать/ получать доступ к/размещать, развертывать/накапливать запасы/ сокращать/ ограничивать/запрещать ядерное оружие

to abolish chemical weapons stocks - уничтожать запасы химического оружия

to hand over/to lay down/to smuggle weapons - сдать/сложить/тайно провозить (проносить) оружие

weapons shipment/supply - поставка оружия

manufacture, production/ deployment/ stockpiling/ reduction/ limitation/ banning, prohibition of weapons - производство/ развертывание, размещение/ накопление/ сокращение/ ограничение/ запрещение оружия

WEAR - v. (wore, worn) - быть одетым, носить (одежду, имя); иметь вид; изнашивать(ся); утомлять, изнурять

to wear a troubled/happy look - иметь встревоженный/ счастливый вид

this won't wear - это недолговечно

to wear one's years well - выглядеть моложаво

to be worn by anxiety - истомиться, известись (от тревоги)

to wear away one's life in trifles - растрачивать жизнь на пустяки

to wear the breeches/ the pants/ the trousers (in the family) — верховодить в доме

to wear perfume - душиться (духами)

his temper is wearing thin - его терпение на исходе

this argument is wearing thin - это избитый довод

WEATHER - n. - погода, погодные условия

fine/ fair/ dry/ chilly/ hazy/ ghastly/ dull, dirty/ foul, nasty/ freezing weather — хорошая/ ясная/ сухая/ прохладная/ пасмурная/ отвратительная/ хмурая/ ненастная, мерзкая, ветреная, скверная/ холодная погода

rough weather - непогода, буря, ненастье

flying/non-flying weather - летная/нелетная погода

thawing weather/thaw - оттепель

April weather/broken weather - неустойчивая погода; изменчивое настроение

under stress of weather - вследствие неблагоприятной погоды

the weather keeps up/keeps fine - погода не меняется, не портится/стоит хорошая погода

under the weather - нездоровый, больной; в подавленном настроении, переживающий неприятности; без денег

to make heavy weather of simplest tasks - превращать простейшие задачи в сложные проблемы

weather forecast - прогноз погоды

weatherman/woman - n. (*pl.* - men/ women) - метеоролог

a weather eye - способность предсказывать погоду; бдительность, настороженность to keep one's weather eye open - смотреть в оба, держать ухо востро, быть предусмотрительным/дальновидным

weather - v. - выдерживать, переживать, выносить; *(мор.)* проходить на ветер; оставлять под открытым небом; выветривать(ся)

to weather a storm/a financial crisis - выдержать шторм/финансовый кризис

WEDGE - n. (of cake/cheese) - клин; начало перемены/поворота важных событий; что-л. клинообразное (треугольный кусок торта/сыра)

wedge/wedge formation - *(воен.)* боевой порядок углом/ клином

a wedge of geese - стая летящих клином гусей

the thin end of the wedge - первый шаг (к чему-л.); скромное, но многообещающее начало

to drive a wedge - вбивать клин

wedge - v. (in/on/up/apart/open) - закреплять клином, заклинивать; раскалывать с помощью клина; втискивать, загонять (в помещение); вклиниваться, протиснуться (куда-л.)

to wedge one's way through - проложить себе путь через (толпу и т.п.)

WEIGHT - n. (of cares/work/stroke/ a pen/ accusation) - вес, единица/мера веса; тяжесть, груз, давление, бремя (забот, работы); грузило; значение, ценность; влияние, авторитет, сила (удара); нажим (пером); гиря; тяжесть (обвинения)

to put on, to gain/to lose weight - полнеть, прибавлять/терять в весе

a great weight off my mind - у меня с души камень свалился

to feel the weight of years - годы дают себя знать

to give weight to smth. - придавать значение/важность чему-л.

to lay weight on smth. - ценить, придавать значение чему-л.

to throw one's weight behind (a plan/ a proposal) - всем своим авторитетом поддерживать что-л. (план, предложение)

to throw the main weight (into) - *(воен.)* направлять главный удар (на)

a socialist heavy-weight - влиятельный социалист

a heavy-weight candidate – сильный претендент

to be worth one's weight of/in gold - быть на вес золота, быть чрезвычайно ценным/незаменимым

to pull one's weight - честно выполнять свою долю работы; *(спорт.)* быть хорошим гребцом

to throw one's weight about/ around - держаться заносчиво, говорить повелительным тоном, распоряжаться

weight - v. - придавать вес/определенную направленность; взвешивать, оценивать (результаты опыта и т.п.)

circumstances weighted in his favour - обстоятельства сложились в его пользу

weighty - adj. (argument, opinion, utterance, problem, responsibility, cares, steps) - убедительный, веский (довод), авторитетное (мнение), впечатляющие (слова), важная (проблема), обременительные (обязанности), тяжкие (заботы); весомые (шаги), грузная (походка)

WELCOME - n. (warm, hearty, cordial; cool, enthusiastic) - гостеприимство, приветствие, прием теплый/ радушный/ сердечный/ сдержанный, прохладный/ восторженный)

to give/to accord a warm welcome - тепло приветствовать, оказать теплый прием

to give a red carpet welcome - принять кого-л. с почетом, оказать торжественный прием

to receive/ to have a warm welcome - быть тепло принятым

to find a ready welcome - быть радушно принятым

to overstay one's welcome - злоупотреблять гостеприимством, надоедать хозяевам

to bid welcome - приветствовать (гостя)

welcome - adj. (guest/letter/ news/rest/gift/ suggestion) - желанный, приятный, долгожданный (гость, письмо, известие, отдых, подарок, предложение); имеющий право или разрешение сделать что-л./воспользоваться чем-л.

you are welcome to any book - пожалуйста, возьмите (вы можете взять) любую книгу

you are welcome to your opinion - вы можете оставаться при своем мнении

you are welcome - пожалуйста (в ответ на благодарность)

welcome - v. - приветствовать (гостя), радушно принимать; одобрять; встречать (чем-л.)

Syn. greet, hail

to welcome smb. at one's home - радушно принимать кого-л. у себя дома

to welcome a suggestion - одобрять (приветствовать) предложение

to welcome with a hail of bullets - встретить градом пуль

welcoming them were .../among those welcoming them were ... - среди встречавших были ...

welcome! - добро пожаловать!/ милости просим!

welcome home! - с приездом!

WELFARE - n. - благосостояние, благоденствие; благополучие, достаток, материальная помощь, социальное обеспечение; (государственное) пособие (по безработице и т.п.)

to look after a child's welfare - заботиться о благополучии ребенка

to be on welfare - получать/жить на пособие

a welfare state - (полит.) "государство всеобщего благоденствия"/(с совершенной системой социального обеспечения: бесплатным обучением, медицинской помощью, субсидированием цен и т.п.)

WELL-BEING - n. - здоровье, благосостояние, (материальное) благополучие, процветание

to ensure a steady growth/a rise in the well-being - обеспечить непрерывный рост/подъем благосостояния

to improve the well-being - под-
нять/ повысить благосостояние

WIELD -v. - уметь обращаться (с
чем-л.), владеть (инструмен-
том), обладать (властью); иметь
в своем распоряжении
to wield the pen/sword/scepter/
power/ influence/ appropriate
credentials - владеть пером,
быть писателем/владеть шпагой/
быть на престоле/держать в своих руках власть/пользоваться
влиянием/ иметь соответствую-
щие полномочия
a brush wielded by a skillful
hand - рука умелого художни-
ка

WILL - n. - воля, желание, стремление, готовность, энергия, энтузиазм, интерес; завещание
an iron/inflexible will - желез-
ная/непреклонная воля
lack of will - безволие
a will of one's own - своеволие,
своенравие, упрямство
at will - по усмотрению, по желанию
of one's own free will - по своей
доброй воле, по собственному
желанию
to work/to have one's will - делать по-своему
where there's a will, there's a
way - где хотение, там и умение;
было бы желание
will - v. - проявлять волю, желание, готовность; завещать
as fate willed it - волею судеб;
на роду было написано
to will smb. to do smth./into doing smth. - заставить кого-л.
сделать что-л.

to will away from smb. - лишать
законного наследника наследства
if you will - с вашего позволе-
ния, если хотите
come what will/may - будь что
будет
willing - adj. - готовый, склон-
ный, согласный (сделать что-л.);
не возражающий (против чего-л.); усердный, добровольный,
волевой
to be willing to do smth. - быть
согласным/ готовым сделать
что-л.
to give/to lend a willing hand -
подать руку помощи, охотно
оказать услугу
a willing ear - благосклон-
ное внимание, желание выслушать
willingly - adv. - охотно, с го-
товностью; добровольно, без
принуждения
willingness - n. - готовность
growing willingness - все возрастающее желание/готовность
сделать что-л.

WIN - v. (won, won) (a battle/a
war/a prize/a game/a bet/a con-
test/a race/an election/in a lot-
tery/at cards/respect/fame/ af-
fection/ sympathy/ confidence/
praise/compassion/power) - выиграть (сражение, войну, приз,
игру, пари), победить, одержать
победу, выиграть (в соревнова-
нии, на скачках, на выборах, в
лотерее, в игре в карты); заслу-
жить, завоевать (уважение, славу, любовь, сочувствие, доверие, похвалу, сострадание,
власть); уговорить, склонить

to win the day/the field - одержать победу

to win hands down, to win in a walk - одержать легкую победу

to win a reputation - создать себе имя

to win one's livelihood/one's daily bread - зарабатывать себе на жизнь

to win smb. (over) to one's cause - склонить кого-л. на свою сторону

lightly won, lightly gone - легко нажито, легко прожито/не дорого досталось - не больно жаль

WIND - n. - ветер, дыхание; тенденция, веяние, пустые слова

to get wind of smb's plans - прослышать о чьих-л. планах

there is something in the wind - ходят слухи, есть подозрения

to lose one's wind - запыхаться

to get/to recover/to fetch one's wind - отдышаться, прийти в себя

wind(s) of change - ветер/ветры перемен

their promises are but wind - их обещания - пустые слова

to talk/to preach to the wind(s) - бросать слова на ветер

gone with the wind - исчезнувший бесследно, ушедший в прошлое, унесенный ветром

to find out/to see how/which way the wind blows - выяснить/ посмотреть, куда ветер дует/ каково общее мнение

to take the wind out of/from smb's sails — предупредить чьи-л. слова или действия, выбить у кого-л. почву из-под ног

to sow the wind and to reap the whirlwind - посеешь ветер - пожнешь бурю

wind - v. (winded) - чуять, идти по следу

WIND - v. (wound) - виться, извиваться, наматывать; обвивать, петлять, гнуться, заводить (часы)

to rewind a tape - перемотать пленку

to wind smb. round one's (little) finger - вить веревки из кого-л., обвести кого-л. вокруг пальца

to wind up (discussion/a meeting/one's speech with an appeal) - заканчивать обсуждение/закрывать собрание/свою речь призывом

winding - n. - извилина, изгиб; поворот; наматывание, намотка

WIPE - v. (also: -away, -off, -out) (a table/dishes/hands/a car) - вытирать, протирать (стол, посуду, руки, машину); уничтожить, ликвидировать

to wipe smth. dry/clean - вытереть что-л. досуха/начисто

to wipe (out) from memory - вычеркнуть из памяти

to wipe off a debt - погасить долг

to wipe out disgrace - смыть позор

to wipe the floor/the ground with smb. - нанести сокрушительное поражение кому-л. (в споре и т.п.), сурово отчитать кого-л.

to wipe one's boots on smb. - втоптать в грязь, унизить кого-л.

to wipe out from the face of earth - стереть с лица земли

WISH - n. - желание, пожелание, стремление; воля, приказание; просьба; желаемое
with best wishes for a happy New Year - с наилучшими пожеланиями счастья в наступающем Новом году
to disobey smb's wishes - пойти против чьей-л. воли
by smb's wish - по чьей-л. воле
to comply with/ to grant smb's wish - удовлетворять чью-л. просьбу
to get one's wish - добиться своего/чего хотелось
wish - v. - желать, хотеть; стремиться
to wish for happiness - стремиться к счастью
to wish smb. well/ill - желать кому-л. добра/зла
wishful - adj. - желаемый, желающий, жаждущий
wishful thinking - принятие желаемого за действительное

WITHDRAW - v. (withdrew, withdrawn) - отнимать, отдергивать; брать назад, отказываться, изымать, уходить; отстраняться; (воен.) отходить, выводить (войска)
to withdraw the support/sanctions/deposits - отказать в дальнейшей поддержке/ отменять санкции/изымать вклады
to withdraw from a treaty/from an organization - (юр.) выйти из договора/из организации
to withdraw from business - отойти от дел

to withdraw troops from a country - вывести войска из страны
withdrawal - n. (of a promise/of a treaty/of a candidate/from an organization/of troops) - увод; изъятие, взятие назад; отказ (от обещания); отмена, аннулирование (договора); снятие (кандидатуры); выход (из организации); уход, отход, удаление, вывод (войск)
partial/ full withdrawal (of troops) - частичный/полный вывод (войск)

WITHHOLD - v. (withheld) - отказывать (в чем-л.), удерживать, останавливать; утаивать; вычитать (из зарплаты и т.п.)
to withhold one's consent/ help/ comment/ fire/ payment/ property/ truth/ facts/ information/ data/ evidence - не давать согласия, не оказать помощь, воздерживаться от комментариев, не открывать огонь, задерживать зарплату, удерживать (во владении) имущество; утаивать правду/ факты/информацию/ данные/ улики

WITNESS - n. - свидетель, очевидец
swearing (in) of a witness - приведение свидетеля к присяге
witness for the defence/for the prosecution - свидетель защиты/обвинения
to bear witness to/of ... - свидетельствовать, давать свидетельские показания
in witness of - (юр.) в удостоверение чего-л.
his behaviour is a witness to his good manners - его поведение говорит/свидетельствует о его

воспитанности/ хороших манерах

witness - v. - быть свидетелем, очевидцем (чего-л.), видеть (что-л.); свидетельствовать, служить доказательством; быть местом или временем совершения чего-л.; заверять (подпись и т.п.) в качестве свидетеля, давать показания

"witnessed" - "заверено", "удостоверено"

to witness for/against smb. - давать показания в защиту/против кого-л.

to witness to smth. - давать показания о чем-л.

WORD - n. - слово, (мн.ч.) речь, разговор, размолвка; (ед.ч.) замечание, совет, вести, известие, сообщение, обещание, заверение, рекомендация, молва

concluding/closing/final words - заключительное слово

to have a word with smb. - поговорить с кем-л.

to put smth. into words - выразить что-л. словами

to get in/to put in a word - вставить слово, вмешаться в разговор

to have no words to express one's gratitude - не иметь слов, чтобы выразить благодарность

words fail me - у меня не хватает слов

bold in words - смелый только на словах

high/hard words - разговор на повышенных тонах

they had words/words passed between them - они поссорились

a word in/out of season - своевременный/непрошеный совет

please send me a word as soon as possible - пожалуйста, извести меня; черкни мне письмо/ несколько слов как можно скорее

please leave word for me with the secretary - пожалуйста, дайте мне знать через секретаря; сообщите об этом моему секретарю

to keep/to break one's word - сдерживать/нарушать слово

a man of his word - человек слова

to take smb. at his/her word - поверить кому-л. на слово

take my word for it - уверяю вас, поверьте мне

to put in/to say a good word for smb. - хвалить, замолвить за кого-л. словечко

to say a few words - сказать несколько слов

to eat/to swallow one's words - брать свои слова обратно, извиняться за сказанное

word - v. - выражать словами, формулировать

I would rather word it differently - я бы сказал/сформулировал это иначе

how should it be worded? - как бы это выразить/сформулировать?

word-of-mouth- adj. - устный, передаваемый в устной форме

word-of-mouth hits have become fewer and fewer - все меньше и меньше стало нашумевших фильмов, большой успех которых основывался на отзывах публики

WORK - n. - работа, труд, дело, деятельность; вид деятельности, результат труда

tedious work - скучная/утомительная работа

work stoppage - прекращение/остановка работы

to set/to get to work - приняться за дело, начать работать

to set smb. to work - засадить кого-л. за работу, дать кому-л. дело/занятие

forces at work - действующие/ движущие силы

at work - на работе

bad/faulty work - брак

complete/collected works - (полное) собрание сочинений

good works - добрые дела

work - v. - работать, трудиться; действовать, быть в исправности; приводить в движение, быть в движении; оказывать воздействие; обрабатывать; отрабатывать; использовать

to work in shifts - работать посменно

it won't work - это не сработает; из этого ничего не получится

it works like a charm - это оказывает магическое действие

to work a constituency - обрабатывать избирателей

to work one's passage - отрабатывать плату за проезд

to work one's connections - использовать свои связи

to work for the best of one's ability - отдавать себя целиком своей работе

worker - n. - рабочий, работник, сотрудник; трудящийся; работяга

a brain/manual worker - работник умственного/физического труда

work load - n. - нагрузка, рабочая норма

workmanship - n. - мастерство, квалификация

exquisite workmanship - тончайшая работа, исключительное мастерство

WORLD - n. - мир, свет, земля, земной шар; сфера, область; общество; множество

the animal/the vegetable world - животный/растительный мир

a world of faults - уйма недостатков

the world shrugs/shrinks - в мире сокращаются расстояния/мир тесен

the WTC (the World Trade Centre) - Всемирный торговый центр

the WTC (the World Trade Centre) collapse - крушение Всемирного торгового центра

smouldering WTC debris - тлеющие развалины Всемирного торгового центра

intense clean up at the WTC site - интенсивные работы по расчистке развалин Всемирного торгового центра (*see also* "Ground Zero")

WORSHIP - n. - почитание, поклонение; культ; вероисповедание; служба (церковная)

hero worship - поклонение героям/знаменитостям

worship - v. (**money/success**) - поклоняться; почитать; обожать, боготворить, преклоняться (перед богатством/успехом)

WORTH - n. - ценность, значимость; цена, стоимость; богатство, имущество

to be of no worth - не имеет никакой ценности

a man of worth - достойный человек

to know smb's worth - ценить кого-л. по достоинству/знать кому-л. цену

to estimate smb. at smb's true worth - оценить кого-л. по заслугам

to show one's real worth - показать свое (настоящее) лицо

his personal worth is several millions - его личное состояние оценивается в несколько миллионов

to get one's money worth - не переплачивать

worthless - adj. (excuse, argument) - ничего не стоящий, бесполезный, никудышный, дрянной; пустая (отговорка), неубедительный (довод)

worthy - adj. - достойный, заслуживающий; соответствующий, подобающий

worthy of praise/punishment/ consideration - достойный похвалы/заслуживающий наказания/рассмотрения

a speech worthy of the occasion - речь подобающая случаю

noteworthy - adj. – заслуживающий внимания

WRAP - n. - оберточная бумага, упаковка; *(мн.ч.)* теплый платок, широкий шарф, накидка, плед, одеяло, верхняя одежда; сдержанность, покров тайны, секретность

to keep secrets under wraps - не раскрывать секреты

to take off wraps - рассекречивать

wrap - v. (wrapped or wrapt) - окутывать, укутывать; обертывать, упаковывать, обволакивать, завертывать

to wrap up a job/a case - завершить работу/дело (судебное)

wrapping paper - оберточная бумага

WRECK - n. - крушение, авария, катастрофа, гибель (судна, самолета); обломки (самолета, автомобиля); развалины

wreck - v. (a plane, a ship, a tank, health, a career, a plan, a building) - вызывать аварию/ крушение/ катастрофу/ гибель (самолета, судна), повреждать, выводить из строя (танк); подрывать, губить (здоровье, карьеру); потерпеть аварию/ крушение/ крах, рухнуть (о планах); сносить (здание)

the ship wrecked - корабль потерпел крушение

to wreck smb's nerves/smb's plans - портить кому-л. нервы/ сорвать чьи-л. планы

wreckage - n. - обломки чего-л.; *(собир.)* конченые люди; обломки прошлого; авария, крушение (судна, самолета); разрушение, снос, слом; обломки судна, потерпевшего кораблекрушение

WRESTLE - n. - борьба, схватка; упорная борьба (с трудностями)

a wrestle for life or death - борьба не на жизнь, а на смерть

wrestle - v. - бороться, *(спорт.)* заниматься борьбой; вести упорную борьбу (с чем-л.)/ против (чего-л.); биться (над чем-л.); с трудом продвигаться

to wrestle with/against temptation - бороться с искушением

to wrestle desperately for a living - вести отчаянную борьбу за существование

wrestling - n. - *(спорт.)* борьба

X

XEROGRAM - n. - ксерограмма

xerographic - adj. - ксерографический, размноженный на ксероксе

xerography - n. - размножение на ксероксе, ксерокопирование

Xerox - n. - "ксерокс", множительный аппарат

xerox - v. - размножать на ксероксе, ксерокопировать

a xerox copy - ксерокопия

xeroxing - n. - ксерокопирование

X-RADIATION - n. - облучение рентгеновскими лучами, рентгеновское излучение

X-ray - n. - *(мн.ч., ед.ч.)* рентгеновское излучение, икс-лучи; рентгеновский снимок, рентгенограмма

X-ray - adj. - рентгеновский, рентгенологический (исследование, рентгенограмма, рентгенография)

X-ray - v. - исследовать, просвечивать с помощью рентгенов-

ского излучения, делать рентгеновский снимок, облучать; тщательно проверять

to X-ray the charge - тщательно проверить обвинение

Y

YEAR - n. - год, *(мн.ч.)* возраст, годы

an academic, school/fiscal, financial/leap year - учебный/ бюджетный, финансовый/високосный год

the year under review - отчетный год

this day next year/one year from today - ровно через год

the year round - круглый год

year in and year out - из года в год

year and a day - *(юр.)* (полный) год

to see the old year out, the new year in - проводить старый и встретить Новый год

a man in/of years - пожилой человек

years to come - в будущем, в предстоящие годы

a year of famine - голодный год

yearly - adj., **every year** - ежегодно

Syn. annually

a three yearly conference - конференция, созываемая один раз в три года

YELLOW - n. - желтый цвет, желток; *(мн.ч.)/(пренебр.)* желтая раса; *(разг.)* трусость, подлость yellow cab - *(ам.)* такси

"yellow pages" - "желтые страницы" (телефонный справочник)

the yellow press - бульварная/ "желтая" пресса

YIELD - v. - производить, приносить, сдавать; отступать, сдавать (позицию), сдаваться; уступать, соглашаться; поддаваться, не выдерживать; вызывать что-л.

to yield good results/no result - давать хорошие результаты/ оказаться безрезультатным

to yield ground/a position/a fortress - сдавать территорию/позицию/крепость

to yield consent - давать (вынужденное) согласие

to yield to force - подчиняться силе

to yield to demands/entreaties - уступать требованиям/мольбам

to yield one's rights/the (right of) way/the floor - уступить свои права/дорогу/трибуну

to yield to reason - внять голосу разума

Z

ZEAL - n. - рвение, энтузиазм, жар

full of zeal for smth. - со страстью/с рвением занимающийся чем-л.

zealot - n. - фанатичный приверженец (чего-л.), энтузиаст; *(разг.)* фанатик; зилот

zealots of reform - энтузиасты-реформаторы

zealous - adj. - рьяный, ревностный, усердный; с энтузиазмом относящийся (к чему-л.), жаждущий (чего-л.)

a zealous supporter - горячий сторонник/ приверженец (чего-л.)

to be zealous in doing smth. - *(разг.)* делать что-л. с рвением

zealously - adj. - рьяно, усердно

ZONE - n. - зона, пояс, район

a free/demilitarized/denuclearized/dollar zone - вольная гавань, свободная зона, порто-франко/ демилитаризованная/ безъядерная зона; зона, свободная от ядерного оружия/долларовая зона

a time zone/zone time - часовой пояс, поясное время

a zone of silence/a dead zone - зона молчания, мертвая зона

a grey zone - *(воен.)* "серая зона", зона дислокации ядерного оружия средней и промежуточной дальности в Европе/ промежуточная зона

a no-fly zone - зона, запрещенная для пролета

to observe a no-fly zone - не преступать границ разрешенной зоны пролета

a stage zone - зона единого тарифа, тарифная зона (на транспорте)

to create a free trade zone - создать зону свободной торговли

from A to Z - с начала до конца, от альфы до омеги